PLC

农村土地制度改革三项试点政策评估：地方实践与影响评价

王志锋　高　兵　梁鹤年◎著

科 学 出 版 社
北　京

内 容 简 介

政策试点在我国有着深厚的制度土壤并承担着重大的政策探索使命。2015~2019 年实施的农村土地制度改革三项试点（“三块地”改革）是中央为解决当前土地制度存在问题所做的重大探索，本书首先基于翔实的资料数据对此次试点改革进行回顾、梳理和总结，然后运用 S-CAD 政策评估方法，对筛选的代表性试点地区进行政策评估和对比分析，并对征收与入市收益分配等相关热点问题进行了专题研究。通过研究，一方面系统总结了此次试点改革的实践和做法，另一方面运用 S-CAD 政策评估方法，基于央–地互动视角，分析评价了试点政策在地方的贯彻和实施效果，从而为对试点政策的全面科学评价和我国土地制度的进一步深化改革提供了决策依据和政策参考。

本书适用于对此次试点改革本身以及对土地制度改革、政策试点研究、公共政策评估感兴趣的研究者和实践工作者。

图书在版编目（CIP）数据

农村土地制度改革三项试点政策评估：地方实践与影响评价 / 王志锋，高兵，梁鹤年著. —北京：科学出版社，2022.1

ISBN 978-7-03-069949-7

Ⅰ. ①农… Ⅱ. ①王… ②高… ③梁… Ⅲ. ①农村–土地制度–经济体制改革–研究–中国 Ⅳ. ①F321.1

中国版本图书馆CIP数据核字（2021）第 196228 号

责任编辑：王丹妮　陶　璇 / 责任校对：刘　芳

责任印制：张　伟 / 封面设计：无极书装

科学出版社出版

北京东黄城根北街 16 号

邮政编码：100717

http://www.sciencep.com

北京建宏印刷有限公司 印刷

科学出版社发行　各地新华书店经销

*

2022 年 1 月第　一　版　开本：720×1000　B5

2023 年 1 月第二次印刷　印张：14 1/4

字数：288 000

定价：156.00 元

前　言

改革开放以来，我国土地制度的改革是一个不断适应我国国情的过程。在我国，这种独特的土地制度安排和改革策略，不仅解决了基本的粮食安全问题，而且创造了过去四十多年中国的经济奇迹。同时，也加快了全国城镇化进程的推进。然而，快速城镇化带来的强烈冲击也使得现行农村土地制度的弊端日益凸显，如对被征地农民的补偿偏低、集体经营性建设用地与国有建设用地未享有同等权利、宅基地的有偿使用和自愿有偿退出机制不明确等，这些既是对我国城乡一体化和新型城镇化顺利推进的制约，也对国家和全体人民的基本利益产生了重大影响。因此，我国新型城镇化的规划提出，要建立城乡统一的建设用地市场，改革农村宅基地制度，完善对被征地农民合理、规范、多元的保障机制，不断增强其进城能力。改革完善农村土地制度，有利于健全城乡发展一体化体制机制，有利于建立城乡统一的建设用地市场，有利于推进中国特色农业现代化和新型城镇化。党的十八大以及之后的十八届三中全会都提出要加快改革完善农村土地制度。2015 年 1 月，为了具体落实十八届三中全会的有关要求，中共中央办公厅和国务院办公厅印发了《关于农村土地征收、集体经营性建设用地入市、宅基地制度改革试点工作的意见》，进一步明确了农村土地制度改革的方向和任务。这一政策统筹兼顾了不同地区的不同发展阶段或者模式，提出在北京市大兴区等 33 个县（市、区）进行“三块地”试点改革。中央希望通过这 33 个地区的试点，探索健全程序规范、补偿合理、保障多元的土地征收制度，同权同价、流转顺畅、收益共享的农村集体经营性建设用地入市制度，依法公平取得、节约集约使用、自愿有偿退出的宅基地制度，形成可复制、可推广的改革成果，为科学立法，修改完善相关法律法规提供支撑。

政策试点在我国有着深厚的制度土壤，在探索适合我国国情的土地政策实践中，中央政府一方面以现有政策与手段对土地进行日常管理，另一方面通过以鼓励地方大胆尝试创新为目的的土地政策试点来管理。农村土地制度改革三项试点，既是中央激励地方发展动力的手段，也是中央为解决当前土地制度存在的问题所做的重大政策探索。

2015~2019 年，从最初三项试点在不同地区分开封闭运行，到后来逐步采取“统筹推进”方式，各试点地区不断改革创新，积累了丰富的地方实践和经验，也形成了许多可复制、可推广、利修法的制度创新成果，并有力支撑了《中华人民共和国土地管理法》（以下简称《土地管理法》）的修订。虽然试点工作已经结束，《土地管理法》的修订已经完成并在2020年正式实施，但总体来看，农村土地制度改革三项试点在取得显著成效的同时，有些改革和实践仍然存在进一步深化和探索的空间。

因此，在三项试点工作完成之际，依据科学评估方法和程序对农村土地制度改革试点工作的实施情况、做法成效、困难和不足等进行系统全面、科学合理的评价就显得十分重要，这对全面完成中央的改革部署，进一步增强改革的系统性、整体性和协同性，加快推进我国农村土地制度和相关经济社会改革，以及最终实现城乡融合发展，都具有十分重要的意义。

本书采用S-CAD政策评估方法对农村土地制度改革三项试点政策实施情况进行评价。该方法是从一个选定的观点出发，对公共政策做全方位的分析，包括一致性、充要性、实现的可行性分析，具有相当的系统性和内部逻辑的完整性，有助于提升政策评估的科学性、有效性及实施的可行性。结合试点政策的特点，基于央–地互动的视角，本书形成了基于央–地关系的试点政策评估框架，以及初次评估（中央预期结果）与再次评估（地方实际结果）相结合的两阶段法，进一步提升了 S-CAD 政策评估方法的应用能力。

具体而言，本书包括上篇、中篇和下篇三部分。上篇是试点整体分析与政策评估框架构建，包括农村土地制度改革三项试点出台背景与实施情况分析，以及 S-CAD 政策评估方法介绍。中篇是地方实践与评估应用，是在 33 个试点中综合考虑了试点地区的地理区位、经济基础、人口与城镇化、改革基础与程度等因素，从“三块地”单项改革任务试点中各选取两个试点地区进行S-CAD试点政策评估分析，并予以整体评价分析。下篇作为专题研究与探索，围绕农村土地制度改革三项试点工作的三个热点问题，即征收与入市收益分配、统筹推进农村土地制度改革三项试点、农村宅基地退出与使用权流转，在S-CAD方法范式下从另一个维度进行了深入的专题研究。通过研究：一方面全面系统总结了此次试点改革的实践和做法，另一方面运用构建的S-CAD两阶段政策评估方法，对筛选的代表性试点地区的“三块地”改革进行评估和对比分析，由点及面判断了试点政策在地方的贯彻与实施效果，从而为试点政策科学评价和我国土地制度进一步深化改革提供了决策依据和政策参考。

本书是在S-CAD政策评估方法的创建者加拿大女王大学城市与区域规划学院前院长梁鹤年教授亲自带领和指导下，由中央财经大学政策效应研究所和中国自然资源经济研究院土地制度改革研究团队共同完成的。中央财经大学政策效应研究所在北大-林肯中心“农村土地制度改革试点政策评估”项目连续资助下，从2016年开始长期追踪研究“三块地”改革。作为集体合作的结晶，本书相关章节的撰写者还包括黄志基、孙艾青、谢天成、徐晓明、战昶威、谭昕、曹昌云、张维凡、马媛媛等。

本书的撰写和出版得到了各方的帮助，首先感谢北大-林肯中心的项目资助与刘志主任的出版建议和帮助；感谢中国人民大学经济学院刘守英院长在课题调研试点选择和带队调研中的指导，有幸参与刘教授教育部哲学社会科学研究重大课题攻关项目“农地三权分置的实践研究”和相关合作研究，对本书完成提供了有益的支撑；感谢国家自然资源督察北京局副局长戴永吉、山西省人民政府发展研究中心原主任李劲民、国家自然资源督察济南局调研员张永良在试点调研中的帮助，也特别要感谢相关试点地区在调研和资料收集中的大力协助。

这本书凝结了很多人的贡献和帮助，由于篇幅所限，未能一一列举，在此一并致以最深的谢意。同时由于对三项试点中央整体部署的把握、各试点地区全面情况的了解可能存在不足，加之时间和水平限制，书中可能存有不足和不够全面之处，敬请同行专家和实践工作者不吝批评指正。

目　　录

上篇　试点整体分析与政策评估框架构建

中篇　地方实践与评估应用

下篇　专题研究与探索

上篇

试点整体分析与政策评估框架构建

第一章　背景与试点情况

一、出台背景

（一）农村土地制度的发展历程

1949 年以来，我国的农村土地制度经历了数次改革。在中华人民共和国成立后，土地制度成为社会主义改造和社会主义建设的重要制度安排。这一时期，通过了《中国人民政治协商会议共同纲领》《中华人民共和国土地改革法》等法律法规，从法律层面废除了地主阶级封建剥削的土地私有制，实行农民土地所有制（刘守英，2021），实现了农户拥有土地的所有权，提高了农户生产的积极性和农村的粮食产量，达成了“耕者有其田”的改革目标。

在社会主义过渡时期，经由互助组—初级社—高级社的农业合作化运动，基本完成了农村的社会主义改造，实现了农村土地私有制向公有制的转变。

1949~1953 年，为了增强农户抵御自然灾害的能力，帮助国家恢复生产，全国开始试点推行以互助组为主要形式的农村合作社。到 1952 年底，全国各地共有超过 830 万个农业互助合作组织，组织内的农户覆盖了全国总农户的 40%。但试办阶段的合作社还存在一些问题需要进一步完善，如农业个体经济不能满足工业发展对农产品的需求的现实问题。因此，1953 年中共中央发布了《中共中央关于农业生产互助合作的决议》和《关于发展农业生产合作社的决议》，根据试办经验对农村合作社的设立提出了指导性意见，我国的农业合作化改革进入发展阶段。从 1955 年的下半年到 1956 年底，全国范围内的农村内形成了大量的农业生产合作社[①]。从推行效果上来看，几乎所有的农户都参与到了合作社中，农户个

① 具体而言，1956 年底我国农业生产合作社共有 75 万个，其中初级社共有 21 万个，包含了 96.3%的总农户；高级社共有 54 万个，包含了 87.8%的总农户，数据来源：《关于 1956 年度国民经济计划的执行结果和 1957 年度国民经济计划草案的报告》。

体所有制到社会主义集体所有制的改革要求完成。然而，过快的农业合作化特别是公社化极大地伤害了广大农民的生产积极性，也限制了我国农业生产力的提高，造成了农业和农村发展的长期停滞。

1978 年，安徽省凤阳县小岗村的 18 户农民自主签订“大包干”契约，将 1 100 亩（1 亩≈666.67 平方米）耕地分到了村内的 20 户家庭中，这场由农民自发推行的改革率先推出了家庭联产承包责任制，帮助农村的土地制度改革进入起步阶段①。经过对不同生产责任制形式的实践经验总结，1983 年的中央一号文件肯定了家庭联产承包责任制的作用，并强调了其对于我国社会主义发展的重要性和必要性，文件指出，家庭联产承包责任制“是在党的领导下我国农民的伟大创造，是马克思主义农业合作化理论在我国实践中的新发展”②。自此，国家开始自上而下地推行农村改革，将土地的所有权和经营权分离开来，确定以家庭联产承包责任制为基础的土地归属与管理制度，以保证农户土地产权排他性的完整③。家庭联产承包责任制改变了土地由集体集中占有的传统方式，尽管集体拥有土地和生产资料的所有权，但土地和生产资料是按照人口或劳动力分配给农户自主经营和使用的，承包土地的农户在缴纳税费和公共提留后可以自由支配所有剩余收益，调动并激发了农户的劳动潜能和积极性。从图 1-1 可以看出，中华人民共和国成立初期的土地制度并没有完全发挥土地的生产能力，农林牧渔业总产值总体较低。1978 年开始家庭联产承包责任制改革，经过几年的政策适应期后，我国的农林牧渔业总产值增长率加快，改革效果明显且具有持续性。

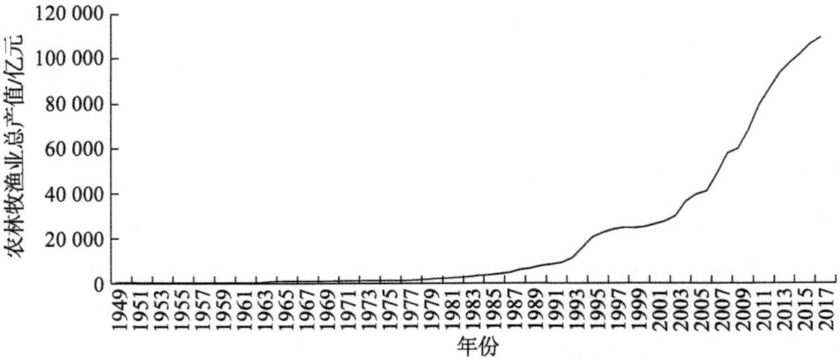

图 1-1 1949~2017 年我国农林牧渔业总产值

资料来源：国家统计局

① 除此之外，当时 90%以上的农村生产队还尝试了多种形式的生产责任制，如小段包工定额计酬，专业承包联产计酬，联产到劳，包产到户、到组等。

② 资料来源：1983 年《当前农村经济政策的若干问题》。

③ 《中华人民共和国宪法》第 10 条：城市的土地属于国家所有。农村和城市郊区的土地，除由法律规定属于国家所有的以外，属于集体所有；宅基地和自留地、自留山，也属于集体所有。国家为了公共利益的需要，可以依照法律规定对土地实行征收或者征用并给予补偿。任何组织或者个人不得侵占、买卖或者以其他形式非法转让土地。土地的使用权可以依照法律的规定转让。一切使用土地的组织和个人必须合理地利用土地。

尽管实施家庭联产承包责任制以来成绩斐然，但随着我国社会主义市场经济体制的不断发展和农业的现代化发展，家庭联产承包责任制的政策效果逐渐释放完毕，该制度下耕地“细碎化”、规模不经济等问题也逐渐暴露出来。快速城镇化过程中土地的征收制度不健全、土地流转权的归属不明晰和地方政府参与土地收益分配等问题，都在一定程度上限制了农户管理土地的自主权，损害了农民的利益。与此同时，随着家庭联产承包责任制实施的边际效应递减，城乡二元差距也在不断拉大，从城乡居民收入对比来看，二者的差距从1984年的1.81∶1扩大到2007~2009 年峰值时的 3.33∶1（胡万钟，2019）。很多农民对自身承包地能否满足自身不断增长发展需要失去了信心，进城务工谋生，成为城乡间的“两栖人”，在农村出现了大量的土地撂荒、宅基地闲置现象。新的发展时期面临的各种土地制度问题，使得我国农村发展走到了新的十字路口（胡万钟，2019）。2013 年 11 月党的十八届三中全会的召开，拉开了新一轮农村土地制度改革的序幕。

（二）我国农村土地制度的主要问题

从现实发展情况来看，我国农村土地制度存在的问题主要有以下几点。

1. 集体所有权的主体不清晰

尽管《中华人民共和国宪法》《中华人民共和国民法通则》《土地管理法》《中华人民共和国农业法》等相关法律中对我国农村土地的归属问题做出了明文规定，即农村土地归农民集体所有，但“集体”概念的边界在各类法律中不够明晰，主体在集体土地所有权中虚位，所有者的职责和义务难以得到切实履行和承担。这种集体所有权在土地权利体系中的位置不明，在实际中容易引起两类问题：一是农户本身对于土地集体所有权概念意识相对模糊，集体所有权主体的作用和制度安排的潜力难以有效发挥，农村社区公共服务的供给能力受到一定制约；二是法律法规中有关内容和行使程序安排还不够具体明确，在实际运用中的可操作性较低，如尽管政策上要求土地的承包中农户和集体之间必须签订书面合同，但在实际中合同的签订却难以保证，随意解除土地承包合同的问题层出不穷，权力存在寻租空间，农户合法的土地权益也极易遭受侵害。

2. 农村土地经营规模受限

在家庭联产承包责任制和我国农村人多地少的现实之下，经过上文所述的对土地的周期性调整，我国农村土地最终演变为以小规模零散经营为主的经营形式。这种农村土地经营的平均化和细碎化缺乏统一安排和管理，制约了设施的升级和推广，无法推广现代化的管理方法和管理技术，极大地阻碍了生产力的发展。这也使得各个农户产出的农产品无法形成规模化的供应，不能直接对接商品市场。尤其是在当前对粮食安全的考虑下，一系列政策对农地的用途进行了规范和限制，农户增收进一步受到限制，也导致了目前我国农地产出率高和人均产出率低并存的现实，背离了社会对于提高土地使用效率的急迫要求，粮食需求得不到完全满足。

3. 农户应得利益难以保障

农户是集体经济的最终受益者，因此集体收取的费用应当反映在增加农户利益上。按照法律规定，在家庭联产承包责任制下，农户可享受除税费和公共提留后的全部收益。但在现实情况中，农户在承包土地前只能被动接受集体给出的收费标准，难以与集体就费用金额进行谈判。在这种情况下，收费标准可能由集体管理者“一刀切”，或通过一些违反政策的手段来间接增加收取的费用，如缩短承包期或强制收回承包地等，使得农户的应得利益失去保障。除此之外，随着我国工业化、城镇化的迅速发展，大量的农业用地被征收为非农业用地，随之大量的农民失去自己赖以生存的土地。土地对广大农民来说，不仅是重要的生产资料，而且是就业和社会保障的重要载体。一些地方政府滥用土地征收权，并垄断征地补偿后可得的增值收益，使得农民可分享的收益空间被压缩，极大地侵害了农民的利益。

4. 大量耕地、宅基地和集体建设用地闲置

在实际承包过程中，农户承包土地通常被限定在一定空间范围内，如仅限于承包其所在社区内的土地，这种“范围界定”和行政壁垒的空间约束降低了农户对承包土地的数量、位置和质量的可选择性，也降低了农户对其土地的满意度，最终导致了低下的土地配置效率和土地利用率。同时，由于城镇化和城乡分割的户籍制度，社会出现代际接力迁移模式，大量青壮年劳动力从农村向城市转移，农村剩余人口缺少强壮劳动力，大量农村出现弃耕、薄耕土地现象。同时由于进城务工人员户籍仍在农村，因此，在宅基地分配、新农村建设、乡村振兴规划上，他们都是权利主体，成为农村公共资源投入的统计基数。由于无法与城市居民一样享受城镇化红利和对土地的依赖，大量基本不回农村的人口仍要分配、建设闲置的宅基地，而这使得大量公共资金投入和建设用地资源处于低效利用状态（戴永吉和王志锋，2019）。耕地、宅基地和其他集体建设土地得不到有效利用的现象普遍存在。

（三）"三权分置"改革和"三块地"改革的提出

上述所探讨的农村土地制度中的一系列问题，使得现行农村土地制度难以适应社会主义市场经济体制和城镇化进程的快速发展，必须通过深化改革来解决。基于这一背景，习近平总书记在2013年7月提出要好好研究农村土地所有权、承包权、经营权三者之间的关系。2013年底的中央农村工作会议提出，要顺应农民保留土地承包权、流转土地经营权的意愿，把农民土地承包经营权分为承包权和经营权，实现承包权和经营权分置并行。此次会议后，2014年的中央一号文件确定了"三权分置"①的改革思想，我国开始探索土地的"三权分置"改革，即维持农村土地集体所有不变，严格保护农民的土地承包权，放开和激活土地的经营权，并陆续出台了一系列有关农村土地产权制度改革的文件（表1-1）。2018年12月29日，第十三届全国人大常委会第七次会议通过了修改土地承包法的决定，在制度上明确了农村土地的"三权分置"，新的《中华人民共和国农村土地承包法》自2019年1月1日起正式实施②。

表1-1　有关农村土地产权制度改革的文件

时间	文件或决定	发文或决议单位	主要内容
2014年1月	《关于全面深化农村改革加快推进农业现代化的若干意见》	中共中央、国务院	保证农村土地集体所有权的前提下，稳定农户承包权、放活土地经营权。允许承包土地的经营权向金融机构抵押融资，鼓励有条件的农户流转承包土地的经营权
2014年11月	《关于引导农村土地经营权有序流转发展农业适度规模经营的意见》	中共中央办公厅、国务院办公厅	完善农村土地承包关系，加快培育新型农业经营主体，鼓励创新土地的流转形式
2015年1月	《国务院办公厅关于引导农村产权流转交易市场健康发展的意见》	国务院办公厅	对"三权分置"的实践进行了分类指导，明确土地产权流转交易市场的基本原则、定位和形式，土地经营权流转首次被纳入农村产权的流转范围
2015年2月	《中共中央国务院关于加大改革创新力度加快农业现代化建设的若干意见》	中共中央、国务院	提出农村土地承包相关法律的修改要求，以进一步帮助法律与"三权分置"的相互适应。引导农户以土地经营权入股合作社和龙头企业，丰富了土地经营权的权能
2015年8月	《国务院关于开展农村承包土地的经营权和农民住房财产权抵押贷款试点的指导意见》	国务院	针对两权抵押贷款试点提出基本原则，从制度建设、金融支持、风险保障、协调配合等角度，对地方政府、金融机构和相关部门提出试点任务
2015年11月	《深化农村改革综合性实施方案》	中共中央办公厅、国务院办公厅	推动土地经营权规范有序流转，完善被征地农户的保障机制，针对不同类型的集体资产进行分类改革。深化农村土地制度、农村集体产权制度和农业经营制度的改革

① 宅基地所有权、资格权（分配权）和使用权三权相分离。

② 《中华人民共和国农村土地承包法》中增加第九条：承包方承包土地后，享有土地承包经营权，可以自己经营，也可以保留土地承包权，流转其承包地的土地经营权，由他人经营。

续表

时间	文件或决定	发文或决议单位	主要内容
2016 年 3 月	《农村承包土地的经营权抵押贷款试点暂行办法》	中国人民银行、中国银行业监督管理委员会（以下简称银监会）、中国保险监督管理委员会（以下简称保监会）①财政部、农业部	推进了农村承包土地的经营权抵押贷款试点。对金融机构、232 个试点县（市、区）和相关部门在风险补偿、贷款对象、贷款管理、配套支持措施、试点监测评估等多方面提出政策要求
2016 年 6 月	《农村土地经营权流转交易市场运行规范（试行）》	农业部	为各地农村土地经营权流转交易市场提供参照文本，引导土地经营权公开、公正、规范流转交易
2016 年 10 月	《关于完善农村土地所有权承包权经营权分置办法的意见》	中共中央办公厅、国务院办公厅	厘清承包农户和新型经营主体在承包地上的权利，阐述所有权、承包权、经营权三权分置的原则，确定“三权分置”改革的制度框架并在全国范围内推行
2017 年 10 月	《党的十九大报告》	中国共产党第十九次全国代表大会	深化农村土地制度改革，完善承包地“三权分置”制度
2018 年 1 月	《中共中央 国务院关于实施乡村振兴战略的意见》	中共中央、国务院	在依法保护集体土地所有权和农户承包权前提下，平等保护并放活土地经营权
2018 年 12 月	全国人民代表大会常务委员会关于修改《中华人民共和国农村土地承包法》的决定	第十三届全国人大常委会第七次会议	提出土地经营权的概念，将土地的“三权分置”法治化，规定了土地流转的方式、土地经营权的登记制度和融资担保
2019 年 4 月	《民法典物权编（草案）》	第十三届全国人大常委会第十次会议	承包期届满，土地承包经营权人可继续承包，向登记机构申请土地经营权登记，自主决定向他人流转土地经营权；流转期限为五年以上的土地经营权，自流转合同生效时设立。删去草案第十七章“抵押权”中关于耕地不得抵押的规定
2019 年 8 月	《土地管理法》	第十三届全国人大常委会第十二次会议	经依法登记的集体经营性建设用地，土地所有权人可以通过出让、出租等方式交由单位或者个人使用；国家允许进城落户的农村村民依法自愿有偿退出宅基地，鼓励农村集体经济组织及其成员盘活利用闲置宅基地和闲置住宅。征收土地应当给予公平、合理的补偿，保障被征地农民原有生活水平不降低
2019 年 9 月	《关于进一步加强农村宅基地管理的通知》	中央农村工作领导小组办公室、农业农村部	切实履行部门职责和落实属地责任，加强宅基地管理，严格落实“一户一宅”规定，鼓励节约集约利用宅基地、盘活利用闲置宅基地，切实保护农民权益
2020 年 5 月	《自然资源部关于加快宅基地和集体建设用地使用权确权登记工作的通知》	自然资源部	要充分发挥确权登记对农村土地管理改革的基础支撑作用，将宅基地和集体建设用地使用权确权登记与集体经营性建设用地入市、城乡建设用地增减挂钩、全域土地综合整治、宅基地制度改革等有机结合，统筹推进相关工作
2020 年 9 月	《国务院办公厅关于坚决制止耕地“非农化”行为的通知》	国务院办公厅	强化监督管理，落实好最严格的耕地保护制度，坚决制止各类耕地“非农化”行为，坚决守住耕地红线

① 2018 年，银监会和保监会进行职责整合，组建中国银行保险监督管理委员会（以下简称银保监会）。

“三权分置”改革是我国农村土地改革的方向，引入第三方设置新的土地经营权，为引导土地有序流转提供基础。“三权分置”的主要目的是以确权登记为基础，给予承包经营权更多权能，引导农民有偿转让经营权、有偿退出承包权，最终帮助农民增加财产性收入。在保证农村土地集体所有的底线下，我国稳步推进农村承包地确权登记颁证工作，目前已经基本完成，不仅在制度上保证了广大农民的土地承包权，也为农村“三块地”改革提供了支撑。

但在“三权分置”改革下，土地流转市场仍没有建立起来，土地使用权的流转还存在一定的问题和困难，具体表现为流转制度存在缺陷，流转市场中介缺位，土地配置效率低下和流转金融动力不足。除此之外，土地的流转还受到诸多因素的影响，如土地市场本身的发展状况、顶层对于土地制度的设计、土地资源稀缺的特征。因此，为完善我国的土地市场，提高土地使用权的流转效率，实现土地资源的更优配置，中央于2015年起开始了更进一步的“三块地”改革。考虑到农村土地制度之间存在的紧密关联，“三块地”改革与农村土地“三权分置”改革将一同推进，以便于协调和衔接各项改革中的制度设计。

（四）“三块地”改革背景

“三块地”改革即农村土地制度改革三项试点工作，内容包括农村土地征收、集体经营性建设用地入市和宅基地制度改革。目前我国农村地区土地按照用途大致可分为农用地、集体建设用地和“四荒地”，其中集体建设用地又可划分为集体经营性建设用地、公益性公共设施地和宅基地。

1. 农村土地征收制度改革

在对我国征地制度的评价上，学术界和政策界存在着较大的争议，主要集中于征地制度设计的合理性、征地范围划定的适当性和征地补偿的到位程度等。纵观土地征地制度的发展过程，征地制度一直随着政治、经济、社会的发展和变化而调整与完善。中华人民共和国成立初期初步建立的土地征收制度将征地从“无偿”变为“有偿”，在一定程度上协调了国家和失地农民之间的关系，保障了农民利益，但也存在着过分注重公平、缺乏强制实施性等问题，土地市场尚处于初级阶段。改革开放后，土地审批权统一被收回至省级以上的政府，土地资源管控收紧，且征地制度更加注重对农民的补偿和利益保障。2000 年后我国出台了一系列相关政策文件，提高了土地的征地补偿标准，对失地农民的安置提出了更高要求。2011 年颁布的《国有土地上房屋征收与补偿条例》对城镇国有土地上的房屋征收制度做了更进一步的补充，对国有土地上的房屋征收的补偿条件、程序、标

基地制度改革试点工作的意见》，对“征地制度”“集体经营性建设用地”“宅基地”这“三块地”改革做出了部署，标志着我国农村土地制度改革即将进入试点阶段。该意见明确提出三大任务：建立集体经营性建设用地入市制度，完善土地征收制度和改革，完善农村宅基地制度。并针对现有农村土地制度中的“痛点”，提出了若干农村土地征收改革方面的要求，包括要探索缩小土地征收范围、规范制定征收目录、全面公开土地征收信息等。

为在33个试点地区顺利推行土地制度改革，全国人大常委会通过授权的方式对有关法律和规定进行了暂时调整。2015年2月27日，第十二届全国人大常委会授权国务院在试点地区暂时调整实施《土地管理法》《中华人民共和国城市房地产管理法》（以下简称《城市房地产管理法》）关于农村土地征收、集体经营性建设用地入市、宅基地管理制度的规定目录。调整内容包括：允许存量农村集体经营性建设用地使用权出让、租赁、入股，实行与国有建设用地使用权同等入市、同权同价①；存量建设用地的宅基地审批权限归乡（镇）人民政府所有，新增建设用地的宅基地审批权限归县级人民政府所有②；综合考虑土地用途和区位、经济发展水平、人均收入等情况，而非仅考虑土地原用途来确定土地征收补偿，对符合条件的被征地农民提供就业培训和城镇社会保障，有条件的地方可采取留地、留物业等多种方式，由农村集体经济组织经营③。上述调整在试点期间内实行，通过实践来验证其有效性，以此决定完善或恢复现有法律规定。有关农村“三块地”改革的文件整理如表1-2所示。

表1-2　有关农村“三块地”改革的文件

时间	文件或事件	发文或决议单位	主要内容
2013年11月	《中共中央关于全面深化改革若干重大问题的决定》	十八届三中全会	第11、20、21条中对土地制度改革中的三项内容进行论述
2014年1月	《中共中央、国务院关于全面深化农村改革，加快推进农业现代化的若干意见》	中共中央、国务院	明确提出“三块地”改革
2015年1月	《关于农村土地征收、集体经营性建设用地入市、宅基地制度改革试点工作的意见》	中共中央办公厅、国务院办公厅	在全国范围内选择地区进行土地改革的小范围封闭试点，明确土地改革的指导思想和主要任务
2015年2月	《全国人民代表大会常务委员会关于授权国务院在北京大兴区等三十三个试点县（市、区）行政区域暂时调整实施有关法律法规的决定》	第十二届全国人民代表大会常务委员会第十三次会议	公布33个试点县（市、区），在试点地区暂停实施《土地管理法》中5项条款和《城市房地产管理法》中1项条款
2016年4月	《农村集体经营性建设用地土地增值收益调节金征收使用管理暂行办法》	财政部、国土资源部	集体经营性建设用地入市时征收增值收益调节金的管理规定

① 暂停实施《土地管理法》第43条、第63条，《城市房地产管理法》第9条。

② 暂停实施《土地管理法》第44条、第62条。

③ 暂停实施《土地管理法》第47条。

续表

时间	文件或事件	发文或决议单位	主要内容
2016 年 9 月	中央全面深化改革领导小组		集体经营性建设用地入市改革和征地制度改革试点从 15 个拓展到 33 个
2017 年 1 月	《中共中央、国务院关于深入推进农业供给侧结构性改革加快培育农业农村发展新动能的若干意见》	中共中央、国务院	对土地制度改革提出统筹推进，以及要处理好宅基地“所有权、占有权和使用权”关系的要求
2017 年 11 月	第十二届全国人大常委会第三十次会议		土地制度改革试点期限延长至 2018 年底
2017 年 11 月	中央全面深化改革领导小组		宅基地制度改革试点从 15 个拓展到 33 个
2018 年 1 月	《中共中央、国务院关于实施乡村振兴战略的意见》	中共中央、国务院	深化农村土地制度改革，提出改革的具体要求，为宅基地制度改革划出两条“红线”，提出农村宅基地的“三权分置”改革
2018 年 1 月	《国土资源部关于深化统筹农村土地制度改革三项试点工作的通知》	国土资源部	全面覆盖，深度融合
2018 年 11 月	第十三届全国人大常委会第七次会议		土地制度改革试点期限延长至 2019 年底；土地管理法、城市房地产管理法修正案草案提请第十三届全国人大常委会第七次会议审议
2019 年 1 月	《中共中央、国务院关于坚持农业农村优先发展做好“三农”工作的若干意见》	中共中央、国务院	总结好农村土地制度三项改革试点经验，巩固改革成果
2019 年 5 月	《中共中央、国务院关于建立健全城乡融合发展体制机制和政策体系的意见》	中共中央、国务院	允许村集体在农民自愿前提下，依法把有偿收回的闲置宅基地、废弃的集体公益性建设用地转变为集体经营性建设用地入市
2019 年 8 月	第十三届全国人大常委会第十二次会议		表决通过关于修改土地管理法、城市房地产管理法的决定

二、试点过程

（一）改革重点

根据《关于农村土地征收、集体经营性建设用地入市、宅基地制度改革试点工作的意见》对土地制度改革的要求，整理出“三块地”改革的主要任务，见图 1-2，可以看到，改革的主要任务都是分别针对“三块地”中最为突出的问题来设计的。

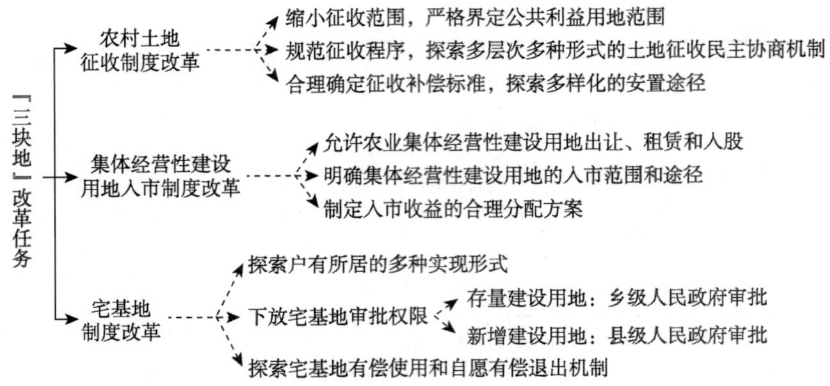

图 1-2 "三块地"改革的主要任务

1. 农村土地征收制度改革

要解决目前征地制度带来的官民矛盾和社会矛盾，需要从三个基本角度出发：一是缩小征收范围，对公共利益用地范围进行严格的界定，避免政府从自身利益或经济利益出发来划定土地征收的范围，引发官民之间矛盾；二是规范征收程序，防止征地的随意性和多头征地的问题出现，为争议问题的裁决制定标准化的处理流程；三是合理确定征收补偿标准，探索多样化的安置途径，保障被征地农民的利益，以缓解社会矛盾。

2. 集体经营性建设用地入市制度改革

以往集体经营性建设用地必须先征收为国有土地后才能流转，而在"三块地"改革的试点地区，农村集体经营性建设用地被赋予出让、租赁和入股的权能，符合条件的集体经营性建设用地可以与国有土地同权同价直接入市流转。同时，以往出让土地时中央政府收取 30%的土地出让金，剩余的 70%归地方政府所有，试点地区内允许地方政府在土地入市和再转让过程中产生的土地增值收益中，按照 20%~50%收取土地调节金①，调节金纳入地方一般公共预算管理，由试点县的财政部门安排使用，中央政府不再从中收取费用。

3. 宅基地制度改革

按照依法公平取得、节约集约使用、自愿有偿退出的目标，改革重点为以下三方面：一是从"一户一宅"的保障形式向其他创新性住房保障方式转变，引导农村人口向城镇流入，鼓励地方政府探索多种形式来保证农民的户有所居；二是

① 2016 年财政部、国土资源部颁布《农村集体经营性建设用地土地增值收益调节金征收使用管理暂行办法》。

简政放权，将宅基地审批权限下放到县级人民政府，降低宅基地审批难度，提高审批效率；三是从宅基地的永久无偿向有偿使用转变，并尝试宅基地的自愿有偿退出改革，解决超标准占用宅基地、一户多宅和非集体经济组织成员占有宅基地等问题，帮助宅基地流转，发挥宅基地的市场价值。

4. 改革进程

农村土地制度改革涉及政府、农村基层组织、农民和城镇居民等多方利益调整，必须充分认识改革的复杂性，按照中央的统一部署，分阶段、分步骤逐步推进，需要修改法律的应先修改法律再行实施，开展改革试点应经过严格审批后审慎稳妥进行，不能操之过急。通过多个小范围的“试点试验”，积累改革经验后再向其他地区推广，不仅可以起到“典型示范”的作用，还可以帮助中央在严控改革风险的条件下，鼓励地方政府尽可能大胆探索。2014 年 12 月，习近平总书记先后主持召开中央全面深化改革领导小组第七次会议和中共中央政治局常务委员会会议，审议通过《关于农村土地征收、集体经营性建设用地入市、宅基地制度改革试点工作的意见》。由于试点突破了有关法律规定，2015 年 2 月 27 日，第十二届全国人大常委会第十三次会议审议通过《关于授权国务院在北京市大兴区等三十三个试点县（市、区）行政区域暂时调整实施有关法律规定的决定》，授权在试点地区暂时调整实施《土地管理法》《城市房地产管理法》有关法律规定，授权期限截至 2017 年 12 月 31 日。为配合《土地管理法》修改，2017 年 11 月 4 日第十二届全国人大常委会第三十次会议将授权期延长至 2018 年 12 月 31 日，2018 年 12 月 29 日第十三届全国人大常委会第七次会议再次将授权期延长至 2019 年 12 月 31 日。

改革的指导思想和主要任务明确后，农村土地征收、集体经营性建设用地入市、宅基地制度改革正式启动。试点初期，一个试点地区只开展一项试点，其中集体经营性建设用地入市和宅基地制度改革试点各 15 个，土地征收制度改革试点 3 个。为更好显化试点工作的系统性、整体性、协同性和综合效益，2016 年 9 月，中央全面深化改革领导小组决定将土地征收制度改革和集体经营性建设用地入市制度改革扩大到全部 33 个试点县（市、区）。2017 年 11 月，中央再次决定在全部地区推行宅基地制度改革，即要求 33 个试点地区并行三项土地制度改革，同时，为进一步显化试点成效，与《土地管理法》修改做好衔接，2017 年 6 月，中央全面深化改革领导小组决定将试点工作延期至 2018 年底，2018 年 12 月，中央全面深化改革委员会批准将试点工作延期至 2019 年底。2019 年中央经济工作会议提出，要总结好农村土地制度改革三项试点经验，巩固改革成果，继续深化农村土地制度改革。在各地区试点实践经验的基础上，加快推进《土地管理法》修改进程，2019 年 8 月第十三届全国人大常委会第十二次会议表决通过了修改《土地管理法》和《城市房地产管理法》的决定，标志着我国农村土地制度改革三项试点工作取得了明显成效，同时，试点工作也为下一步完善相关法律、配套法规和深化改革积累了宝贵经验。土地制度改革试点的具体改革进程见图 1-3。

图 1-3 “三块地”土地制度改革进程

（二）实施进程调整

1. 试点范围调整

在 2015 年 2 月至 2016 年 9 月的一年多时间内，土地改革主要采取了“单项推进”的方式，33 个试点地区分别开展“三块地”中一项试点任务。“三块地”在不同地区分开封闭运行的方式，虽然方便中央监督、地方实践和风险控制，但这种方式割裂了三项改革之间的联系，降低了改革的试点效果，很难完全通过试点来积累经验、记录改革问题、对制度和法律提出改善建议。这种改革的互不相通在实践中确实也带来了一些问题，如只进行征地制度改革的地区，在改革过程中面临征地规模缩小，建设用地供给减少，最终影响地方经济发展的问题，如果在同一试点地区统筹推进三项改革，征地制度改革中重新界定公益用地范围后，造成的建设用地供给下降，可以通过存量闲置的集体经营性建设用地的流转来弥补。

三项改革试点初期，集体经营性建设用地入市改革的改革效果显现最早，也较明显，考虑到三项改革对于统筹推进的需要，为尝试征地制度改革和集体经营性建设用地入市改革的并行推进，加快试点地区征地制度改革进程，自 2016 年 9 月起，国土资源部采取“试点联动”方式，将农村集体经营性建设用地入市和土地征地制度改革推行到全部的 33 个试点地区。由于宅基地的财产属性特别是其社会属性，其对于农民权益保护、农村稳定发展非常重要，改革的推进要求审慎实施和试点地区前期准备充足，因此中央对于宅基地制度改革的试点范围扩大较为谨慎。1 年以后，2017 年 11 月党的十九届中央全面深化改革领导小组会议决定，将宅基地制度改革试点从 15 个拓展到 33 个（表 1-3），有助于显化农村土地制度改革三项试点工作的整体性、系统性、协同性，不断提升农村土地制度改革的综合效益。

表 1-3　“三块地”改革试点县（市、区）

<table>
<tr><th rowspan="2">改革任务</th><th colspan="3">试点地区</th></tr>
<tr><th>2015 年 1 月 ～2016 年 9 月</th><th>2016 年 9 月~2017 年 11 月</th><th>2017 年 11 月至结束</th></tr>
<tr><td>土地征收制度改革</td><td>河北省定州市、内蒙古自治区和林格尔县、山东省禹城市</td><td rowspan="2">全部试点地区</td><td rowspan="3">全部试点地区</td></tr>
<tr><td>集体经营性建设用地入市制度改革</td><td>北京市大兴区、山西省泽州县、辽宁省海城市、吉林省长春市九台区、黑龙江省安达市、上海市松江区、浙江省德清县、河南省长垣县（现为长垣市）、广东省佛山市南海区、广西壮族自治区北流市、海南省文昌市、重庆市大足区、四川省郫县（现为成都市郫都区）、贵州省湄潭县、甘肃省陇西县</td></tr>
<tr><td>宅基地制度改革</td><td colspan="2">天津市蓟州区、湖北省宜城市、福建省晋江市、安徽省金寨县、四川省泸县、浙江省义乌市、江西省余江县（现为鹰潭市余江区）、江苏省常州市武进区、湖南省浏阳市、云南省大理市、西藏自治区曲水县、陕西省西安市高陵区、青海省湟源县、宁夏回族自治区平罗县、新疆维吾尔自治区伊宁市</td></tr>
</table>

2. 试点期限调整

2015 年土地改革试点启动后，各地区一直有序推进改革进程。但由于土地制度改革在地方的推广需要适应时间，2015 年分开部署改革任务后，各个地区的制度设计、工作的开展和实施经过了半年甚至一年的时间，各试点地区短期内难以全面反馈改革中的问题，政策效果也无法完全显现，不利于试点地区积累充足的改革经验。因此，在第十二届全国人大常委会第三十次会议上通过决定，“三块地”改革试点延期至2018年底。

试点期间为统筹三项改革而实施的“三块地”联动，在2017年11月才在33个试点地区全面推开，由于各项任务开展时间不一，许多地区三项改革试点的同时推进出现了不平衡的现象。且2018年底，《土地管理法》《城市房地产管理法》修正案草案提请第十三届全国人大常委会第七次会议审议，需要进一步观察修改后的法律与地方改革的适应和衔接程度。考虑以上原因，第十三届全国人大常委会第七次会议通过决定，三项改革试点再次延期至2019年底。

3. 宅基地的“三权分置”改革

2018年，中央一号文件《中共中央、国务院关于实施乡村振兴战略的意见》明确提出要探索宅基地的“三权分置”改革。与2013年中央提出的所有权、承包权和经营权的“三权分置”有所不同，宅基地的“三权分置”改革覆盖的是宅基地的所有权、资格权和使用权。此次改革的核心是增强宅基地经营权或租赁使用权的稳定性与流通性，发挥宅基地的担保融资功能，实现宅基地和农民房屋使用权的适度放活。同时还强调了在改革中要严格管制土地用途，不得违规违法买卖宅基地和利用农村宅基地建设别墅大院和私人会馆。

三、做法成效

（一）经验做法

试点改革以来，各级按照中央决策部署，在坚守底线的前提下，坚持问题和目标导向，加大统筹推进力度，结合当地实际情况，大胆探索，形成了一批可复制、可推广、利修法、惠群众的制度创新成果，各地“三块地”改革的具体实践经验成果归纳整理如表1-4所示。

表1-4　各地主要改革经验

改革任务	主要改革经验	地区案例
土地征收制度改革	缩小征地范围	北京市大兴区对非公益性产业用地不再征地；河北省定州市制定公益性用地界定表和土地征收建议目录；北流市参照国有划拨用地目录来缩小征地范围，明确了21类建设项目为征地的公益性项目

续表

改革任务	主要改革经验	地区案例
土地征收制度改革	保障农民补偿	内蒙古自治区和林格尔县将补偿安置程序提前到征地报批之前，并成立土地征收补偿安置争议协调委员会；上海市松江区将土地征收补偿标准提高了 41%；江苏省常州市武进区健全了被征地农民住房、养老、医疗、就业、公共服务和要素配置等多元保障体系；广东省佛山市南海区采用留用地安置、物业安置（宅基地回迁）、社会保障安置等多种渠道相结合的方式安置被征地农民
	拓宽安置途径	福建省晋江市在232个城中村结合组团式改造，把最好地段用于安置，实行“七个换”，农民可以拿宅基地和房屋，换安置房、办公楼、店面、商场、公寓、现金和股权，并强化社会保障、优质教育资源保障、卫生健康资源保障、就业保障；河北省定州市在一次性给予征地货币补偿的基础上，构建了以长期粮食补贴、留地留物业、养老保险相结合的补偿方式，将实施长期的补偿标准由“静态”变“动态”，提供多样的补偿方式，选择由“单选”变“多选”
	探索征地新模式	四川省成都市郫都区建立土地征收联合调查、社会稳定风险评估、民主协商、补偿安置纠纷协调等机制，将征后实施的调查步骤调整到征地报批前，从原来的9个环节精简到5个；湖南省浏阳市推行了征地的“三榜公示”，做到实物公示、补偿公示和结果公示
集体经营性建设用地入市制度改革	规范管理流程	江苏省常州市武进区建立了城乡一体、区域全覆盖的基准地价体系和集体建设用地网上交易等五个管理信息平台；云南省大理市建立了农村集体建设用地基准地价体系，将农村集体经营性建设用地使用权出让纳入公共资源交易平台统一进行交易
	加快确权颁证	2016 年西藏自治区曲水县率先在全区、全市落地实施不动产统一登记发证工作；青海省湟源县为农村房地一体不动产和集体经营性建设用地建立了电子数据档案并全部上图入库
	拓展流转模式	山西省泽州县探索了就地入市、村庄整治入市、调整入市三种途径，出让、租赁、作价入股三种入市方式，工业、商业、旅游、养老、科教等多种入市用途；浙江省德清县鼓励集体经济组织间通过“调换土地所有权自行入市、建设用地复垦指标交易入市、集体经济组织之间合作入市、镇级统筹整体规划统一入市”等多种途径实现入市；贵州省湄潭县形成了就地入市、调整入市、城中村整治入市和综合类集体建设用地分割登记入市 4 种入市方式
宅基地制度改革	探索宅基地退出机制	天津市蓟州区建立货币补偿或实物安置的宅基地退出流转机制；浙江省义乌市给予自愿退出农村宅基地的农户货币化安置补偿或允许参加城乡新社区集聚建设；福建省晋江市探索形成“指标置换、资产置换、货币补偿、借地退出”等4种退出方式；湖北省宜城市制定了《宜城市农村宅基地自愿有偿退出办法（试行）》，并安排 1 亿元的收储基金用于农村宅基地退出的补偿和奖励
	推动农村住宅抵押	福建省晋江市健全宅基地抵押贷款政策和风险补偿机制，创新“农房乐”抵押模式，将原来的单独抵押授信拓展为“批量授信、逐宗放款”；湖北省宜城市市政府设立 500 万元奖励基金，与政府性担保公司合作，通过“农房抵押+”等形式为农民住房财产权抵押贷款主体融资增信；云南省大理市设立农民住房财产权抵押贷款风险基金
	放活宅基地使用权	浙江省德清县鼓励农户以出租、合作开发等方式，利用自有宅基地和农房参与乡村休闲旅游产业等农村新产业新业态发展，增加农民财产性收入；浙江省义乌市在村集体经济组织范围内推行了宅基地的有偿调剂和有偿选位，实现了宅基地的市场化配置；湖南省浏阳市打破了村、镇的行政区划，允许全市内符合条件的农户申请农村宅基地的使用权，按规定流转的宅基地与地上房屋一同颁发不动产证明

1. 土地征收制度改革

随着我国政治、经济和社会的发展，我国的土地征收制度经历了多次调整和完善，作为三项改革中难度较大的一项改革任务，各个试点地区在征地制度的改革方面积极探索改革中的难点问题，并取得了一系列的实质性进展（表 1-5）。各试点地区普遍对土地征收目录进行了讨论和研究，重新界定公共利益用地的范围，不再对不属于公共利益范围的建设用地进行征收；建立了社会稳定风险评估机制和民主协商机制，确保依法依规征地；形成了被征地农民多元保障机制，建立健全土地征收矛盾纠纷协调处理机制，监督保证征地资金发放到位。部分地区还在征地资金保障制度和安置模式上进行了创新，加快推进征地制度改革，保证征地过程的有序进行，更好地保障了农民的利益，取得了较好的成效。

表 1-5　33 个试点地区农村征地制度改革累计数据

时间	征地数量/宗	征地面积/亩	征地成交价款/亿元
2017 年 4 月	59	38 500	
2017 年 9 月	63	39 000	
2018 年 6 月	1 101	166 000	约 193
2018 年 12 月	1 275	180 000	
2019 年 12 月	2 200	280 000	

资料来源：自然资源部公告整理，部分数据来自试点地区汇总

2. 集体经营性建设用地入市制度改革

农村集体经营性建设用地入市需要提前做好大量准备工作，包括土地承包权的确权、农村集体经营性建设用地的摸底、同价同权下价格体系的建立等。2015 年初，15 个试点地区逐渐完成前期工作后，2015 年 8 月 27 日，农村集体经营性建设用地入市的“第一槌”在贵州省湄潭县敲响，同年 9 月 8 日，东部发达地区第一起农村集体经营性建设用地使用权拍卖出现在浙江省德清县。2017 年 6 月 2 日，江苏雷利电机股份有限公司在深圳证券交易所创业板上市，成为全国首家以出让方式取得农村集体经营性建设用地使用权的上市企业。表 1-6 为 2015 年 12 月至 2019 年 12 月，33 个试点地区不同阶段累计的农村集体经营性建设用地入市数量、入市面积、入市价款和增值收益调节金。2016 年中国发展研究基金会课题组对7个省（市）[①]的三项试点改革成果进行了评估，结果发现，在三项试点中，集体经营性建设用地入市的推进较顺利，成果最为明显。集体经营性建设用地入市改革不仅推动了城乡要素流动，形成了较为完整的土地交易市场，还促进了产业转型升级，激活了民间资本，活跃了农村市场，提高了村集体和农民个体的获得感，取得了多赢的效果。

① 浙江省、四川省、山西省、重庆市、广东省、江西省、陕西省。

表 1-6　33 个试点地区农村集体经营性建设用地入市累计数据

时间	入市数量/宗	入市面积/亩	入市价款/亿元	增值收益调节金/亿元
2015 年 12 月	69	758.33		
2016 年 12 月	226	3 650.8	46.77	
2017 年 4 月	278	4 500	约 50	
2017 年 9 月	577	10 300	约 83	
2018 年 6 月	970	20 000 以上	约 193	15
2018 年 12 月	约 10 000	90 000 以上	约 257	28.6
2019 年 12 月	约 12 600	120 000 以上	约 480	50

资料来源：自然资源部公告整理，部分数据来自试点地区汇总

3. 宅基地制度改革

我国宅基地体量大、财产和社会属性强，宅基地的改革一直受到广泛关注。在各个试点地区中，在宅基地的有偿使用、有偿退出和优化审批流程上的探索成效显著，取得了一些制度和操作上的经验成果（表 1-7）。宅基地制度的改革不仅帮助农民增加了财产性收入，还提高了农村集体土地的使用效率和耕地的保有量。为切实保障农民土地权益，防止在改革过程中出现借改革之名损害农民权益的行为，2017 年 11 月的中央全面深化改革领导小组会议明确宅基地制度改革的两条红线：不得以买卖宅基地为出发点；不得以退出宅基地使用权作为农民进城落户的条件，这对宅基地制度改革中的地方行为形成了一定约束。之后各个试点地区以两条红线为原则推进宅基地改革，并取得了良好效果，在保障村民户有所居权利的同时，不仅腾退的闲置宅基地户数和面积都有增加，还实现了闲置宅基地的流转和农村土地的节约集约利用。对农房抵押、有偿退出、流转等方面的制度进行重新设计，健全了宅基地权益保障方式，增加了农民财产性收入，促进了乡村建设的发展。

表 1-7　33 个试点地区农村宅基地管理累计数据

时间	零星、闲置宅基地腾退户数/户	零星、闲置宅基地腾退面积/亩	农房抵押贷款数量/万宗	农房抵押贷款金额/亿元
2017 年 4 月	约 70 000	32 000		
2017 年 9 月	约 76 000	约 60 000		
2018 年 6 月	97 000	72 000	4.9	98
2018 年 12 月	140 000	84 000	5.8	111
2019 年 12 月	约 260 000	145 000	8	200

资料来源：自然资源部公告整理，部分数据来自试点地区汇总

（二）总体成效[①]

在改革过程中，一些试点地区将土地改革与当地实际情况结合起来，实现了政策和制度创新，为农村改革发展提供了活力，促进了城乡协调发展。

1. 推动城乡统一的建设用地市场建设

推行集体经营性建设用地入市的目的是实现“同地同权”，因此只有先消除集体建设用地和国有建设用地在权能上的不平等，才能在公开交易中发挥市场的作用，实现城乡各类土地的公平竞争，因此确保定价标准、交易规则和监管制度统一的建设用地交易市场是入市改革的基础。从实际改革经验来看也确实如此，各个试点地区在入市改革前都通过研讨会、全流程试验等方式规范了交易市场，有些地区还积极探索了多种形式的入市途径、入市用途和交易方式，激发了农村土地资源的活力，逐渐增强了社会和市场对入市集体土地的接受程度。浙江省德清县入市的全国首宗农村集体经营性建设用地，成功入选“伟大的变革”改革开放四十周年大型展览和“伟大历程辉煌成就——庆祝中华人民共和国成立70周年大型成就展”。江苏省常州市武进区和湖北省宜城市将以出让方式取得的集体经营性建设用地作为资产成功上市，得到资本市场认可，标志着集体土地与国有土地“同权同价”迈出了实质性一步。

2. 增强对农村产业发展用地的保障

根据地区发展目标对城乡建设规划和土地利用规划进行重新调整，以腾退的闲置宅基地和征收的土地作为集体经营性建设用地入市的后备资源，结合规划将零星分散的闲置存量集体用地调整用途后再次投入使用，不仅能有效盘活农村闲置土地，还能推进土地利用结构的优化和土地的节约集约使用，为乡村的产业聚集和转型发展提供了发展动力。浙江省德清县、河南省长垣县、山东省禹城县、山西省泽州县、辽宁省海城市等地通过集体建设用地调整入市建设乡（镇）工业园区，为促进乡村产业集聚、转型发展提供了有效平台。福建省晋江市通过指标置换、资产置换、货币补偿、借地退出四种方式腾退宅基地 7 022 亩。河南省长垣县探索了无偿强制退出、有偿自愿退出、保权自主退出、让权暂时退出、养老助推退出、返租引导退出六种模式，共腾退宅基地 9 357 亩，为农村产业发展提供了用地空间。陕西省西安市高陵区将集体经营性建设用地入市与“大棚房”问题清理整治有机结合，合理解决农村产业发展用地难题。吉林省长春市九台区通过“调整入市+点状供地”方式保障田园综合体项目用地需求。

---

① 本节数据来源于调研资料。

3. 拓宽农民土地财产收入渠道

与发达国家相比，我国农民的财产性收入在总收入中的占比较低，但在现有农村土地制度下，农民想要利用所有的资产和资源带来财产性收入的意愿难以被满足，“三块地”改革能帮助解决这一矛盾，拓宽农民的土地财产收入渠道。通过推行征地制度改革，可以实现征地补偿标准的提高及补偿方式的多样化；通过集体经营性建设用地入市，农村集体土地的价值被显化，试点地区共获得入市收益 420 多亿元（价款扣除调节金）。浙江省德清县已入市集体经营性建设用地 200 余宗，1 600 多亩，农村集体经济组织和农民获得净收益近 3.5 亿元，惠及农民群众近 22 万人，覆盖面达 91.7%。河南省长垣县通过改革使农村集体经济收入实现了零的突破，达到 4.45 亿元，使基层更有能力办些实事、好事。宅基地制度改革通过解决历史遗留问题，保障了农民土地权益，形成了多样的农民住房保障形式，有效满足了农民的多元化居住需求。农房抵押、有偿退出、流转等制度设计增加了农民财产性收入。

4. 提升农村土地利用和治理水平

在“三块地”改革前期，各试点地区通过集体土地权属调查和登记发证，完成了土地确权工作，结合政府对村庄的再规划，有效地减少了农村的违法用地，摸清了各村庄的土地使用情况，为之后的试点工作奠定了良好的基础。按照规划安排引导农民集中整合并盘活零散闲置土地，提高农村土地的节约集约利用水平。同时，各个地区在规划和改革推进中鼓励基层组织和农民参与土地管理的讨论、决策和执行过程，调动了农民在土地管理和村集体发展中的自主参与性。大多试点地区建立了村民事务理事会，通过集体讨论、集体决策、集体执行，激发农民自主管理农村土地的主动性和责任心。江西省余江县以党建引领，建设村民事务理事会，在 1 000 余个自然村选出 7 800 多名理事，制定了理事会 12 项权力清单和独立或参与配合村“两委”履行的 15 项职责清单，坚持运用共治、共建、共享工作法议定试点改革重大事项。河南省长垣县建立了“基层党组织+村民自治组织+集体经济组织”三位一体的基层治理体系，使农民松散的自治关系逐渐变为严谨的法治关系和规范的市场关系，群众工作更为顺畅，2019 年全县因宅基地纠纷引起的上访事件和新增违法用地均比 2014 年下降 70%以上。

5. 促进乡村振兴战略的实施

党的十九大报告中提出要解决农业、农村和农民的问题，实施乡村振兴战略。以往割裂的城乡二元市场无法提供充足的土地，而“三块地”改革可以加快土地的流转，尤其是帮助闲置宅基地有偿退出，促进了城乡资源的有效利用，满足了乡村振兴战略对土地的高需求。除此之外，从试点地区的实践情况来看，改革给农业、农村和农民都带来了明显的福利，这也为乡村振兴战略的实施提供了良好的工作准备和群众基础。河南省长垣县充分发挥三项改革试点对农村综合改革的引领作用，在2017年经济社会发展评价中位居全省县级第1名，2018年全县农村居民人均可支配收入较2014年增长73.6%，通过入市土地建设扶贫车间，实现 1 100 余个贫困人口稳定脱贫。江西省余江县以宅基地制度改革为主线，系统推进农业发展现代化、基础设施标准化、公共服务均等化、村庄面貌靓丽化、转移人口市民化、农村治理规范化的“一改促六化”美丽乡村建设，全县经济社会得到平稳快速发展，2017年生产总值增长8.7%。宁夏回族自治区平罗县将宅基地制度改革与生态移民易地搬迁相结合，收储当地农村自愿退出宅基地，截至2018年初插花安置生态移民搬迁户共 1 600 多户，实现脱贫攻坚移民的有效增收。安徽省金寨县将宅基地改革与易地扶贫搬迁、移民避险解困、美丽乡村建设等政策紧密结合，激励贫困户主动参与改革。河北省定州市统筹推进农村土地制度改革三项试点取得明显成效，2018 年作为国务院第五次大督查发现的典型经验被国务院办公厅通报表扬。云南省大理市将三项改革试点与洱海保护治理、民族历史文化保护传承、新型城镇化综合试点、全域旅游示范区创建相结合，处理好保护资源与保障发展的关系。

基于上述成果和经验积累，试点地区形成了一系列制度性成果和政策建议，为相关法律的修改，特别是《土地管理法》的修订提供了坚实的支撑。以义乌市为例，义乌市在改革中的多项条款被《中华人民共和国土地管理法（修正案草案）》采纳①，宅基地“三权分置”被写入中央关于实施乡村振兴战略的指导意见，有关集体经营性建设用地和宅基地使用权抵押贷款办法为全国抵押贷款管理暂行办法的制定提供了实践依据。

2018 年 12 月 23 日，《土地管理法》《城市房地产管理法》修正案草案提请第十三届全国人大常委会第七次会议审议，草案中缩小了土地征收范围，同时删去了现行土地管理法关于从事非农业建设使用土地的，必须使用国有土地或者征为国有的原集体土地的规定；对土地利用总体规划确定为工业、商业等经营性用途，并经依法登记的集体建设用地，允许土地所有权人通过出让、出租等方式交由单位或者个人使用。2019年8月26日，在第十三届全国人大常委会第十二次会议上，关于修改《土地管理法》《城市房地产管理法》的决定被表决通过，自2020 年 1 月 1 日起施行。2019 年的新《土地管理法》将基本农田提升为永久基本农

① 包括采用高层集中安置等多种不同方式保障农村居民实现户有所居和农村宅基地实行有偿使用等。

田[①]，规定国家建立国土空间规划体系[②]，并明确国务院授权的机构对省（区、市）人民政府以及国务院确定的城市人民政府土地利用和土地管理情况进行督察[③]。除此之外，新《土地管理法》还参考了试点实践经验进行修改，相关的具体修改内容整理见表 1-8。

表 1-8　2019 年《土地管理法》《城市房地产管理法》修改内容

改革内容	修改内容
《土地管理法》	
土地征收	增加第 45 条，划定了六种可以依法实施征收的情形，明确界定了土地征地的公益范围。六种可以依法实施征收的情形包括：军事和外交需要；由政府组织实施的基础设施建设需要；由政府组织实施的公共事业需要；由政府组织实施的扶贫搬迁、保障性安居工程建设需要；在土地利用总体规划确定的城镇建设用地范围内，经省级以上人民政府批准由县级以上地方人民政府组织实施的成片开发建设需要；法律规定为公共利益需要可以征收农民集体所有的土地的其他情形
	征地补偿由“按原用途补偿”调整为“征收土地应当给予公平、合理的补偿，保障被征地农民原有生活水平不降低、长远生计有保障”，完善了对被征地农民的补偿保障
	征地批后公告改为征地批前公告，补偿标准由年产值倍数改为区片综合地价
	农村村民住宅征收补偿由“参照征收耕地标准”改为“保障农村村民居住权利和合法的住房财产权益”
集体经营性建设用地入市	删除原第 43 条关于“任何单位和个人进行建设，需要使用土地的，必须依法申请使用国有土地”的规定，破除了集体经营性建设用地进入市场的法律障碍。允许集体经营性建设用地通过出让、出租等方式入市，入市后的集体经营性建设用地使用权可以转让、互换、抵押，集体经营性建设用地入市应严格履行民主决策程序
宅基地	在宅基地制度改革方面，不能保障“一户一宅”的地区可以采取措施，按照省、自治区、直辖市规定的标准保障实现户有所居，允许进城落户的农村村民依法自愿有偿退出宅基地，鼓励农村集体经济组织及其成员盘活利用闲置宅基地和闲置住宅。下放宅基地审批权限，由乡（镇）人民政府负责农村村民住宅用地的审核批准
《城市房地产管理法》	
集体经营性建设用地入市	修改第 9 条，修改为“城市规划区内的集体所有的土地，经依法征收转为国有土地后，该幅国有土地的使用权方可有偿出让，但法律另有规定的除外”

四、深 化 方 向

虽然“三块地”改革已经结束，《土地管理法》的修订已经完成并在 2020 年正式实施。但总体来看，三项试点改革在取得显著成效的同时，也存在一些问题和不足，需要进一步深入研究探索，在改革统筹融合、总结推广和推进机制方面，如三项试点内部、三项试点与相关配套改革以及三项试点与地方经济社会发

① 2019 年新《土地管理法》第 35 条。
② 2019 年新《土地管理法》第 18 条。
③ 2019 年新《土地管理法》第 6 条。

展的统筹融合还有进一步探索的空间。另外，在试点结束后相关试点政策如何有效衔接方面，需要积极谋划，分类处置，如修改后的新《土地管理法》未对宅基地有偿使用做出规定，政策如何衔接亟待考虑。此外，有些改革内容仍需要进一步深化和探索，如农村土地增值收益分配、集体建设用地与农用地改革协同等，这些都需要在未来按照中央新的改革部署，结合实施乡村振兴战略，深入研究探索，进一步增强改革的系统性、整体性、协同性。

除整体以外，就“三块地”而言，各自也有需要探讨的内容。

（一）土地征收制度改革

在 2019 年 8 月修法前，《土地管理法》只要求土地征收必须符合“公共利益”，但对于“公共利益”却并未做出准确的定义和规定，这也就导致了在试点地区的征地过程中，征地审批和用地项目性质的判断会掺杂地方政府的主观性。且“公共利益”的概念具有动态性，不同利益相关者对于“公共利益”概念的界定也存在差异。尽管部分试点地区制定了征收目录，但是争议仲裁机制仍然给予了政府干预的机会。因此需要结合中央统一指导，地方政府根据自身情况，结合多方意见制定合适的公共利益用地界定指南，并在界定过程中加强民众的参与度和选择权。2019 年的新《土地管理法》以列示方式明确了六种可以依法实施征收的情况，首次明确界定了土地征收的公共利益范围，帮助地方政府在今后的征地中有法可依。

另外，对于土地征收补偿金额的确定也存在一定的困难。国际上确定征收补偿的通行方法是参考被征地所在地区的市场价格。我国在 2012 年前的《土地管理法》第 47 条第 6 款规定，“土地补偿费和安置补助费的总和不得超过土地被征收前三年平均年产值的 30 倍”。2012 年 12 月 24 日全国人大常委会审核了《中华人民共和国土地管理法（修正案草案）》，删去 30 倍的补偿标准上限要求，强调补偿不落地时不得征地。2014 年，考虑到形势变化，全国人大常委会终止了对《土地管理法》第 47 条的修改。在一些试点地区中，政府在征地过程中提供过多的补偿方案，远超过 30 倍的补偿上限。同时，许多地区尚未设立完善的争议仲裁体制和司法救助体系，一方面难以约束地方政府强制征地的行为，另一方面可能会导致农民要求过高补偿而无法协调。2019 年的新《土地管理法》明确了征地补偿方案应取得多数农村集体经济组织成员同意，否则县级以上地方人民政府应当组织召开听证会并修改方案[①]，但未进一步对征地补偿的测量和确定做出规定或提出指导性方案。

---

① 2019 年新《土地管理法》第 47 条。

（二）集体经营性建设用地入市制度改革

我国农村的集体经营性建设用地主要存在于三大区域：沿海地区、不同类型城市的城乡接合部和传统农区（刘世锦等，2014）。沿海地区的集体经营性建设用地数量更大、分布更广，尤其是广东、江苏和浙江；城乡接合部的集体经营性建设用地分布相对集中，涉及的利益关系相对复杂，其中特大城市和大城市周边分布的数量更大；传统农区主要是来自以前的村办企业和乡镇企业用地，但闲置率较高。从地区分布来看，非沿海的中西部地区相比其他地区早期乡镇企业的发展乏力，特别是在中西部乡村企业和个体经济较为落后的地区。相比东部地区，尤其是珠三角和长三角地区，中西部地区的用地存量较少，集体经营性建设用地数量在区域上的分布差异较大。集体经营性建设用地入市的改革最终会影响各个地区农民的土地收益的分配，可能会进一步扩大东西部地区农民的收入差距。

从土地所有人来看，我国现行法律规定农村集体土地的所有权主体包括乡（镇）、村和村民小组农民集体，但由于“集体”定义的不严谨，农村集体土地主体虚位。农民如果作为单个主体入市会面临较高的交易风险和交易成本，因此有必要明确入市主体。尽管部分试点地区根据自身情况对入市主体做出了规定，但各个试点地区的入市主体并不一致，如集体经济实力较强的地区（广东省佛山市南海区、浙江省义乌市、北京市大兴区和浙江省德清县等）直接将地区集体经济组织或镇集体联营公司作为入市主体，而一些经济实力一般的地区（辽宁省海城市、吉林省长春市九台区和河南省长垣县）则选择了乡镇政府、村委会或村民小组作为入市主体。加上入市改革过程中缺少规范的集体产权制度，对于集体成员资格认定、集体中的收益分配和集体经济组织的管理与运作等问题只能“一地一策”。尤其是集体经营性建设用地入市将产生巨大的收益，不统一的、自行决定的收益分配和管理，容易在利益相关者之间引发矛盾和问题，难以同时兼顾国家、集体和个人利益，因此应建立合理的土地增值收益分配机制。2019 年《土地管理法》和《城市房地产管理法》的相关修订主要为放开对集体经营性建设用地入市的限制，未来可以继续探索和明确入市主体与土地增值收益分配机制。

（三）宅基地制度改革

在宅基地制度的改革过程中，试点地区对宅基地使用权进行了一定限度的放活，但宅基地的流转范围仍然被限定在村庄内部、村集体经济组织成员之间，这一规定堵塞了农民获取土地财产收益的渠道，也限制了非集体经济组织内部成员的购买可能性。在长期的流转范围束缚下，城镇居民想买而农村人口想卖的现实可能会使得农村，尤其是城乡接合部形成地下市场，产生大量的隐形交易，最终导致宅基地的流转脱离政府可管控范围，随时可能产生纠纷和矛盾。除此之外，根据原《土地管理法》第62条第1款："农村村民一户只能拥有一处宅基地，其宅基地的面积不得超过省、自治区、直辖市规定的标准"，但在法律中并没有界定"户"的含义。从实际来看，"一户多宅"和"住宅超标"的情况在农村中普遍存在，是资源禀赋条件下新增住房得不到满足的一个直接原因。这种情况的宅基地在退出前的确权、退出时的审批和退出后的补偿时都更为复杂，宅基地的流转也更困难。一些地区已经开始尝试解决这类历史遗留问题，但如果探索中把握不当，可能会形成负面示范，对社会造成不良导向。

新《土地管理法》针对上述问题对农村的宅基地制度进行了完善，下放了宅基地的审批权限，明确在一户一宅的基础上，可采取措施保障农村村民实现户有所居，且进城落户的农村村民可以自愿有偿退出宅基地。这一修法打破了以往宅基地无法退出的局面，减少了宅基地的闲置浪费。由于目前对于宅基地"三权分置"试点的时间较短，尚未深入探索，没有形成相应制度经验，因此此次修法未对宅基地"三权分置"做出详细改动。对于一户多宅和住宅超标的问题，仍然缺少具有指导意义的政策或法条，地方政府在这个问题上仍然需要"摸着石头过河"。

因此，当前需要在深入总结农村土地制度改革三项试点工作的基础上，按照中央关于深化改革的一系列决策部署，以进一步增强改革的系统性、整体性、协同性为目标，继续深入推进农村土地制度改革。在总体方面，贯彻落实好新修订的《土地管理法》，中央和省级层面加快相关法律法规及配套制度的修改和制定工作，同时将33个试点地区的试点政策与新《土地管理法》对照，分类提出继续执行、过渡实施等处理意见。

第一，在土地征收方面，要继续探索缩小征收范围，制定科学规范、合理公平、适合我国国情的公益性项目目录，研究制定成片开发的具体规定和标准；完善公共利益认定程序和公共利益认定争议的裁决机制；完善土地征收补偿标准，各省（区、市）应抓紧组织开展区片综合地价制定公布工作，探索制定集体建设用地征收补偿标准；进一步规范土地征收程序，明确各级征地审批职责、内容与报批程序，做好土地征收审批与用地审批的衔接；完善被征地农民纳入社保的资金筹集与管理制度。

第二，在集体经营性建设用地入市改革方面，继续探索增量集体经营性建设用地入市的具体方式；加快制定农村集体经营性建设用地入市指导意见，争取与新修订的《土地管理法》同步实施；协调相关部门研究制定集体经营性建设用地使用权抵押贷款等相关配套政策，推动实现集体经营性建设用地与国有建设用地同权同价；探索集体经营性建设用地入市收益合理分配制度，初次分配交给市场，再分配通过税收调节。

第三，在宅基地制度方面，继续进行宅基地“三权分置”试点；继续探索宅基地的历史遗留问题和宅基地有偿使用有效方案。此外，还需要对土地规划制度、利用制度、经营制度、税收制度、监管制度等进行深入探索。

第二章　农地改革试点政策评估S-CAD方法

一、S-CAD政策评估方法概述

目前国内外学者对公共政策评估的研究内容主要可以分为评估标准、评估模式及评估方法三个部分。关于公共政策评估方法的研究，西方国家有理性派（rationalist）与渐进派（incrementalist）两大主流派系。理性派继承杜威（John Dewey）的传统，认为解决问题是政策的准则，其指出所有的决策都有6个元素：环境（形势）、决策者、目标、可供选政策、取舍准则和选择，关键是“理性”。理性派分析具有较好的逻辑性，分析政策比较准确透彻。理性派聚焦于政策规划的技术层面，认为好的政策出于完整的分析架构、精准的专业知识，如成本/效益分析、风险评估等。越是专业、能量化的政策越是好政策。但这个主流的政策分析派系也面临着量化方法和政策分析是否真正中立的质疑，且他们忽略了现实中实践的复杂性。渐进派则认为人类不可能完全理性地处理社会问题，应基于现状逐步地改进，从而慢慢靠近目标。政策的好坏程度应以它被“认同”的程度去衡量，即所追求的目标是多数人认同的政策目标。与理性派不同，渐进派聚焦于政策规划的政治层面，认为好的政策来自好的政治模式、决策程序，如民主决策、公民参与等。认同度越高越是好政策。这也是政策评估的标准。但由于参与者立场和资源的差异，认同准则的实现目前来看仍是一大难题。

S-CAD政策评估方法是对理性和渐进两派方法的借鉴与发展，既包括理性派强调的系统化评估和政策的内部逻辑，也包括渐进派所观察到的政策制定中“认同”的本质。S-CAD方法是从一个选定的观点，即主导观点（s-subjectivity）出发，对公共政策进行全方位的分析，包括一致性（c-consistency）、充要性

（a-adequacy）、可行性（d-dependency）。该方法主要是站在公共政策决策者和参与者的不同角度，对政策的效应、效率、实现的可能性进行分析[①]，它一方面强调不同观点有不同的价值与立场，另一方面提供一个逻辑架构去分析各个不同观点之间的互动，从而有效实现对公共政策的全面分析和评估，达到提高公共决策水平的目的。该方法认为政策是由持有一定价值观的利益群体为了实现某种期望或者目的而设计的一系列决定和行动，而行动包含了手段，产生了结果。所以，政策又可以被分解为立场（价值）、目的、手段（策略与措施）、结果四大要素（表 2-1）。此方法有三个特点，这也是它的优势所在：一是该方法拥有完整的政策分析框架和较强的内在逻辑关系；二是从价值观出发进行政策分析处理，分析出发点的唯一可以使政策评估的过程更加清晰，避免分析过程中出现角色变换的问题；三是考虑全面，一致性分析和经济性分析是一个“知己”的过程，强调政策要素间的逻辑性和专业知识判别的应用，而可行性分析则是“知彼”的过程，突出政策实施的认同和可执行。

表 2-1　S-CAD 方法的基本概念解释

要素	概念
政策	政策是一系列有目的的决定和行动
立场	又称为价值观、立场或前提，简写为 V（value），是政策制定者的基本观点，取决于决策者的职能和角色，也就是职责所在、权力范围和服务对象
目的	又称为目标，简写为 G（goal），代表着立场（价值），是手段设计的参照、资源调动的理由和评估结果的标准
手段	为实施目的而采取的方法和步骤，涉及该过程中需要运用的工具、调动的资源、行动的流程和要达到的绩效水平等。手段可分为策略和措施，策略是手段思路，简写为 S（strategy）；措施是具体行动，简写为 M（measure）
结果	简写为 R（result），是政策决定和行动带来的预期结果（expected result，ER）或实际结果（actual result，AR），包括手段的直接或间接产出，以及政策所引发的反应

资料来源：梁鹤年（2009）

在某程度上，S-CAD 政策评估法代表了不同评估方法的中和，它把这些方法整合为一个有效率和可运作的评估框架。它是理性的，因为它坚持政策内部的逻辑性和政策评估的系统性。但不同于“理性派”，它没有伪装“方法的中立性”，因为它承认和接受“主观”。该方法的突破是把政治和技术先分开后重组，主观而不武断，既优化自身利益亦兼顾别人利益。它包含“渐进派”方法的一个重要洞悉，也就是政策需要利益相关者的“认同”。S-CAD 方法的理性框架帮助评估者去辨认“可能达成认同”的领域，但它不把“认同”看作政策好坏的衡量标准，也不认为好政策一定要是“渐进”的。它强调在追求“认同”中，我

① 也即政策评估的三个关键点：行动是否能达到目的（效应）、行动是否能以最小的成本或经济性地达到目的（效率）、行动能不能执行下去从而最终实现目的（可行性）。

们应该清楚衡量成本和效益。为此，该评估法包容了决策环境的复杂性、利益的多元化和政策执行者的重要性（梁鹤年，2018）。

二、S-CAD 政策评估运作过程

S-CAD 政策评估法主要回答下列问题：①主导观点追求的是什么；②追求是否有效；③需要的成本是多少；④能否被人认同和成功实施。

为实现上述目的，S-CAD 政策评估方法主要包括设定评估观点、提炼政策要素、效应分析、效率分析和可行性分析五个步骤。若一些政策已经实施过一段时间，在评估过程中还可以另外加入对比预期结果和实际结果的步骤，从而反映政策实施的实际效果，即 S-CAD 政策评估方法既可以用于事前的政策规划，也可以用于政策后评估。下面对这五个步骤进行简要介绍。

（一）设定评估观点

在 S-CAD 方法的分析框架下，不同的观点有不同的立场和价值。那么，政策评估的第一步就应该是根据政策处理的事情来选取自己的观点。任何一个参与者在分析政策时所持的观点叫作“主导观点”，从这个“主导观点”去看，所有影响政策成败的其他参与者所持有的观点都叫作“相关观点”。观点来自对职能、角色的解读，也就是职责所在、权力范围、服务对象。观点决定问题的解读、政策的取向、价值的比重，也就是观点决定政策的立场。

（二）提炼政策要素

立场（价值）来自观点，其余三个政策元素（目的、手段和结果）则需要从政策文本中去辨认和抽取。由主导观点出发，去判断政策立场之间的先后、轻重，也就是比较各立场的相对重要性，并讨论立场之间、目的之间、手段之间、结果之间可能发生的冲突和矛盾。此外，从主导观点出发，去辨认政策文本，抽出各政策元素：立场（信念、价值观）、目的（立场的具体化）、手段（追求目的所采用的策略和措施）、结果（手段实施会带来的产出、后果、影响）。在对政策要素提炼和抽取之后，进行政策的效应、效率及可行性三个步骤分析。

（三）效应分析

效应分析又称一致性分析或逻辑分析，其聚焦于政策元素之间的因果逻辑，保证政策的效应。效应分析就是分析政策的目的、手段和结果同政策分析者的立场是否一致，政策是否能够实现立场。进行该步骤可以回答以下三个问题：政策的目的是否逻辑地代表了立场，政策的手段是否逻辑地追求了目的，政策的结果是否能够逻辑地反映手段的效果。一致性分析是政策的第一个也是最重要的一个分析，检验政策的内部逻辑，聚焦于立场、目的、手段、结果之间的一致性、吻合度和因果关系。立场与目的之间不一致，便不可能确定我们追求的是不是我们"所期望达到的理想状态"。目的与手段之间的不一致，就没有了"目的明晰的决定和行动"。手段与预期或实际结果之间不一致，便不可能分析出"理想的状态和采取的决定与行动之间存在某种可辨识的因果关系"（梁鹤年，2009）。如果一个政策的内部逻辑出了问题，就不可能再做其他的分析，应该重新考虑、重新设计。

（四）效率分析

效率分析又称经济性分析，即是否花费最小的成本达到目的，用于分析政策执行所用的资源和工具是否过多或不足，也就是基于政策逻辑结构分析政策要素的充分性与必要性。充分性分析是确定一个下限的过程，就是考察政策目的对于体现制定者的立场是不是存在不足，手段对于实现目的是不是存在不足，结果对于反映手段的影响是不是存在不足，如果存在不足，则需要进行补充。必要性分析则着眼于寻找数量和强度的上限，通过该环节来判断政策目的对于体现立场、手段对于实现目的、结果对于反映手段的效果是否存在冗余，即数量过多或者强度过大，如果存在冗余，则需要进行删减或削弱，从而保证政策过程中没有无谓资源和工具的浪费。经济性分析在逻辑分析之后，其焦点在于"效率"。

（五）可行性分析

可行性分析检验相关利益方（相关观点）在政策的认同和执行上可构成的助力或阻力。在整个政策的实行过程中，不仅仅是"主导观点"的参与，同时还存在众多"相关观点"的广泛参与。在可行性分析中，"相关观点"的立场在很大程度上决定了政策的认同度和可执行性的分析。在可行性分析中，鉴别出关键的赞同者、反对者、执行者和受影响者，从他们的立场出发分析各自赞同、反对、执行和受影响的理由和强度，从而判断政策的认同度和可执行性。可行性分析主要是对政策的认同度和可执行性的分析。这一步聚焦于“人和”，也就是协调各相关利益以提升政策可行性。

政策评估的S-CAD分析框架见图2-1，以主导观点是中央政府的情形为例。

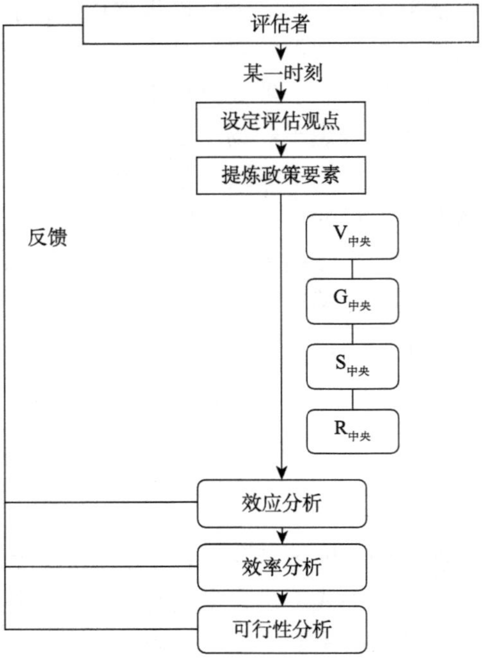

图2-1 政策评估的S-CAD分析框架

V中央表示立场（中央）；G中央表示目的（中央）；S中央表示策略（中央）；R中央表示结果（中央）

三、央-地关系下S-CAD试点政策评估方法

S-CAD政策评估法是一个元方法，它给政策评估者提供了一个有效的评估框架，但同时也存在深化和完善的空间，如在各政策要素主体不一致时，其应用存在一定局限性。以我国广泛实施的试点政策为例（如农村土地制度改革三项试点），中央是政策制定者和评估方，试点地区是政策执行者和被评估方，双方位置不同、出发点不同，关注的重点和思考问题的视角也就有所差别。在央-地互动的背景下，由于各政策要素的主体并不一致，那么就需要对现有S-CAD方法进行拓展和延伸。试点本身作为一种政策制定的前期探索，是在“地方试-中央调”的互动中进行的，中央政府需对地方改革成果进行指导、反馈和调整。需要

注意的是，中央在改革推行前已形成了对地方试点改革的期望，即预期结果，而地方政府则在中央精神指导下形成了实际结果，两者的异同是“中央调”的依据。因此在这里形成了基于央–地关系的试点政策评估框架，以及一阶段评估或初次评估（中央预期结果）与二阶段评估或再次评估（地方实际结果）相结合的两阶段法，进一步提升了 S-CAD 评估方法的应用能力（王志锋等，2017）。具体如下所示。

S-CAD 政策评估方法的第一步，同时也是关键的一步在于确定主导观点。为了落实十八届三中全会决定关于农村土地征收、集体经营性建设用地入市、宅基地制度改革的要求，2015 年 1 月，中共中央和国务院印发《关于农村土地征收、集体经营性建设用地入市、宅基地制度改革试点工作的意见》。试点政策的出台是基于中央的诉求和评价，因此中央是主导观点方。相应地，在进行政策要素提取时，政策要素——立场和目的——的主体也应为中央。至于手段，由于在试点政策的实施过程中，中央给予了地方政府一定的灵活性和自主权，另加以适当的管制和选择性控制，所以将手段划分为指导思路型的策略和具体实施型的措施可以进一步地反映试点政策的这一特性。其中，措施的主体为地方，如地方围绕试点工作出台各种制度、实施各种政策。但策略的主体则应对具体的政策文本进行分析后，依据文件内容的详细程度和中央放权范围来判断是中央还是地方。中央在出台政策文件时含有其政策预期结果，而待试点地区推进工作一段时间后，地方上会有其实际结果产生，应在不同的时间点（政策实施前后），选择主体不同的结果要素进行政策评估。结合上一部分对 S-CAD 方法的介绍，下面列出 S-CAD 试点政策评估方法在央–地关系框架下评估试点政策时的操作步骤。

（一）步骤一

在立场（价值）、目的和预期结果上，坚守中央观点。下面根据试点政策的灵活程度不同分为两种情形讨论。此步骤称为一阶段评估。

情形 1：依据具体的政策文件判断策略的主体，如果中央在某些政策事件上缺乏经验，从而给予试点地区很高的自由度和决定权，放手让地方政府进行探索，则策略要素的主体为地方。从前文可知，地方毫无疑问是措施要素的主体，因此，在此种情形下，接下来需要进行的是评估立场（中央）、目的（中央）、策略（地方）、措施（地方）、预期结果（中央）的效应、效率和可行性。

情形 2：如果中央对于政策文件的思路比较清晰，从文本中可以明显提取出策略要素，那么主体应为中央，即在立场、目的、策略和预期结果上均衍生于中央的主导观点。之后，在其中套入试点地方设计和选择的措施。也就是说，中央按自己的立场，定下了目的和策略，让试点地方政府遵循因地制宜的原则自己去设计和实施具体的措施，以达到中央的预期结果。然后进行政策链条中立场（中央）、目的（中央）、策略（中央）、措施（地方）、预期结果（中央）的效应、效率和可行性分析。

（二）步骤二

第一个步骤的时间维度是在尚未看到实际结果的政策出台初期或者实际结果还不明显的时候，仅仅根据政策文件而进行的政策初次评估，而为了更好地反映试点政策过程中中央与地方的互动关系，中央需要对试点地区的表现进行反馈，待试点地方政府将工作推进到一定程度或推进完毕，并产生了实际结果后，需再次进行评估。即在不同的时间点上，评估政策链条中立场（中央）、目的（中央）、策略（地方）、措施（地方）、实际结果（地方）或者链条立场（中央）、目的（中央）、策略（中央）、措施（地方）、实际结果（地方）的效应、效率和可行性。此步骤为二阶段评估。

（三）步骤三

对比步骤一和步骤二，从中央的观点出发，去辨认地方实际结果与中央预期结果的差距，并对此进行解释。对于情形 1，解释地方措施与中央预期结果之间的对口、充要和人和；而对于情形 2，还需要说明中央策略与地方措施之间的对口、充要与人和。但无论哪种情形，讨论的焦点都是地方选择的措施是不是成功地实现了中央的预期结果，即回答中央是否做到了一方面依靠地方去设计和执行政策措施，另一方面又保证了中央预期结果的实现。也就是，在政策策略上和预期后果上同时有足够的空间去让地方设计和选择措施，又有足够的约束去保证这些措施能支撑中央的策略和实现中央的预期结果，从而对中央依靠地方去选择政策措施的利弊进行评价。因此，把步骤称为对比较为合适。

（四）步骤四

解释作为试点的地方为什么选择这些措施：这些选择反映了地方对问题做了什么样的解读、地方有什么样的价值；这些选择反映了地方面临着什么样的条件和约束。也就是，寻找这些“下有对策”产生的原因。该步骤可以概括为解释。

综上所述，该评估的目的是分析中央的政策效应、效率和可行性，其中，政策措施由地方因地制宜地进行设计和选择。在效应分析和效率分析方面，一方面，需要比较中央立场（价值）到中央预期结果的链条值和中央立场（价值）到地方实际结果的链条值两者之间的差异；另一方面，需要追踪中央立场（价值）到中央策略的链条值以及中央立场（价值）到地方措施链条值的变化。在可行性分析方面，主要是解释地方政府所设计和选择措施背后的价值、条件和约束。S-CAD 试点政策评估方法的评估流程如图 2-2 所示。

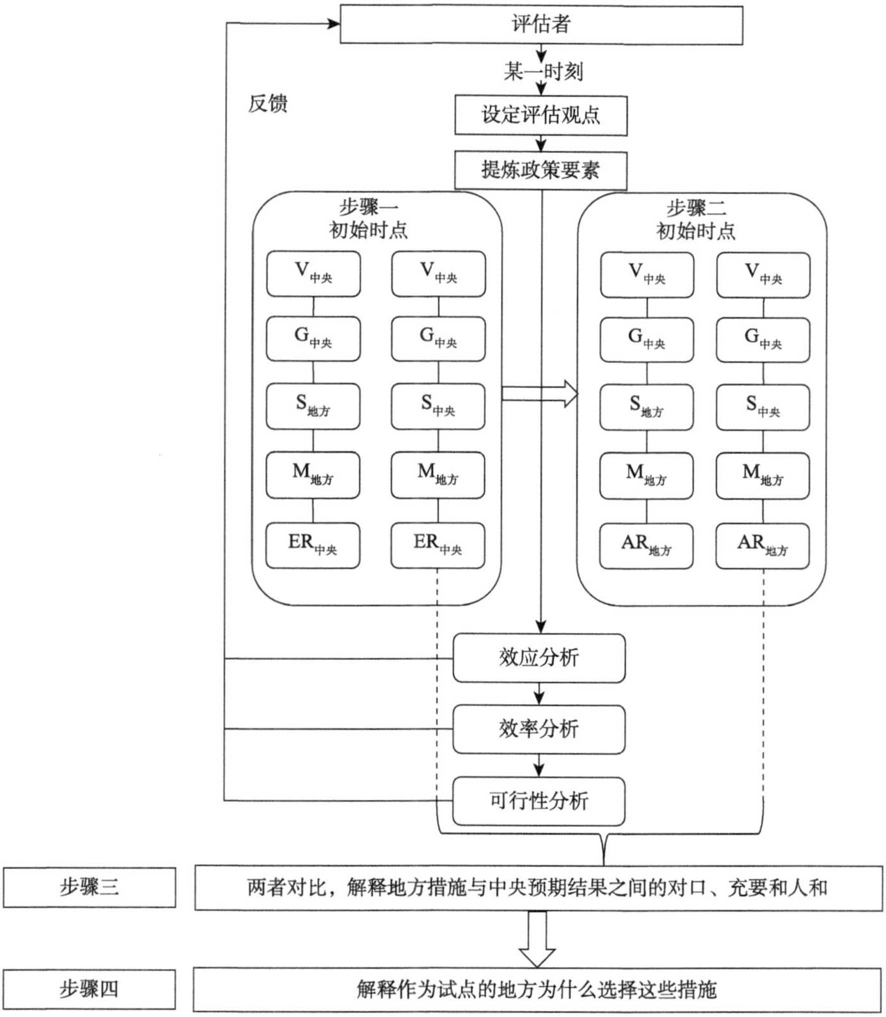

图 2-2　S-CAD 试点政策评估方法的评估流程

ER 中央表示预期结果（中央）；V 中央表示立场（中央）；G 中央表示目的（中央）；S 中央表示策略（中央）；M 地方表示措施（地方）；AR 地方表示实际结果（地方）

四、S-CAD 试点政策评估方法的优势与应用

（一）方法的优势

首先，从前文分析可以得知，相较于普通政策，试点政策在政策要素的主体上存在不一致的现象。通过对传统 S-CAD 方法进行改进，在央–地关系理论支撑下，充分考虑试点政策的特性，直接将地方作为政策措施要素的主体，之后进行具体分析，而不是在图 2-2 框架下，将措施的内容空泛地总结为“让地方政府发挥主动性采取具体行动”，完全剥离地方出台的文件内容，那么，没有充足的信息进行政策分析，评估结果的可信度和有效性会大打折扣；另外，如果只以地方作为主导观点进行 S-CAD 分析，不考虑中央的立场，则不符合中央进行该项评估的出发点，即无法判断该项试点政策是否很好地服从于中央自身的价值观和目的，有没有成功地实现预期结果。所以，对 S-CAD 试点政策评估方法进行探索具有一定的意义和必要性，也显示出其优势。

其次，我们知道，政策是有时间维度的。随着时间的推移，环境、信息和认知等都在变化，相应地，价值与政策要素也可能会不断调整。试点政策的完整过程时间跨度很长，中央政府需要依据政策评估结果对试点地区的行为做出反馈。那么，对于试点政策的评估就必须要跨时点，即在两个或两个以上的时刻进行政策分析是必要环节，这意味着其是一个动态的过程。动态分析在信息更新和时效性方面，相较于静态分析具有客观的优势，所以，考虑了时间维度的 S-CAD 试点政策评估方法更加科学合理。

（二）在三项试点任务评估中的应用

三项试点任务即农村土地征收、集体经营性建设用地入市及宅基地制度改革，自 2015 年正式启动以来在各试点地区逐步铺开，33 个试点地区也由改革初期承担单一任务转变为“三块地”改革联动推进。基于试点分析和评估的要求，研究团队在多次实地调研积累的丰富数据资料的基础上，对试点地区“三块地”改革的前期准备、过程推进、改革效果、深化方向等内容进行了深入研究。在试点评估地区的选取上，综合考虑了试点地区的地理区位、经济基础、产业结构、人口与城镇化、开放程度、改革基础与程度等因素，力图使所评估试点具有较强的代表性，且不同试点地区之间能形成较好的对照。宅基地制度改革选取了东部

浙江省义乌市和中部湖北省宜城市作为研究对象；集体经营性建设用地入市制度改革选取了浙江省德清县和河南省长垣县作为研究对象；土地征收制度改革选取了河北省定州市和山东省禹城市作为研究对象。东部的沿海发达地区，工业、服务业和城镇化发展水平高，土地的财产权显化、土地市场活跃，改革重点更多地放在集体土地综合利用和价值充分挖掘等方面；而中西部是传统农业地区（特别是非大都市周边），经济发展程度和城镇化水平较低，集体土地价值仍有待挖掘，农地改革更多是基础性和制度性工作，旨在为进一步深入改革扫清障碍。

在政策评估方法上，在 S-CAD 方法的思路与框架下，分别对各试点地区进行了一阶段评估与二阶段评估，在两次评估中提取了政策要素并分析了要素间的一致性与充要性，以及各相关方对政策的支持力度。并通过对比分析地方实际结果与中央预期结果的差异，做出原因解释。

中篇

地方实践与评估应用

第三章　浙江省义乌市宅基地制度改革试点政策评估

一、义乌市概况

义乌市为浙江省下辖县级市，由金华市代管。义乌市的区位条件优越，地处浙江省地理中心，是浙中地区的区域中心城市。义乌市下辖 8 个街道、6 个镇，市域面积 1 105 平方千米，地貌以丘陵和河谷平原为主。义乌市是全球小商品贸易中心和国际商贸运营中心，被联合国、世界银行等国际权威机构确定为世界第一大市场，也是国家改革开放的典范城市。2018 年末，全市实现地区生产总值 1 248.1 亿元，三次产业结构为 1.7：32.8：65.5，2011~2018 年第三产业的占比不断增加（图 3-1）。全市户籍人口 818 362 人，常住人口 131.04 万人，2018 年城镇化水平达到 77.60%，2013~2018 年，连续几年持续提高（图 3-2）。城镇居民人均可支配收入和农村居民人均纯收入分别约为 71 207 元、36 389 元，连续多年居全省前列①。2011 年，义乌市被列为中国首个也是唯一一个县级市国家级综合改革试点。2014 年，义乌市又获批成为国家新型城镇化综合试点市。

浙江省义乌市是全国宅基地制度改革试点地区的代表，其对旧村改造的推进、农村宅基地制度的完善和优化进行了多年的探索，自 2016 年 9 月以来在“三块地”改革方面进行了积极探索。义乌市人民政府对旧村改造和农村宅基地管理非常重视，多年来采取了一系列政策措施，如义政〔1999〕116 号、义政发〔2006〕55 号、义政发〔2013〕43 号和义政办发〔2013〕220 号②等，在探索中

① 资料来源：2018 年义乌市国民经济和社会发展统计公报。

② 此四个文件分别为《义乌市旧村改造暂行办法》、《义乌市新农村住房建设实施办法》、《义乌市城乡新社区集聚建设实施办法（试行）》和《义乌市农村“空心村”改造实施办法（试行）》。

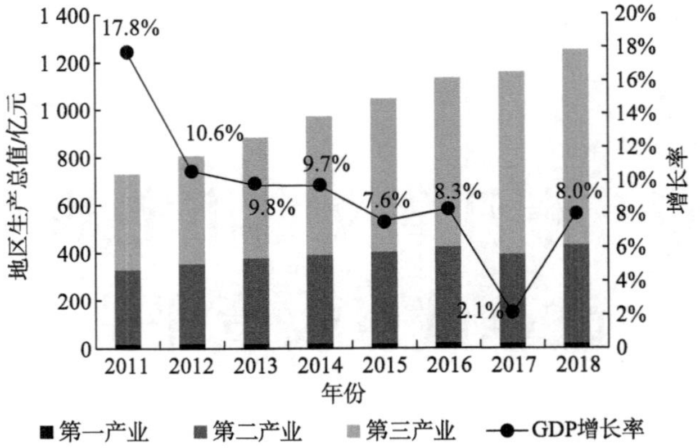

图 3-1 2011~2018 年义乌市三次产业增加值与 GDP 增长率

资料来源：义乌市统计局

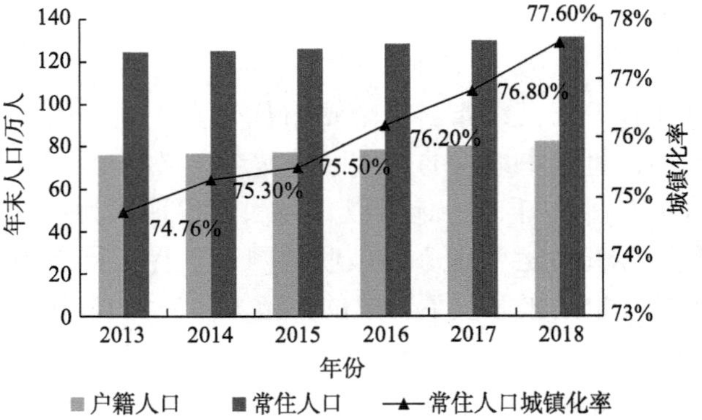

图 3-2 2013~2018 年义乌市人口及城镇化率

资料来源：义乌市统计局

不断推进了旧村改造和宅基地管理优化。2015 年 3 月，在被列入全国农村土地制度改革试点地区之后，义乌市结合当地实际改革宅基地的取得、权利和管理等制度，出台了“一意见、七办法”①，不仅仅是在之前的宅基地置换标准和办法或具体改造方案等方面不断推进，更涉及宅基地有偿使用、宅基地流转、宅基地权利保障等核心权益和改革深层问题。在此基础上，按照国土资源部统一安排、统一试点，2016 年 9 月义乌市又开展了农村集体经营性建设用地入市和土地征收制度改革，于 2017 年以来出台了《义乌市农村集体经营性建设用地入市改革配套政

① 《关于推进农村宅基地制度改革试点工作的若干意见》、《义乌市农村宅基地取得置换暂行办法》、《义乌市农村宅基地使用权流转暂行办法》、《义乌市农村宅基地有偿使用暂行办法》、《义乌市“集地券”管理暂行办法》、《义乌市农村宅基地历史遗留问题处理暂行办法》、《义乌市农村土地民主管理暂行办法》和《义乌市农民住房财产权抵押贷款实施办法》。

策》和《义乌市土地征收制度改革配套政策》等相关文件。围绕中央三项试点的综合部署，义乌市不断推进农村土地制度改革，在完善农村土地制度方面取得了一系列成果。义乌市宅基地制度改革已历经多年探索，政策基础较好、做法较为成熟，尽管“三块地”改革亦在探索中取得较好成效，但整体来看义乌市农地制度改革仍以宅基地制度改革为核心，后续三项试点统筹推进在改革效果上也可视为其有益补充和发展。

二、一阶段评估

通过两阶段评估的方式，接下来，将利用 S-CAD 试点政策评估方法和框架，结合中共中央办公厅、国务院办公厅《关于农村土地征收、集体经营性建设用地入市、宅基地制度改革试点工作的意见》、国土资源部《农村土地征收、集体经营性建设用地入市和宅基地制度改革试点实施细则》等文件，以及义乌市相关政策文件和实地调研获取的其他资料，对义乌市农村土地制度试点改革进行分析与评估。

（一）设定评估观点与提炼政策要素

《关于农村土地征收、集体经营性建设用地入市、宅基地制度改革试点工作的意见》的制定者为中央，在整个政策评估的分析过程中评估观点均设定为中央政府。因为《关于农村土地征收、集体经营性建设用地入市、宅基地制度改革试点工作的意见》涉及土地征收制度、集体经营性建设用地制度和宅基地制度三个方面，而义乌市作为首批15个宅基地试点地区，加之改革重心和实施成效仍为宅基地制度改革，所以，在接下来提炼政策要素和评估时，将基于《关于农村土地征收、集体经营性建设用地入市、宅基地制度改革试点工作的意见》及相关内容从宅基地改革的角度对其进行选取和分析①。

1. 立场（价值）

通过分析国家出台的相关政策文件，并结合中央政府的角色及职能，可总结出以下两点立场。第一，切实保障和维护农民宅基地权益（V1），政府作为区域

① 基于相同原因，在以下部分将对宜城市宅基地制度改革、德清县和长垣县的集体经营性建设用地入市、定州市和禹城市的土地征收制度改革试点政策进行评估分析。

的服务者，应该从广大民众的角度出发，关注民生、改善民生，尤其应该为处于弱势地位的农民谋福利。宅基地是保障农民正常生活的重要部分，是广大农民最关心的事情，事关农民群众的根本利益。第二，建立城乡统一的建设用地市场（V2）（这是党的十八届三中全会提出的任务之一），以规范和高效利用农村集体土地，促进土地资源在城乡之间合理配置，增加农民和农村集体经济组织收入，缩小城乡经济发展差距，构建城乡协调发展体制机制。

2. 目的

根据《关于农村土地征收、集体经营性建设用地入市、宅基地制度改革试点工作的意见》，该政策发布的目的有三点：第一，完善宅基地权益保障和取得方式（G1）；第二，探索宅基地有偿使用制度（G2）；第三，探索宅基地自愿有偿退出机制（G3）。

3. 手段

手段可以分为策略和措施，策略是手段的逻辑和实施方向，措施是策略的支撑。地方政府是试点工作的实施主体，政策要素措施的供给主体无疑是地方（此处即义乌市），但策略的主体则应该根据中央出台的政策文件来具体判断。从《关于农村土地征收、集体经营性建设用地入市、宅基地制度改革试点工作的意见》中可以找出策略为依法公平取得，节约集约使用，自愿有偿退出（S）①，即中央对地方如何实施宅基地制度改革试点工作给出了总的指导方向和行动指南（中央为策略主体）。

根据中央顶层设计，结合义乌市的实际，义乌市出台了“一意见、七办法”来指导各部门、组织或个人进行实际操作，具体表现为如下七条具体措施（表3-1）。

表3-1 措施名称与内容

措施	名称	内容
M1	探索不同区域住房保障的多种实现形式	由“一户一宅”向“户有所居、住有宜居”转变。在城镇规划红线范围内，实行新社区集聚建设。在城镇规划红线范围外，推行美丽乡村建设

①“依法公平取得，节约集约使用，自愿有偿退出”为中央关于宅基地制度改革的策略（S），其中依法公平取得（S1）、节约集约使用（S2）、自愿有偿退出（S3）为三项分策略。为了降低政策分析中逻辑过程的复杂性，本书在6个试点案例分析中，统一采用简化方式，以策略（S）进行目的与措施间的政策分析。但为了全面反映政策要素间逻辑结构，在各试点案例的评估逻辑框架图中依然按分策略分别列示，以反映政策评估方法的全貌和分析的整体性。

续表

措施	名称	内容
M2	建立宅基地有偿退出-“集地券”管理制度	积极探索建立宅基地有偿退出机制，实现建设用地城乡统筹利用。规划为农用地的，由申请人复垦为耕地等农用地，经验收合格折算为“集地券”
M3	建立宅基地入市流转制度	在确保“户有所居”的前提下，按照自愿、有偿的原则，在不改变宅基地所有权性质和不改变集体经济组织成员资格的前提下，允许宅基地使用权通过买卖、赠予、互换或其他合法方式在集体经济组织内部流转或跨集体经济组织流转
M4	建立宅基地住房抵押担保制度	在确保“户有所居”前提下，允许持有本市农民住房（含宅基地使用权）的不动产权证书的权利人以自有农民住房作为抵押物为借款人自身申请贷款
M5	建立宅基地有偿使用制度	探索村集体经济组织依据本村宅基地民主管理机制对分配取得的宅基地实行有偿调剂、有偿选位
M6	处理历史遗留问题，推进不动产权登记	按不同时期，区分不同情形，采用不同方法，妥善处理农村宅基地历史遗留问题。夯实农村住房的不动产权登记基础，将农村住房纳入不动产统一登记体系
M7	建立宅基地民主管理制度	突出农村农民主体地位，完善农村集体经济组织内部治理，建立健全农村土地民主管理组织，激发农民自主管理农村土地的主动性、积极性和责任心

注：集地券是指本市范围内对农村地区的建设用地复垦为耕地等农用地，经验收合格后，减少建设用地形成的建设用地指标

4. 预期结果

根据《关于农村土地征收、集体经营性建设用地入市、宅基地制度改革试点工作的意见》，并结合中央政府的立场（价值）与政策目的，可以提炼出试点政策的预期结果有以下几点：第一，农民拥有更多的获得感（ER1），和谐社会的关键是包容性增长，政府在出台政策的时候必然希望农民群众能从改革中获益；第二，从中央的职能和改革的需求出发，中央预期形成可复制、可推广、利修法的改革经验和模式（ER2）。关于可复制，中央更为关注经验中原则性的体现，而不是一些具体的做法。

（二）效应分析

此处主要是评估各层次要素间的逻辑关系。逻辑分析（一致性分析）[①]除了需要分析政策要素是否明确出现在政策文本中或可以通过政策文本推断得出，还需要分析各政策要素之间是否存在矛盾。

① 逻辑关系包括非常相关、相关、不相关、矛盾和非常矛盾五种程度。以下各章与此相同，在此统一解释。

1. 立场与目的

立场与目的之间的逻辑关系是目的衍生于立场，体现政策制定者的本质追求。通过设定完善宅基地权益保障和取得方式（G1）的目的可以体现政府切实保障和维护农民宅基地权益（V1）的立场。探索宅基地有偿使用制度（G2）有利于促进农村宅基地的节约集约利用和市场化配置，且政府从中得到的收入可以投放到农村的建设中或者用来给农民发放补贴，因此目的 G2 衍生于立场 V1。探索宅基地自愿有偿退出机制（G3）使得宅基地使用权人拥有获得折算的建设用地指标——“集地券”的可能，可以改善农民生活，所以判断目的 G3 衍生于立场 V1。目的 G2 和 G3 都是推进宅基地市场化配置的必要环节，因此服务于建立城乡统一的建设用地市场（V2）的立场。探索宅基地权益的多重保障方式，如突破“一户一宅”的农民住房的原始形式，实现“户有所居”的转变，使宅基地的有偿使用、自愿退出等成为可能；完善宅基地的取得方式是进行宅基地改革的第一步，所以目的 G1 衍生于立场 V2。

2. 目的与策略

目的与策略之间的逻辑关系是手段服务于目的，保证目的的实现。显而易见，依法公平取得，节约集约使用，自愿有偿退出（S）服务于三个目的。

3. 策略与措施

探索不同区域住房保障的多种实现形式（M1）有利于义乌市人民政府实现宅基地从无限扩张向逐步减量转变，从粗放利用向节约集约利用转变，所以措施 M1 追求依法公平取得，节约集约使用，自愿有偿退出（S）。建立宅基地有偿退出-“集地券”管理制度（M2）；建立宅基地有偿使用制度（M5）；处理历史遗留问题，推进不动产权登记（M6）；建立宅基地民主管理制度（M7）均直接和间接体现了中央的策略（S）。对于建立宅基地入市流转制度（M3）、建立宅基地住房抵押担保制度（M4），虽然不是从 S 中衍生出来的，但鼓励宅基地使用权的流转和宅基地住房抵押担保与 S 也并不矛盾。

4. 措施与预期结果

措施与预期结果之间的逻辑关系是通过提出政策的几个预期结果来直接地反映政策手段的实施效果表现出来的。无论是通过新社区集聚建设获得居住条件更好的高层公寓，还是进行农村更新改造，都可以让农民拥有此次改革所带来的获得感（ER1）。参加农村更新改造或城乡新社区集聚建设需要将退出的宅基地等建设用地复垦为耕地等农用地，由此可以获得“集地券”。宅基地使用权的流转完善了农民宅基地的用益物权，也可因此获得一定的财产收入；宅基地住房抵押担保制度则进一步体现了宅基地的财产属性。一直以来，明晰的宅基地产权都是农民对宅基地最为基础的诉求。因此，农民拥有更多的获得感（ER1）受益于探索不同区域住房保障的多种实现形式（M1）；建立宅基地有偿退出-“集地券”管理制度（M2）；建立宅基地入市流转制度（M3）；建立宅基地住房抵押担保制度（M4）；处理历史遗留问题，推进不动产权登记（M6）；建立宅基地民主管理制度（M7）等措施。[①]因为政策要素预期结果的主体是中央，所以完善宅基地权益保障和取得方式（G1）、探索宅基地有偿使用制度（G2）、探索宅基地自愿有偿退出机制（G3）三个方面的改革经验和模式（ER2）是中央的立场与目的。所以，与之相对，义乌市采取 M1、M2、M5、M6 和 M7 的措施，探索得到的结果、形成的经验是中央希望推广和复制，为修法做参考的方面（ER2）。M3 和 M4 是义乌市在中央试点政策框架下结合自身实际进行的尝试，虽然不能从 ER2 中得到体现，但也是对于宅基地制度改革不同方面的有益探索，与中央探索宅基地制度改革的出发点并不矛盾。

综上，可以建立起整个政策系统的逻辑结构，如图 3-3 所示，一致性分析结果见图 3-4。

（三）效率分析[②]

1. 目的对于体现立场的必要性和充分性分析

必要性：由于三个目的中任何一个一旦删除，政策的两个立场都不能得到体现，因此三个目的均为必要，且对立场是非常必要。

充分性：完善宅基地权益保障和取得方式、探索宅基地有偿使用制度和探索宅基地自愿有偿退出机制是切实保障和维护农民宅基地权益（V1）中最基础的步骤，所以目的对于立场 1（V1）是充分的，但从程度上来看尚不够。只有宅基地改革一方面的措施对于建立城乡统一的建设用地市场（V2）是不充分的。因此，呈现出目的对立场的充分性不足。

---

① 措施 M5 打破了之前宅基地无偿、无期、农民私有地的属性，村民对此存在不同理解，可以说许多村民并不愿意配合该政策的实施，更不要说该政策让其有获得感。但是，建立有偿使用制度有利于提高宅基地的市场化水平，从长远来看是为农民谋福祉的。此外，有偿使用制度的建立可以对一些超标占用及非法占有或使用宅基地的情形起到遏制的作用，使现有宅基地制度更加规范。所以，虽然 M5 不能直接反映在能够让农民拥有更多的获得感（ER1）上，但也并不矛盾。

② 效率分析的必要性及充分性分析包括非常必要/充分、必要/充分和可有可无三种程度。以下各章与此相同，在此统一解释。

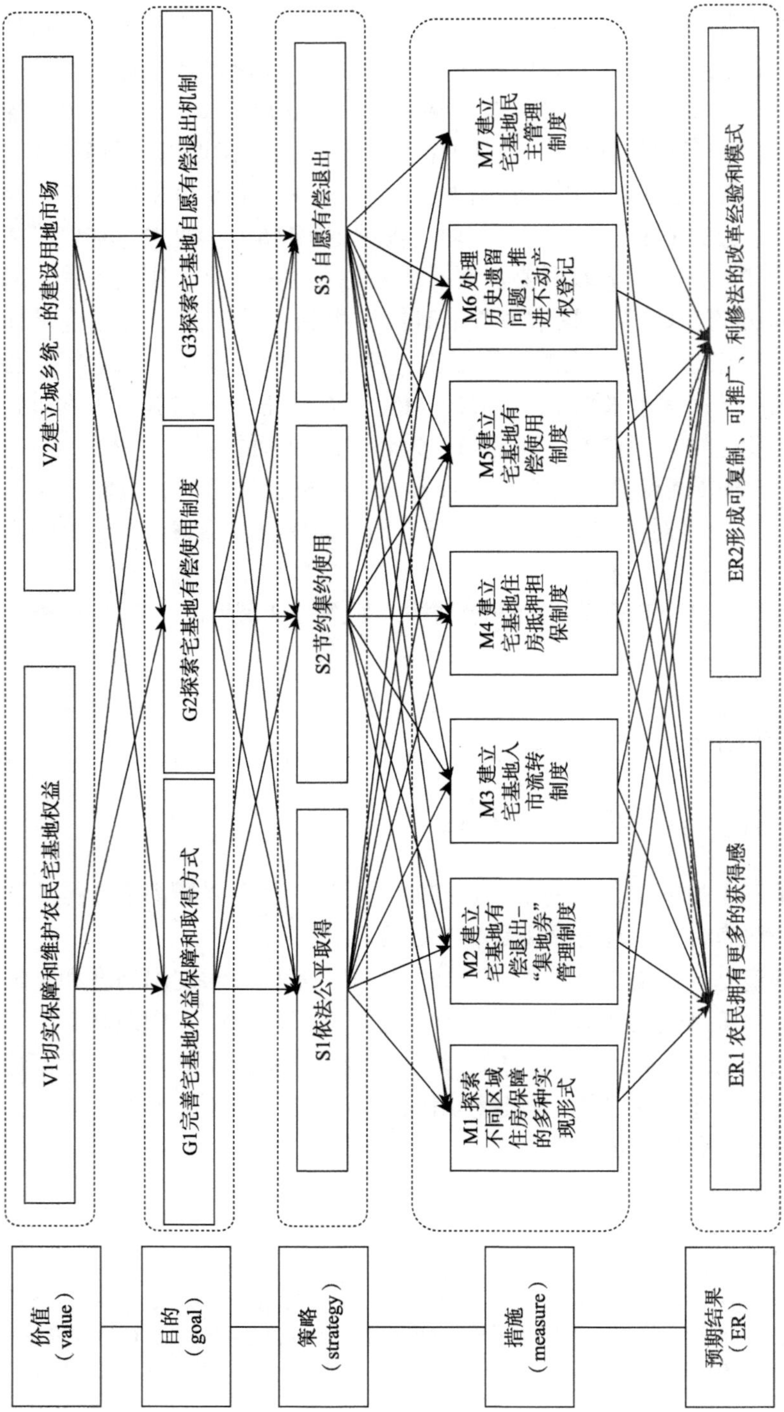

图 3-3　一阶段评估政策系统的逻辑结构图

S	V1	V2	
++	+	++	G3
++	++	++	G2
++	++	+	G1
+	++	++	M1
++	+	++	M2
×	++	×	M3
×	++	×	M4
++	×	++	M5
++	++	++	M6
+	+	+	M7
	ER1	ER2	

图 3-4　一阶段评估政策要素一致性分析

++：非常相关；+：相关；×：不相关

2. 策略对于实现目的的必要性和充分性分析

必要性：一旦删除依法公平取得，节约集约使用，自愿有偿退出（S），三个目的的实现都会受到影响，因此，S 必要且非常必要。

充分性：策略（S）中依法公平取得对于完善宅基地取得方式具有重要的指导意义；节约集约使用，自愿有偿退出则为宅基地权益保障方式的多样化提供了思路，所以 S 对于完善宅基地权益保障和取得方式（G1）来说是非常充分的。探索宅基地有偿使用制度（G2）除了需要依据节约集约使用的指导思想去制定相关措施，还应该从提高市场化配置水平的角度去进行设计，所以 S 对于 G2 是充分的。S 中自愿有偿退出是探索宅基地自愿有偿退出机制（G3）的同义表述，所以 S 对于实现目的 G3 是非常充分的。

3. 措施对于细化策略的必要性和充分性分析

必要性：如果探索不同区域住房保障的多种实现形式（M1）；建立宅基地有偿退出-“集地券”管理制度（M2）；建立宅基地有偿使用制度（M5）；处理历史遗留问题，推进不动产权登记（M6）；建立宅基地民主管理制度（M7）被删除，依法公平取得，节约集约使用，自愿有偿退出（S）的体现就会受到影响，因此措施 M1、M2、M5、M6、M7 是非常必要的。但是，删掉建立宅基地入市流转制度（M3）、建立宅基地住房抵押担保制度（M4）并不会削弱策略 S 对措施的指导，所以，从中央的角度出发，M3 和 M4 是可有可无的，说明措施在对于中央策略的体现的必要性上存在多余，在其预期结果之外。

充分性：措施对于策略 S 的体现是非常充分的。

4. 预期结果反映措施效果的必要性和充分性分析

必要性：政策的两项结果可以很好地反映措施的实施效果，因此必要性良好。

充分性：此处需重点分析预期结果对措施 M3（建立宅基地入市流转制度）、M4（建立宅基地住房抵押担保制度）效果表现的充分性。首先，需要注意预期结果的主体是中央，其反映的是中央希望从这一政策的实行中得到的结果。义乌市在中央想要探索的三项宅基地制度之外，还进行了使用权流转、财产权显现等用益物权方面的尝试，这些并不在中央开始预期想要获取的经验、实践资料的范围之内。所以，现有两项预期结果不足以完全反映措施M3和M4的实施结果，可考虑补充预期结果。这是因为中央的预期结果反映的是中央在其立场、目的下所预计得到的产出或影响，而地方措施的设计却是义乌市基于对中央政策文件的解读及对自身社会经济问题的考虑，所以两者之间不完全对口。

（四）可行性分析①

地方政府作为试点政策的具体执行者，是最重要的相关观点的主体之一；该政策最直接的一个利益相关者就是农村居民；该政策是从推进城乡统筹和新型城镇化建设的立场出发的，城市居民也因此成为利益相关者。

1. 地方政府

作为最主要的相关观点方，义乌市人民政府的态度对于试点的成功实施有着重大的影响。试点政策一般意味着需要地方政府自行摸索试点工作的具体措施。如何确保改革既符合中央改革方向，又要贴合义乌市的实际情况，在度的把握和整体设计上存在一定难度。此外，人民群众对于“有天有地”的传统居住方式和宅基地的永久无偿使用等的观念早已根深蒂固，若推进改革，地方政府难免预期会受到阻力而心生退意。但是，此次改革不仅给义乌市解决自身发展空间不足、用地指标瓶颈问题提供了机遇，也为其解决历史遗留问题提供了契机（如宅基地历史遗留问题②）。大量违法建设农房存在的问题既阻碍了不动产确权登记发证，更是降低了义乌市的城市品质形象。所以，有机会“搭便车”解决其现实

① 可行性分析包括非常支持、支持、中立、反对和非常反对五种程度。本章的研究支撑主要来自访谈、实地调研、政策资料收集，以及相关机构对试点地区的研究报告等。以下各章与此相同，在此统一解释。

② 是指 2014 年 3 月 27 日之前，义乌市行政区域范围内村级集体经济组织成员违反土地、规划管理方面法律法规建设农房（不含庭院、辅助用房及乱搭乱建的房屋等），未得到依法处理的情形。

和历史遗留问题，再加上对政绩的考虑，使得义乌市人民政府对试点政策实施持支持态度。

2. 农村居民

该政策目的之一就是解决与农民安居乐业、增加收入和保障产权直接相关的问题，所以农村居民是直接的受益者。“一户一宅”转向“户有所居”的观念使得部分喜欢“单家独院”“有天有地”等传统居住方式的农民需要忍痛放弃宅基地，思想上可能会有所抵触；另外，农民对宅基地价值的期望越来越高，加之部分农民对政府的执行力和公信力存在一定的顾虑，所以过程中难免出现一些抵触行为。但是，改革意味着更大的机会，意味着居住条件的改善，以及宅基地财产权的显性化，所以这并不影响农村居民对该政策的支持。

3. 城市居民

保障新型城镇化的不断推进，从而提高了城市居民的生活水平。新社区集聚建设的推进，可以让设计更为美观的高层住宅取代城市中大量存在的标志性的“四层半”农居，极大地改善了城市面貌，提高了城市品质。尽管此举带来大量农村人口入城，可能造成城市交通拥堵、流动率提高及公共服务稀释等问题。但是，由此带来城市发展空间拓展、政府公共服务投入增多、城市品质和竞争力提升等都会外溢到城市现有居民。所以，从长远看城市居民对该政策亦抱着支持的态度。

三、二阶段评估

（一）设定评估观点与提炼政策要素

主导观点仍设定为中央，在第二步提炼政策要素中，需要把政策要素中的实际结果套入上一个步骤的链条中，其余要素保持不变。经过2016年下半年在义乌市进行的实地调研，走访多个村落，参加了多次由政府或村委会举行的座谈会，并访问了多位义乌市当地官员和村民，再加上之后的补充调研、访谈及数据资料分析，可以发现义乌市的农地制度改革主要得到了以下三个实际结果：农民生活水平得到改善（AR1）、“户有所居”实现形式多样（AR2）、农村宅基地总量基本控制（AR3）（图3-5）。

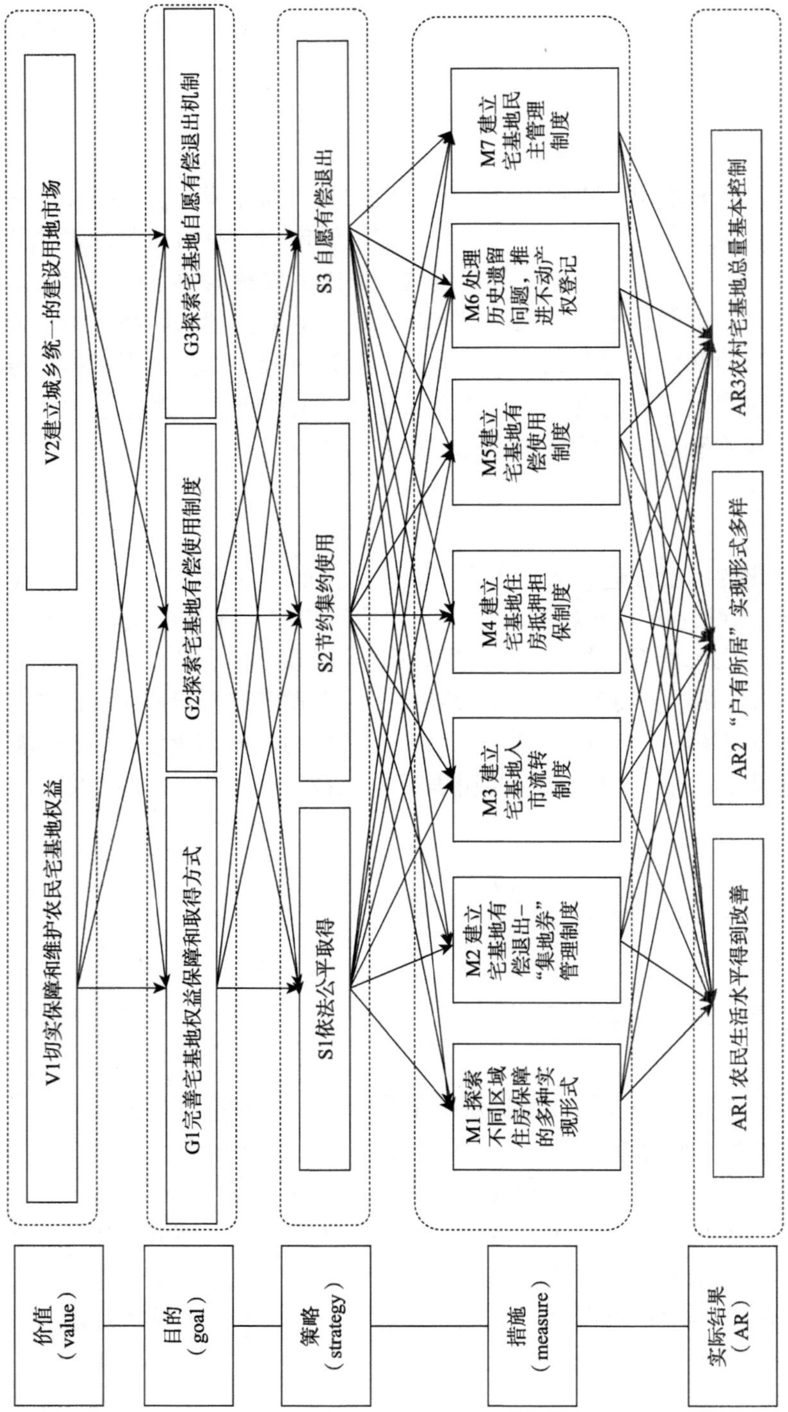

图 3-5　二阶段评估政策系统的逻辑结构图

（二）效应分析

效应分析的其他步骤与一阶段评估一致，此处主要是实际结果与措施间的逻辑关系。农民生活水平得到改善（AR1）与一阶段评估中农民拥有更多的获得感（ER1）相似，受益于探索不同区域住房保障的多种实现形式（M1）；建立宅基地有偿退出-“集地券”管理制度（M2）；建立宅基地入市流转制度（M3）；建立宅基地住房抵押担保制度（M4）；处理历史遗留问题，推进不动产权登记（M6）；建立宅基地民主管理制度（M7）。“户有所居”实现形式多样（AR2）直接反映了 M1 和 M2 的实施结果，M6 和 M7 作为辅助措施，AR2 的出现也反映了 M6 和 M7 的效果；农村宅基地总量基本控制（AR3）严格遵循了节约集约用地的原则，体现了措施 M1、M2、M3、M5、M6、M7 的效果。经过对不具逻辑关系的元素的分析，发现它们之间并不矛盾。在前文的基础上，可以得到二阶段评估政策系统的逻辑结构，如图 3-5 所示。二阶段评估政策要素一致性可总结如图 3-6 所示。

	S	V1	V2	
	++	+	++	G3
	++	++	++	G2
	++	++	+	G1
M1	+	++	++	++
M2	++	+	++	++
M3	×	++	×	+
M4	×	++	×	×
M5	++	×	×	++
M6	++	++	+	+
M7	+	+	+	+
		AR1	AR2	AR3

图 3-6　二阶段评估政策要素一致性分析

++：非常相关；+：相关；×：不相关

相较一阶段评估，将中央“预期结果”换为义乌市“实际结果”后，与要素“措施”的主体相一致，政策系统的逻辑结构更为清晰，一致性更高。

（三）效率分析

效率分析的其他步骤与一阶段评估一致，此处主要对实际结果反映措施效果的必要性和充分性进行说明。政策的三项结果可以很好地反映措施的实施效果，因此必要性良好。调研发现，措施的效果在实际结果上得到了较好的体现，不足部分可能是因为试点地区从制度设计、工作布置、实践操作到效果反馈周期较长，特别是配套的“三块地”改革的整体性、系统性、协同性和综合效益显化尚需时间。

整个政策系统与初次评估时相比，措施与实际结果之间的必要性较好，充分性有所改善，表现了地方实际措施与当地拟解决问题的紧密性，以及实际结果对地方措施的直接反映。

（四）可行性分析

二阶段评估中主要的利益相关者还是地方政府、农村居民和城市居民。但现行改革的农村居民收入增加、宅基地权能更为完善、居住环境改善等实际结果的出现增强了农民对改革的信心，表现为有更多参与的倾向，试点村农户的集聚意愿达 90%以上[①]。所以，农村居民的支持力度加大，参与的积极性增强；城市居民的态度则保持不变。

此外，义乌市人民政府通过改革也顺利解决了部分宅基地的历史遗留问题，如自 2015 年以来，农村拆违面积超过 350 万平方米，630 个村已经通过“基本无违建村”验收。并且，“集地券”制度的建立使得市人民政府可以将零星的建设用地指标集中统筹利用，解决了发展空间的难题。所以，二阶段评估系统中地方政府的支持力度大幅提升。

整体来说，政策系统的利益相关方的支持程度相较一阶段评估有所提高。

四、对比分析（地方实际结果与中央预期结果）

两次评估的不同主要体现在结果上。一阶段评估中，中央的预期结果为农民拥有更多的获得感（ER1），以及形成可复制、可推广、利修法的改革经验和模式（ER2）。二阶段评估中，义乌市宅基地制度改革的实际结果可具体分析如下。

① 数据来源于调研资料。

（一）农民生活水平得到改善（AR1）

农民居住环境明显提升：在规划选址上，把地理位置好、交通便利的地块优先用于新社区集聚项目建设；委托知名公司进行设计，强化空间布局，合理配置商业、卫生、教育等配套公共设施；引进品牌企业承担代建，引进优秀物业公司。参加集聚建设的农户除了继续享有原村级集体经济组织除宅基地以外的其他权益，还可享受与城镇居民在医疗、养老、教育等方面的同等权利。同时，建设用地通过挂牌出让取得，抵押、交易等权能价值显化明显；且房屋品质较高，其租金也高于普通农村住宅。

农民享有更多权益，保障更为完善：一是全面实施不动产统一登记。截至2018年8月，已累计发放集体建设用地不动产权证1 579本，宅基地不动产权证35 234本。此外，通过将轻微违法纳入有偿使用范围的方式，允许农户办理不动产权证。二是探索宅基地“三权分置”，释放宅基地使用权能。对于已完成农村更新改造的村庄，允许在本市集体经济组织成员间转让，全市实现跨村转让37户，共6亩；对于未开展更新改造农村的闲置房屋，以及“异地奔小康”后无法实施复垦的废弃农房，采取集体经营性建设用地入市等形式，用于民宿旅游、休闲文化等项目开发；推进农民住房抵押贷款工作常态化，全市累计办理不动产宅基地抵押登记9 451宗，金额高达46.28亿元，对于缓解农民所经营的中小微企业融资问题具有重要作用。三是深入开展农村集体经营性建设用地入市改革，赋予农民更多的财产性权利。义乌市农村集体经营性建设用地共入市成交20余宗，村集体经济组织获益约1亿元，农民财产性收入大大增加，获得感大大增强①。

（二）“户有所居”实现形式多样（AR2）

全市范围内已多样化实现了农民对宅基地居住功能的诉求，包括高层公寓、建立在低丘缓坡和旧址上的高质量房屋。在城镇规划建设用地红线范围内，采取集聚建设城乡新社区模式，实行“户有所居”。符合要求的共有203个村，规划集中安置到41个社区。全市一期新社区集聚建设高层公寓项目共有7个，住宅面积152万平方米，总套数11 885套，配套产业用房项目7个。同时，允许农民进行权益置换交易，政府确定最低保护回购价，确保农民权益不受损。在城镇规划建设用地范围外，全市已有49个村开展“空心村”改造，累计拆除建筑占地面积超过11万平方米，其中退出宅基地建筑占地3.3万平方米；“异地奔小康”在建

① 数据来源于自然资源部相关调研报告。

工程 5 个，总建筑面积 86.1 万平方米，总投资 21 亿；签订置换协议并缴纳保证金的农户 5 210 人，累计核拨财政补助资金 1.08 亿元。市域一体化建设中，多渠道优先保障住房困难户和 D 级危房户住房需求，确保“住有所居”，截至 2018 年 8 月，全市应保障户数 4 754 户已全部“住有所居”，集中安置 3 010 户，1 744 户一户一宅①。

（三）农村宅基地总量基本控制（AR3）

通过严格的宅基地取得制度和节约集约的用地规划制度，宅基地总量得到了基本控制，如在城镇规划建设用地范围外，按照“1（镇区、城市分区）+X（中心村）+Y（保留村）”的体系，明确村庄用地总规模人均不超过 100 平方米，宅基地人均不超过 30 平方米，改变了宅基地利用无序和浪费等的现状，更适应义乌市未来的发展需求。此外，据测算，新社区集聚建设模式比传统“四层半”住宅改造模式节约土地约 51%，比村庄现状用地节约 36%①，这也有助于宅基地无限扩张向总量控制和逐步减量转变。

从一阶段评估到二阶段评估，结果的主体由中央政府转变为地方政府，中央所预期的结果和地方实践产生的结果也因此不同。中央对改革的预期是农民拥有更多的获得感（ER1）和形成可复制、可推广、利修法的改革经验和模式（ER2），该结果是基于中央对于各试点城市的统一预期，尤其是 ER2 表明中央期望从各试点地区收集经验并进一步推广，但预期结果没有充分体现各试点地区的发展基础和改革特点。与预期结果相比，义乌市人民政府由于只需要关注本辖区的改革过程与成果，实际结果更为具体化，侧重点有所不同，充分体现了对义乌市实际情况的考量，主要有以下三点。

第一，土地瓶颈制约进一步发展。义乌市城乡建设用地规模较大，一方面是由于近年来义乌市城镇化战略的实施和区域经济地位的提升，城镇已成为地方经济的主要增长点，用地规模呈现出继续扩大的态势。另一方面，实施国际贸易综合改革试点等多项国家级改革试点，亟须大量建设用地指标，就现有剩余的新增建设用地供给量，不仅不能满足实际需要，还会出现倒挂现象。随着资源环境约束的加剧，如何提高土地利用效率，充分挖掘现有土地开发潜力，加快农村土地制度改革，从而破解发展空间限制的难题，并保障新型城镇化的推进，是义乌市面临的重大挑战。

第二，宅基地历史遗留问题亟待解决。如表 3-2 所示，2014 年义乌市国土部门关于农村宅基地现状的调查结果显示，一户多宅的宅基地宗数为 15 452 宗，占

① 数据来源于调研资料。

比 7.04%；空置的宅基地达到 4 078 宗，占比 1.86%；超标准占有宅基地的宗数为 3 595 宗，占比 1.64%；由非本村集体经济组织成员占用的宅基地宗数为 6 854 宗，占比 3.12%。此外，从农村宅基地使用合法性看，少批多建和未批先建的宅基地合计占总数的 7.4%；从农村宅基地流转情况分析，存在大量非集体内部流转，甚至是宅基地由城镇居民购买的现象。“违法”现象严重、查处难度大。

表 3-2 2014 年义乌市农村宅基地使用情况调查表

宅基地使用情况	宗数/宗	占比	面积/平方千米	占比
一户多宅	15 452	7.04%	1.09	5.50%
空置	4 078	1.86%	0.4	2.02%
超标准	3 595	1.64%	0.34	1.72%
非本村集体经济组织成员占用	6 854	3.12%	0.58	2.93%

第三，义乌市农地财产权显性化呼声较高。一方面，作为国际性的小商品市场，在义乌市农村，由于农民脱离农业生产、经商办厂的现象比较普遍，较多农民希望将空置农房盘活，给予变现处置或者进行抵押融资，一直对宅基地抵押担保的呼声很高。另一方面，宅基地的流转一直以来都是局限在集体经济组织内部的，使用权也游离于土地市场之外，但这样抵押权的普及面不广；而且，很多农民希望能跨区域、跨城乡购买宅基地，便于生活居住和生产经营，这是义乌市的现实需求。

虽然有上述不同，但预期结果和实际结果还是存在一定的联系，后者也体现了前者的政策精神，如农民生活水平得到改善（AR1）和“户有所居”实现形式多样（AR2）是农民拥有更多的获得感（ER1）的直接表现。义乌市的诸多改革创新既体现了当地特点和改革诉求，也最大限度地增加了农民的权益，为中央顶层制度设计提供了政策支撑，这些经验作为中央预期的形成可复制、可推广、利修法的改革经验和模式（ER2）的一部分，也是义乌市作为试点城市的功能所在。

五、评 估 结 论

作为试点地区，义乌市较好地实现了中央预期，保证了“户有所居”、探索了宅基地的有偿使用和退出，完善了宅基地的权能，形成了一些有益的制度成果[①]。此外，由于义乌市面临着紧迫的土地瓶颈、解决宅基地历史遗留问题的现实需求以及当地农民群众对宅基地财产属性显化的呼吁，义乌市在具体措施上还表现出更加关注宅基地权能的显化，如建立宅基地入市流转制度（M3）和建立宅基地住房抵押担保制度（M4），并进行了大胆的创新。这既体现了义乌市在中央大的指导框架下的自身特色，也说明了中央依靠地方去选择政策措施的方式是有效的。

基于义乌市试点的分析和政策方法的评估，可以得出试点政策和试点地区在制度改革的过程中发挥了良好的促进作用。一是义乌市在全国首创首试宅基地“三权分置”，切实维护村集体的宅基地所有权，固化宅基地资格权，着重探索放活宅基地使用权，最大限度地增加农民收益，为中央顶层制度设计奠定了政策基础。二是推进差别化、分区域、多渠道保障农民住房的模式，根据城镇规划红线范围内外实际情况，采取高层公寓、建立在低丘缓坡和旧址上的高质量房屋等多种形式，为实现农民“户有所居”提供了政策支持。三是建立宅基地有偿使用和有偿退出机制，既为妥善解决历史遗留问题的有效方式，又确保宅基地用地规模和保障发展用地需求，为城乡建设用地倒挂的试点地区打开了政策之门。但是，应该注意义乌市已有的改革基础和所处的发展阶段，注意宅基地财产显化地区（如东部发达地区）与传统农业区在基础条件、土地市场化程度和未来政策推广中的差异性。

尽管二阶段评估中实际结果改善了评估系统的整体充分性，但仍存在措施对于策略的必要性多余等现象。为避免资源浪费，一方面，中央在制定试点政策时，既应该保持政策的灵活性，预留足够的政策空间，激励地方政府大胆创新，探索出可行的经验；还要制定足够明晰的指导意见，考虑授权的边界，并且施以适当的监管，以实时掌握态势。另一方面，义乌市应当加强制度改革基础研究，在大胆创新的同时审慎施策，如对宅基地有偿退出和抵押担保制度的探索能否经受经济下行压力持续加大、房地产市场不确定性增加的考验，还需继续追踪和进一步研究。农民经商办厂的规模普遍较小、抗风险能力较弱，且存在城市生活成本较高、养老保障不完善等问题，实物安置或纯货币化安置的方式能否消除农民失去其唯一的“退路”——宅基地带来的风险？

为更好地释放政策效果，一方面，由于“三块地”改革的统筹推进全面铺开的时间较晚，且中央需考虑到试点地区从制度设计、工作布置、实践操作到效果

① 义乌市提出的“采用高层集中安置等多种不同方式保障农村居民实现户有所居”“农村宅基地实行有偿使用”等多项条款被《中华人民共和国土地管理法（修正案草案）》采纳；宅基地“三权分置”写入《中共中央 国务院关于实施乡村振兴战略的指导意见》；集体经营性建设用地和宅基地使用权抵押贷款办法被银监会和国土资源部吸纳，成为全国抵押贷款管理暂行办法蓝本，在一定程度上说明了义乌市经验的利修法。

反馈周期较长，以及“三块地”改革的难度，应给予地方足够的探索时间。另一方面，义乌市应加快“三块地”改革联动发展，做好征地制度、宅基地退出和集体经营性建设用地入市试点的衔接，打通各项改革通道，在实施过程中相互配合，相互促进。此外，在深化农村土地制度改革基础上，协同推进新型城镇化综合试点、基础设施投融资体制改革试点等，增强政策耦合性，真正实现城乡协调发展，为国家对试点地区的政策支持及多项任务的整合统筹提供依据。

第四章　湖北省宜城市宅基地制度改革试点政策评估

一、宜城市概况

宜城市为湖北省襄阳市下辖县级市，位于湖北省西北部，地处汉江中游，区位独特，是荆襄要道必经之处。宜城市下辖 10 个镇（办事处）、1 个省级经济开发区，总面积 2 115 平方千米，地形以山地和丘陵为主，是国家新型城镇化综合试点县市、全国农地制度改革试点县市，是全国优质粮工程县市、生猪调出大县、农产品生产主体功能区。2018 年，宜城市地区生产总值 360.11 亿元，同比增长 7.70%，相较于 2011 年的 165.1 亿元翻番有余。三次产业方面，宜城市第二产业增加值占比超过第一、第三产业增加值的总和，2018 年三次产业增加值分别为 50.85 亿元、214.01 亿元、95.24 亿元。产业结构由 2017 年的 16.8：58.4：24.8 调整为 2018 年的 14.1：59.4：26.5（图 4-1）。人口与城镇化方面，如图 4-2 所示，宜城市常住人口少于户籍人口，这主要是因为宜城市有较大规模劳务人员输出。2013~2018 年常住人口数量有微弱增长，户籍人口略有下降，总体人口规模较为稳定。2018 年末，全市户籍总人口 55.99 万人，其中城镇人口 25.56 万人，农村人口 30.43 万人，户籍人口城镇化率达到 45.7%。全市常住人口 52.68 万人，常住人口城镇化率达到 52.31%，比湖北省 2018 年末的城镇化率 60.3%低约 8 个百分点。

宜城市是湖北省唯一的农村土地制度改革试点城市，在改革之初就承担了宅基地制度改革的任务，2016 年 9 月起又进一步承担了农村土地征收、集体经营性建设用地入市改革任务及“三块地”联动工作。在被确认为宅基地制度改革试点地区后，2015 年 1 月下旬，宜城市迅速开展调查研究，进行宣传发动，确立分类试点。通过入户摸底调查，掌握了全市农村宅基地基本情况：全市 10 个镇（办事

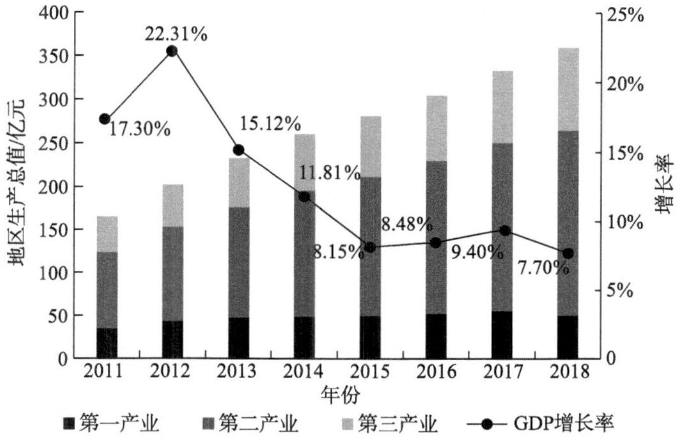

图 4-1　2011~2018 年宜城市三次产业增加值与 GDP 增长率

资料来源：宜城市统计公报

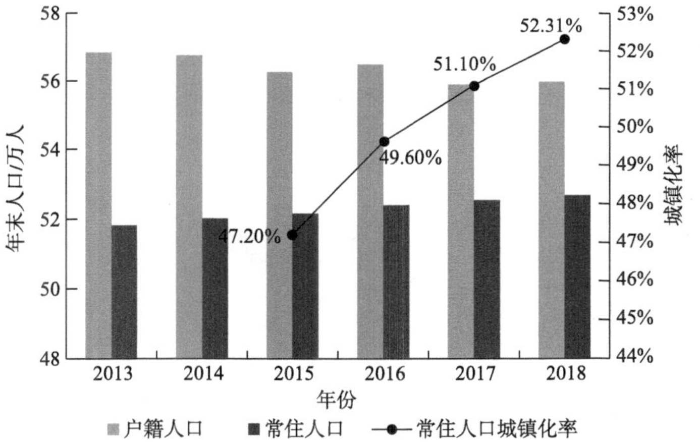

图 4-2　2013~2018 年宜城市人口及城镇化率

资料来源：宜城市统计公报

处）共有 227 个行政村（社区）、1 388 个村民小组、6 603 个农村居民点、10.66 万户农户、11.24 万宗宅基地。超标准占用宅基地、一户多宅、违法占地建房、非本村成员占用宅基地等大量历史遗留问题突出。经调查，存在一户多宅、超占面积、有户无宅、私下交易的户数分别为 0.87 万户、8.63 万户、0.52 万户、2.14 万户，具体数据及占比见表 4-1。

表 4-1　宜城市改革前各宅基地利用类型户数及占比

宅基地利用类型	户数/万户	占比
一户一宅	9.27	86.96%
一户多宅	0.87	8.16%
超占面积	8.63	80.96%
有户无宅	0.52	4.88%
私下交易	2.14	20.08%

资料来源：宜城市宅基地制度改革摸底调查数据

基于摸底调查结果，宜城市组建编制了《宜城市农村宅基地制度改革试点实施方案》，方案主要包括探索建立规划管控和引导机制、改革宅基地审批和分配制度、宅基地有偿使用制度、宅基地自愿有偿退出机制、拓展宅基地用益物权的多种实现形式等。在该实施方案的基础上，通过充分征求民意，宜城市先后出台了《宜城市农村宅基地管理办法》《宜城市农村宅基地历史遗留问题处理办法》《宜城市农村宅基地有偿使用办法》《宜城市农村宅基地自愿有偿退出办法》《宜城市农民住房财产权抵押贷款暂行办法》等 9 项配套试行制度，为改革试点的推进提供制度保障。

二、一阶段评估

通过两阶段评估的方式，以下将利用 S-CAD 试点政策评估方法，依据《关于农村土地征收、集体经营性建设用地入市、宅基地制度改革试点工作的意见》《农村土地征收、集体经营性建设用地入市和宅基地制度改革试点实施细则》等文件，结合宜城市相关政策文件和实地调研等其他资料，对宜城市宅基地制度改革进行分析与评估。

（一）设定评估观点与提炼政策要素

由于中央政府是政策的制定者和试点改革推动者，是政策评估的主导观点方。因此，第一阶段评估中，立场、目的、策略、预期结果的主体为中央政府，相关要素的提取主要基于上述意见和实施细则；而具体措施的主体为宜城市地方政府，主要基于其颁布的政策文件和地方实践。

1. 立场（价值）

通过分析国家出台的相关政策文件，并结合中央政府的角色及职能，可总结出以下两点立场。第一，切实保障和维护农民宅基地权益（V1）。政府作为区域的服务者，应该从广大民众的角度出发，关注民生、改善民生，尤其为处于弱势地位的农民谋福利。宅基地是保障农民正常生活的重要部分，是广大农民最关心的事情，事关农民群众的根本利益。第二，建立城乡统一的建设用地市场（V2）。这是党的十八届三中全会提出的任务之一，以规范和高效利用农村集体土地，促进土地资源在城乡之间合理配置，增加农民和农村集体经济组织收入，缩小城乡经济发展差距，构建城乡协调发展体制机制。

2. 目的

宅基地制度改革试点政策发布的目的有三点：第一，完善宅基地权益保障和取得方式（G1）；第二，探索宅基地有偿使用制度（G2）；第三，探索宅基地自愿有偿退出机制（G3）。

3. 手段

手段可以分为策略和措施，策略是手段的逻辑和实施方向，措施是策略的支撑。策略的主体则应该根据中央出台的政策文件来具体判断，策略为依法公平取得，节约集约使用，自愿有偿退出（S）①。该策略也与减少征地范围、建立城乡统一的建设用地市场等其他两项试点改革内容相关，体现了“三块地”联动的改革精神。措施的主体是宜城市地方政府，地方政府根据中央顶层设计，通过出台相关实施方案，给出了具体实施的措施。根据宜城市实施方案可以提炼出七点措施，具体内容见表 4-2。

表 4-2　措施名称及内容

措施	名称	内容
M1	加强宅基地规划引导	组织编制村级土地利用规划；促进农民向居住中心点和城市（中心镇）集中；统筹各业各类用地
M2	加快推进确权登记颁证	设立不动产登记机构；构建宅基地、房产统一登记发证体系
M3	改革宅基地审批制度	下放审批权限；新增建设用地情况向省级人民政府报备；多种形式实现“一户一宅”、面积法定的宅基地分配制度；严格控制宅基地用地面积、房屋建筑面积和容积率标准

① 关于“策略”要素的处理，见第三章义乌市案例相应位置的注释，以下各章与此相同，不再单独标注。

续表

措施	名称	内容
M4	实行宅基地有偿使用	根据取得时间、取得方式、集体成员身份等确定宅基地有偿使用制度
M5	完善宅基地用益物权权能	建立健全转让、继承、赠予、集体回购、租赁经营、合作入股、抵押融资等多种宅基地用益物权的实现方式和途径
M6	推行宅基地自愿有偿退出	建立基准地价体系、内部流转机制、土地整治政策、回购与交易制度、宅基地有偿使用费分配机制、宅基地回购基金、其他有偿退出机制
M7	健全村民自治管理制度	建立健全村级各项民主管理制度、村级内部治理机制、宅基地审核制度、耕地占补平衡制度、“空心村”治理与旧村改造方案

4. 预期结果

根据相关政策文件，并结合中央政府的立场（价值）与目的，可以提炼出试点政策的预期结果包括：第一，农民拥有更多的获得感（ER1），以人为本的政府在出台政策的时候必然希望农民群众从改革中获得福利；第二，从中央的职能和角色出发，中央预期形成可复制、可推广、利修法的改革经验和模式（ER2）。可复制指地方多次实践且有显著成效的经验，可推广指可用于下一轮全国范围的改革，但也包括符合各类型地区发展特色的地方性经验，利修法指为《土地管理法》等相关法律法规的修改提供实践经验。

（二）效应分析

此处主要是评估各层次要素间的逻辑关系，除了需要分析政策要素是否明确出现在政策文本中或可以通过政策文本推断得出，还需要分析各要素之间是否存在矛盾。

1. 立场与目的

立场和目的之间的逻辑关系是目的衍生于立场，体现政策制定者的本质追求。通过设定完善宅基地权益保障和取得方式（G1）的目的可以体现政府切实保障和维护农民宅基地权益（V1）的立场。探索宅基地有偿使用制度（G2）有利于促进农村宅基地的节约集约利用和市场化配置，且政府从中得到的收入可以投放到农村的建设中去或者用来给农民发放补贴，因此目的 G2 衍生于立场 V1。探索宅基地自愿有偿退出机制（G3）使农民在退出超占宅基地的同时获得一定补贴，用以改善农民生活，所以判断 G3 衍生于 V1。G2 和 G3 都是推进宅基地市场化配置的必要环节，因此服务于建立城乡统一的建设用地市场（V2）

的立场。探索宅基地权益的多重保障方式，如突破“一户一宅”的农民住房的原始形式，实现到“户有所居”的转变，使得宅基地的有偿使用、自愿退出等成为可能；完善宅基地的取得方式是进行宅基地改革的第一步，所以 G1 衍生于立场 V2。

2. 目的与策略

策略和目的之间的逻辑关系是手段服务于目的，保证目的的实现。显然，依法公平取得，节约集约使用，自愿有偿退出（S）服务于全部三个目的。

3. 策略与措施

策略包括依法公平取得、节约集约使用、自愿有偿退出三个主要方面，措施 M2、M3、M4 直接保障了依法公平取得，实行宅基地有偿使用（M4）直接影响节约集约使用，推行宅基地自愿有偿退出（M6）也与自愿有偿退出直接相关，而措施 M1、M5、M7 也间接地与策略相关。

4. 措施与预期结果

预期结果和措施之间的逻辑关系是通过政策预期结果与措施的逻辑性来反映政策手段的实施效果的。加强宅基地规划引导（M1）推进了农民向居住点或城镇集中居住，改善了农民居住条件；加快推进确权登记颁证（M2）、完善宅基地用益物权权能（M5）则依法保障了集体成员的宅基地获得权与使用权，也扩大了宅基地用益物权范围与方式；推行宅基地自愿有偿退出（M6）为退出宅基地提供了经济保障；健全村民自治管理制度（M7）则强化了集体自治权，也有助于改善村容村貌。上述六个措施都直接或间接地使得农民拥有更多的获得感（ER1）。但值得注意的是，改革宅基地审批制度（M3）和实行宅基地有偿使用（M4）对农民获得和使用宅基地进行了限制，降低了其获得感，故 ER1 并不能受益于这两个措施。因为政策要素预期结果的主体是中央，所以从中央的立场、目的来看，形成可复制、可推广、利修法的改革经验和模式（ER2）应该包括完善宅基地权益保障和取得方式（G1）、探索宅基地有偿使用制度（G2）、探索宅基地自愿有偿退出机制（G3）三个方面，而全部措施均可直接或间接地促进上述三个方面的实现，故预期结果 ER2 可以体现出全部七个措施的结果。

综上可以建立起整个政策系统的逻辑结构，如图 4-3 所示，一阶段评估政策要素一致性的总结如图 4-4 所示。

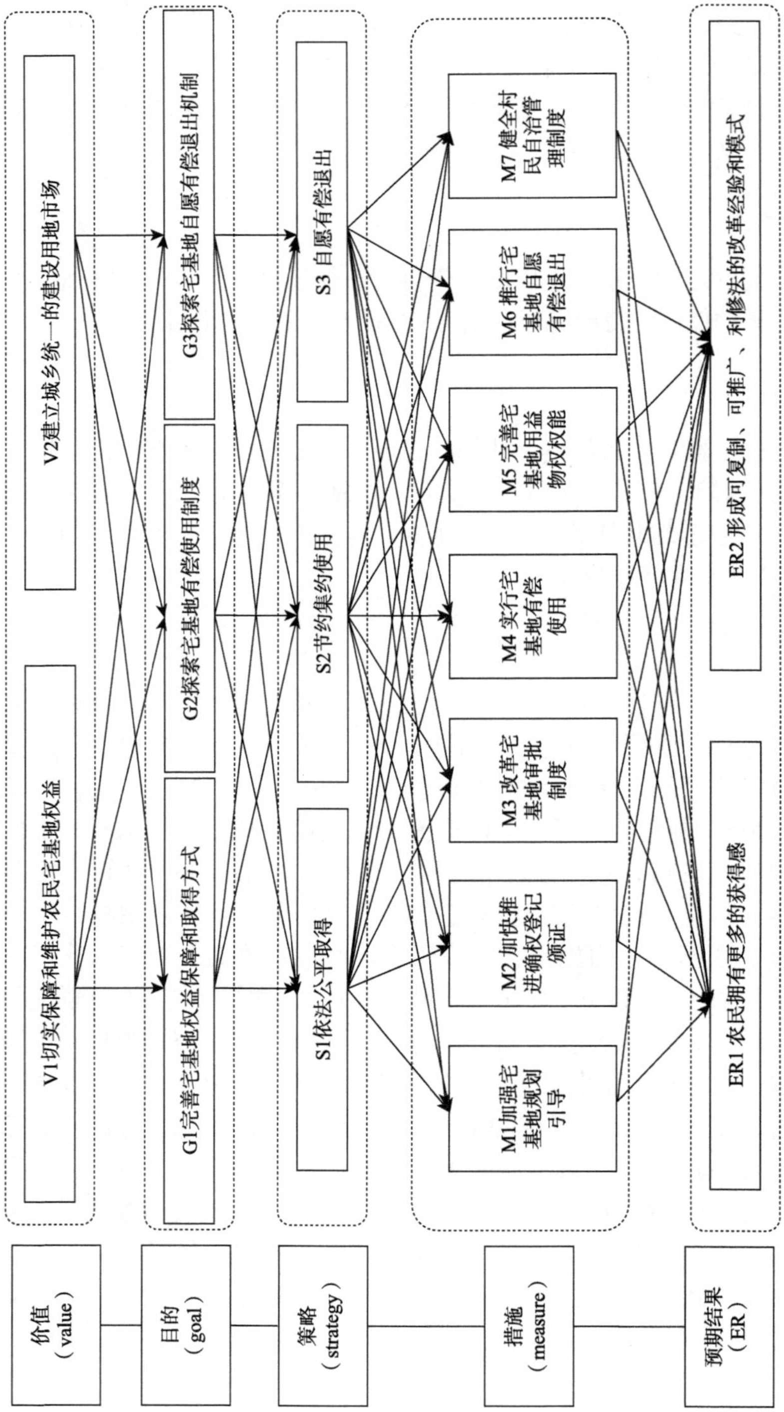

图 4-3 一阶段评估政策要素逻辑结构图

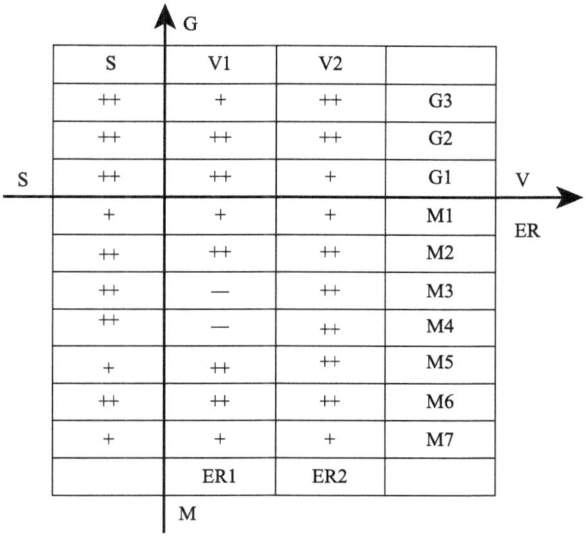

图 4-4　一阶段评估政策要素一致性分析

++：非常相关；+：相关；—：矛盾

（三）效率分析

1. 目的对于体现立场的必要性和充分性分析

必要性：由于三个目的中任何一个一旦删除，政策的两个立场都不能得到体现，因此三个目的均对立场非常必要。

充分性：完善宅基地权益保障和取得方式（G1）、探索宅基地有偿使用制度（G2）和探索宅基地自愿有偿退出机制（G3）是立场 V1 中最为基础的步骤，所以目的对于 V1 是充分的，但从程度上来看还不够。另外，对于建立城乡统一的建设用地市场（V2），仅宅基地改革相关是不够充分的，还需要联动农村土地征收、集体经营性建设用地入市改革。

2. 策略对于实现目的的必要性和充分性分析

必要性：一旦删除策略（S），三个目的的实现都会受到影响，因此，其对于目的非常必要。

充分性：策略中依法公平取得对于完善宅基地取得方式具有重要的指导意义；节约集约使用、自愿有偿退出则为宅基地权益保障方式的多样化提供了思路，所以策略对于目的 G1 来说是非常充分的。探索宅基地有偿使用制度（G2）除了需要依据节约集约利用的指导思想去制定相关措施，还应该从提高市场化配置水平的角度去进行设计，所以策略对于该目的是充分的。策略中自愿有偿退出是目的 G3 的同义表述，所以策略对于实现目的 G3 是非常充分的。

3. 措施对于细化策略的必要性和充分性分析

必要性：所有的措施对策略而言都是必要的，但如果措施 M2、M3、M4、M6 被删除，策略的体现就会受到直接影响，而措施 M1、M5、M7 则只具备间接影响，故必要性相对较低。

充分性：措施对于策略的体现是非常充分的。

4. 预期结果反映措施效果的必要性和充分性分析

必要性：政策的两项结果可以很好地反映措施的实施效果，因此必要性良好。

充分性：由于措施和预期结果的主体分别为宜城市地方政府和中央政府，故两类要素反映的是各自主体的改革思路。在措施中，宜城市在中央制定的宅基地制度改革的三项基本任务之外，还主动尝试了加强宅基地规划引导（M1）、完善宅基地用益物权权能（M5）、健全村民自治管理制度（M7）等，这些并不在中央最初预期的结果之中。举例来看，宜城市在《宜城市放活农村宅基地和农房使用权的实施办法（征求意见稿）》等政策中，提出在转让、继承、赠予、集体回购、租赁经营、合作入股、抵押融资等多方面盘活闲置宅基地和农房使用权，不仅会产生预期结果 ER1 和 ER2，还会产生农民资产得到盘活等其他结果，故预期结果不能充分反映地方措施。

（四）可行性分析

评估认为宜城市宅基地改革试点政策的主要利益相关者包括地方政府、农村居民及城市居民，具体分析如下。

1. 地方政府

地方政府是具体改革方案措施的制定者，也是改革最主要的推动者和执行者。由于宜城市宅基地历史遗留问题较多，在改革初期，村集体和农民对于部分改革措施的响应度不高，地方政府在政策的宣传、制定、执行、监督等方面都面临一定的阻力。但是宜城市作为湖北省唯一的农村土地制度改革试点城市，受到了中央政府和省政府的高度关注，对于地方政府而言，试点城市的特殊身份使其改革的积极性相对较高。此外，宅基地制度改革有利于宜城市经济社会的发展建设，特别是将农村集体建设用地指标集中到城市使用，用于工商业和民生事项及城市基础设施，缓解了建设用地供需矛盾，助推了全市经济社会发展。经过综合分析，整体而言，宜城市地方政府对于试点政策持支持态度。

2. 农村居民

农村居民对于宅基地制度改革的支持态度主要来源于几个方面：一是通过土地确权与发放不动产权证，农民宅基地与农房的产权有了落实和保障；二是用益物权的完善，宅基地抵押、转让等权能得以发挥和实现，农民手中的资产变活；对于一户多宅或者超占面积的，若缴纳宅基地有偿使用费确实会减少农民所得，但宜城市外出务工农民较多，宅基地使用效率很低，故农民可选择有偿退出部分宅基地。此外，作为劳动人口净流出城市，非集体成员占用宅基地现象相对较少，故对此类家庭收取有偿使用费也没有较大影响。总体而言，农村居民对政策持支持态度。

3. 城市居民

宜城市工商业经济相对落后，乡镇经济相对活跃，2016 年宜城市城镇人均可支配收入 26 760 元，低于襄阳市平均水平 28 794 元，农村人均可支配收入 15 613 元，略高于襄阳市平均水平（14 762 元），城乡可支配收入差距也低于湖北省与全国层面的城乡差距[①]。虽然从短期来看，宅基地制度改革带来的农业转移人口占据了部分城市公共资源，可能会产生一些城市治理问题，并因此降低城市居民对政策的支持力度。但是宜城市城乡居民生活水平和收入的差距较小，故该负面影响效果不大。且就中长期发展而言，农村集体建设用地指标集中到城市使用，推动建立城乡统一的建设用地市场，有利于各类生产建设项目的引入，对于宜城市经济发展及城市建设大有裨益。与此同时，农业人口逐步向城市转移，城镇化率的提高伴随着城市基础设施与公共服务数量和质量的提升。因此，城市居民也对政策持支持态度。

三、二阶段评估

（一）设定评估观点与提炼政策要素

与一阶段评估相比，二阶段评估的价值、目的、策略及措施的内容与主体保

① 数据来源：襄阳市统计年鉴，襄阳市、湖北省、全国统计公报。

持不变，预期结果被替换为地方实际结果。通过2018年下半年在宜城市进行的实地调研，以及与当地政府、村集体、村民进行的访谈和收集的数据资料，在此提炼出三点宜城市宅基地制度改革的实际结果：宅基地合法权益得以实现（AR1）、宅基地管理制度更加科学合理（AR2）、农民主体地位得到提升（AR3）。实际结果与预期结果不同的根本原因是立场的不同。预期结果代表了中央政府的政策期望，且各试点地区的预期结果具有同质性，而实际结果代表了宜城市人民政府的实际改革成果是基于自身发展情况，在围绕中央政策精神的前提下，因地制宜做出调整后实现的结果。可以说实际结果更具有地方特色，反映的是立足于地方政府的措施和结果间的互动关系。

（二）效应分析

相较一阶段评估，将中央预期结果换为宜城市实际结果后，结果与措施之间的一致性有所提高。宅基地合法权益得以实现（AR1）与农民拥有更多的获得感（ER1）基本相同，故AR1与措施的一致性和ER1与措施的一致性相同，即得益于实行宅基地有偿使用（M4）和改革宅基地审批制度（M3）之外的其他措施。对于宅基地管理制度更加科学合理（AR2），最主要反映在加强宅基地规划引导（M1）、实行宅基地有偿使用（M4）、推行宅基地自愿有偿退出（M6）三个措施上，同时也在其他措施上有所体现。对于农民主体地位得到提升（AR3），其与健全村民自治管理制度（M7）最直接相关，在其他措施上地方政府也给予了村集体和村民足够的自主权。经过效应分析可知，政策元素之间不存在矛盾，政策系统的逻辑结构更为清晰，如图4-5所示，再评估要素一致性如图4-6所示。

（三）效率分析

二阶段评估中，立场、目的、策略、措施之间的充分性与必要性关系与初次评估相同。对于措施和实际结果而言，政策的三项结果可以很好地反映措施的实施效果，拥有着较高的必要性。随着结果的主体由中央政府转变为地方政府，实际结果与措施相同的主体使得两者内涵基本一致，在一阶段评估中没有被充分体现的措施M1、M5、M7在实际结果AR2和AR3中得以体现，因此措施与结果之间的充分性有所提高。

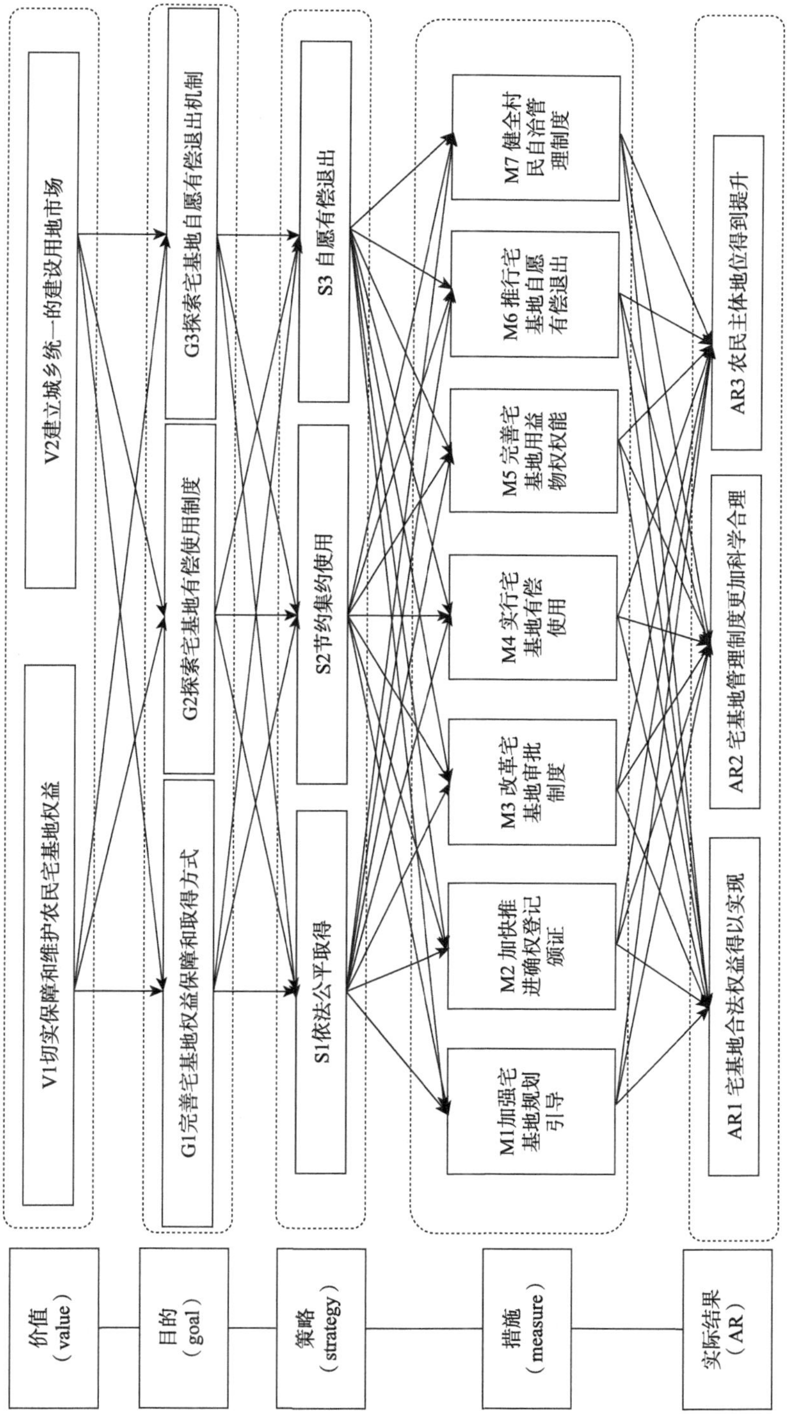

图 4-5　二阶段评估政策要素逻辑结构图

	S	V1	V2	
	++	+	++	G3
	++	++	++	G2
	++	++	+	G1
M1	+	+	++	+
M2	++	++	+	++
M3	++	—	+	+
M4	++	—	++	+
M5	+	++	+	++
M6	++	++	++	+
M7	+	+	+	++
		AR1	AR2	AR3

图 4-6　二阶段评估政策要素一致性分析

++：非常相关；+：相关；—：矛盾

（四）可行性分析

主要的利益相关者还是地方政府、农村居民和城市居民。宜城市人民政府通过改革顺利解决了部分宅基地的历史遗留问题。针对改革前超占面积、一户多宅、有户无宅、私下交易、擅自改变用途等常见现象，宜城市从清理历史遗留问题入手，落实宅基地基本权利归属，确保宅基地各项合法权益得以实现，农民群众的获得感增强。所以，农村居民的支持力度加大，参与的积极性增强；城市居民的态度则保持不变。并且，更加科学合理的宅基地管理制度使得地方政府可以更加高效运转。所以，再评估系统中地方政府的支持力度有所提高，为非常支持。整体来说，政策系统的利益相关方的支持程度相较初次评估有所提高。

四、对比分析（地方实际结果与中央预期结果）①

两次评估的不同主要体现在结果上。一阶段评估中，中央的预期结果为农民拥有更多的获得感（ER1），以及形成可复制、可推广、利修法的改革经验和

① 本节数据来源于调研资料。

模式（ER2）。二阶段评估中，宜城市宅基地制度改革的实际结果则可具体分析如下。

（一）宅基地合法权益得以实现（AR1）

历史遗留问题得到解决。宜城市人民政府搜集宅基地历史遗留的共性和个性问题，到 2017 年 9 月已经梳理出 15 类 50 余种问题。依据《宜城市农村宅基地历史遗留问题处理办法》和《宜城市农村集体不动产历史遗留问题处理办法》等政策，妥善解决了历史遗留问题：超占面积的，依据政策科学划分时段；“一户多宅”的，分析“多宅”的原因（转让、继承等），是否为本村成员予以区别对待，尊重农户选择意愿；违法占用宅基地的，以土地利用总体规划和村庄规划为“标尺”，保护本村成员利益。截至 2018 年 8 月，宜城市前后共妥善处理 6 800 多个农村宅基地和集体不动产历史遗留问题。

确权工作全面推行。宜城市人民政府在改革之初拨付 1 200 万元专项资金，对全市宅基地进行权属调查、外业测量和数据入库。依据土地变更调查成果、土地利用现状变更数据库等，组织对全市宅基地和集体建设用地进行排查，在妥善解决历史遗留问题的基础上，加快确权发证。截至 2018 年 8 月，颁发宅基地“房地一体”不动产权证书 77 311 本，占总户数的 80%，发放集体建设用地“房地一体”不动产权证 72 本。确权工作的顺利推行，保护了农村宅基地合法权益，也提高了农民对政策的支持力度。

用益物权得以多样化实现。通过农房抵押贷款，扩大生产规模，实现转型升级，增加农民财产性收入。宅基地确权登记发证后，进行扩权赋能，“死资产”变成“活资本”，使农房和宅基地从固定资产转成市场资本。截至 2018 年底，已为 691 户农户办理农房抵押贷款共计 15 622 万元，探索了 6 种“农房贷+”抵押融资担保方式。2018 年全市“农房贷”余额在 2017 年基础上增长 642.54%，受益农户增长 550%，乡镇覆盖面达 100%，未出现任何资金风险。此外，宜城市也在宅基地其他用益物权的实现上进行了积极尝试，《宜城市放活农村宅基地和农房使用权的实施办法（征求意见稿）》提出放松宅基地使用权仅能在集体内部转让的限制。用益物权的多样化实现，较为充分地发挥了宅基地作为资产的价值，为农民扩大生产、就业创业提供了资金支持，间接增加了农民收入，提高了农民生活水平。

（二）宅基地管理制度更加科学合理（AR2）

分区域确定了宅基地面积、有偿使用费标准。宜城市提出宅基地面积标准不再按地类划分，而是在城市规划区内外采取不同的建设方式，结合各村人均耕地面积来重新确定，确保农民宅基地权益平等，满足农民生产、生活需要。按城市规划区内、城市规划区外、传统农区三大类，分别确定 90 平方米、140 平方米、160~200 平方米三种标准。在确定宅基地有偿使用费标准时，按“多予少取”的原则，依宅基地所处区位确定年基准价格，全市分为五等：一等为主城区；二等为副城区和工业园区、建制镇；三等为传统集镇；四等为中心村；五等为普通村庄。通过“分段+调节”的方式，截至 2018 年 8 月，收取宅基地超面积有偿使用费 1 509.96 万元，收取户数 77 196 户，收取率 96.6%，基本实现全覆盖。

分类确立了宅基地有偿退出方案。宜城市采取政策引导、集体回购、增减挂钩等多种方式，整合项目资金，引导农民退出闲置和多余的宅基地，有效解决“一户两宅”和“一户多宅”问题。本村农户依法取得且符合“一户一宅、未超出法定使用面积”的，村委会回购农户自愿退出的宅基地；本村农户一户多宅的或一户一宅超占面积的，村委会与农户协议约定，约定归还期限及宅基地退出补偿和奖励事宜。非本村农户依法取得的，村委会回购农户自愿退出的宅基地；非本村住户且非法取得的，村委会应当要求其在规定的期限退还宅基地。自愿退出宅基地的农户，可享受七种进城落户的优惠政策。截至 2018 年 8 月，共计引导退出宅基地 1 161 户、面积 3 114 亩（含晒场、房前屋后道路及闲散地），自愿有偿退出超占面积和一户多宅的宅基地 505 户，面积 462 亩，实践了“六个结合”[①]退出模式。

（三）农民主体地位得到提升（AR3）

宜城市发布的《农村宅基地制度改革村民自治办法》，放宽了农村集体宅基地制度改革的权力，实现宅基地日常管理规范化。全市所有村成立了村民事务理事会，制定了村民理事会章程，明确职责。理事会将宅基地分配、有偿使用、自愿有偿退出等相关事项，纳入理事会工作范畴，形成村规民约，接受村民监督。理事会成员由村民推荐产生，加强了宅基地事务的日常监管，实现了宅基地的村民“自我”管理。在改革过程中，注重发挥农民主人翁地位，农民有了话语权、发言权，其主体地位得以提高。

一阶段评估与二阶段评估的不同在于，“结果”从中央政府的预期结果转变为地方发生的实际结果。中央对改革的预期是农民拥有更多的获得感（ER1）和形成可复制、可推广、利修法的改革经验和模式（ER2），该结果是基于中央对

① “六个结合”退出模式指与聚居区建设结合、与农业产业化发展结合、与美丽乡村建设结合、与项目引进结合、与土地增减挂钩结合、与“精准扶贫”结合。

于各试点地区的统一预期，没有充分体现各试点地区的发展基础和改革特点。与预期结果不同，地方政府由于面临问题及改革措施具有差异性，其实际结果更为具体化，侧重点也有所不同，充分体现了对宜城市实际情况的考量，主要有以下两方面。

一是宜城市历史遗留问题较为复杂。持证农民比例仅有 60%，上一轮清理登记还需追溯到 1986 年；部分经济相对发达、交通便利地区宅基地私下交易现象普遍，受土地管理法所限，宅基地转让均未办理过户手续；超占面积、一户多宅、有户无宅等现象较为混乱；部分农户擅自将宅基地用途改变为经营性用途等。对宜城市来说，改革的推进需要先从清理历史遗留问题入手，落实宅基地基本权利归属，确保宅基地各项合法权益得以实现（AR1）。正因如此，宜城市加强宅基地规划引导（M1）和加快推进确权登记颁证（M2）两项基础工作在再评估中更为重要，相较于措施与预期结果，措施与实际结果的一致性和充要性更强。

二是宅基地相关制度仍需完善，充分放活宅基地权能时机尚未成熟。改革前宜城市宅基地相关制度相对薄弱，部分制度参照了襄阳市或湖北省标准，与当地发展要求不太相符。因此宜城市宅基地改革分区域确定了宅基地面积、有偿使用费标准，分类确立了宅基地有偿退出方案，重心放在使宅基地管理制度更加科学合理（AR2）上。制度性工作落实后，才能使完善宅基地用益物权权能等工作高效开展。但是由于当地经济基础相对薄弱、土地市场不活跃，宅基地抵押贷款等实现的总量较小、单价较低，其在宅基地和农房使用权放活流转方面起步较晚。

虽然有上述不同，但预期结果和实际结果还是存在一定的联系，后者也体现了前者的政策精神。宅基地合法权益得以实现（AR1）和宅基地管理制度更加科学合理（AR2）从基础工作入手，本质上也是为了使农民拥有更多的获得感（ER1），农民主体地位得到提升（AR3）也从村民自治的角度体现了 ER1 的预期。宜城市立足自身发展实际，因地制宜的政策措施带来了具有地方特色的结果，也产生了带有地方特色的改革经验，可为同类型城市所用，这些经验作为中央预期的形成可复制、可推广、利修法的改革经验和模式（ER2）的一部分，也是选定宜城市作为试点城市的意义所在。

五、评估结论

宜城市作为宅基地制度改革试点城市，较好地完成了改革任务、实现了中央政府的预期，特别是考虑到自身发展基础，在基础性、制度性的改革工作上实现了突破。与东部发达地区相比，宜城市宅基地制度改革起步较晚、宅基地综合利用的实践较少，长期以来形成的大量历史遗留问题也没有得到妥善解决。对于宜城市等发展基础薄弱、土地利用不活跃的地区，在宅基地改革中将基础工作先打牢做好，才能为后续深入改革扫清障碍。因此确立成为改革试点后，宜城市首先开展的就是基础性、制度性工作，主要从以下方面入手。一是规划先行，以土地利用总体规划为龙头，开展“多规合一”规划编制工作，为土地制度改革提供基础支撑。二是全面的摸底调查、解决历史遗留问题及推进确权发证工作，在此过程中摸清了家底，规范了宅基地使用，明确了宅基地各项权利所属。三是调整陈旧且不合时宜的宅基地管理办法。过去的宅基地审批、使用、管理等过程存在着“一刀切”的现象，故宜城市以改革为契机，提出了“分段+调节”的制度方案，包括科学确定宅基地面积标准、分段调节宅基地有偿使用费标准、多渠道畅通宅基地有偿退出等。

除上述措施以外，宅基地制度改革也为宜城市多渠道推进新型城镇化等提供了有利条件。宜城市城镇化率相对较低、乡镇经济较强、城乡差异较小、呈现出一定的“半城镇化”特征，加之农业人口在本市内的转移意愿不高、乡土情结较重、外出务工的同时倾向保留土地，因而城镇化进展较为缓慢。在这样的城镇化背景下，宅基地制度改革也为宜城市及其他同类城市提供了包括城乡一体化、就地城镇化、美丽乡村建设在内的新型城镇化解决方案。一是盘活了宅基地资源，采取转让、出租、抵押、入股等方式流转宅基地使用权。通过将改革与乡村旅游、新产业新业态、下乡返乡创新创业相结合，为乡村产业发展注入了活力，为农民提供了扩大生产的资金，也提高了他们的收入。二是宅基地改革腾退了一批多占、超占土地，扩大了集体经营性建设用地入市的后备资源，为农村产业发展提供了较大的用地空间，间接推动了城乡统一的建设用地市场的建立。三是宅基地改革不仅通过多种形式实现了一户一宅、保障了户有所居，也促进了土地节约集约利用，提高了土地利用效率，与征地制度改革的精神不谋而合。总的来说，宜城市宅基地改革探索了弱城镇化背景下的改革方案，因地制宜地推进了当地新型城镇化建设，还与其他两项改革联动，一定程度上打通了“三块地”改革。

应当承认的是，虽然宜城市充分考虑了当地发展基础，也因地制宜地探索了灵活的改革方案，但当地市场经济活跃度不高、土地价值相对较低、集体与农民对改革的响应程度有限，宅基地作为资源的价值还有待进一步挖掘，具体表现包括宅基地抵押和流转的规模和价格相对较低，以及探索实现其他用益物权还有较大提升空间。另外，宜城市宅基地改革各项历史遗留问题（如超占面积）比例较高，因此，其重点关注解决了农地历史遗留问题、明确宅基地各项权利及完善宅基地管理制度等改革。

中央政府在政策制定的过程中，充分考虑了东、中、西部不同地区，以及不同发展模式的城市之间的差异。对于宜城市，中央对其的政策预期也与对东、西部地区的预期不同，更希望从中获得适合在同类城市推广的政策经验和改革模式。从这一角度来看，宜城市立足发展现状，相对扎实地开展基础性工作，较为灵活地推行改革方案，较好地满足了中央对其的政策预期。在下一步的工作中，宜城市应基于试点期间的改革成果，逐步探索深化改革方案。中央政府则应进一步加大地方自主权，在时间和改革内容上给予地方更多的自由，充分发挥地方政府的主观能动性，使其在创新性的政策实践中摸索和总结出更多具有地方特色的、值得更大范围推广的政策经验。

第五章　浙江省德清县集体经营性建设用地入市试点政策评估

一、德清县概况

德清县为浙江省湖州市下辖县，总面积937.92平方千米，现辖8个镇、4个街道。地处杭嘉湖平原，属低山丘陵区，西枕天目山，东部为平原水乡，中部为丘陵地带。德清县区位优势十分突出，东望上海，南接杭州，临近苏州、无锡、湖州等环太湖经济圈城市，与多条高速公路、运河航道、民航航线联通。德清县具有较好的经济基础，县域经济发达，连续多年位列全国百强县。近年来，德清县通过优化资源配置、推动产研结合、培育大企业等方式逐步推动产业转型发展。2018年，全县实现地区生产总值517.0亿元，同比增长约8%，经济发展势头较强。从产业结构上看，德清县第二产业增值比重最高，第三产业增加值比重逐年上升。2018年，三次产业增加值分别为22.4亿元、267.5亿元、227.1亿元，同比增长率分别为2.4%、8.8%、7.7%，三次产业增加值比例为4.3∶51.8∶43.9（图5-1）。2018年全县总户数13.5万户，户籍总人口44.2万人，其中城镇人口17.5万人，户籍人口城镇化率40.00%，近5年来年均增长约1个百分点，呈现快速增长态势（图5-2）。

作为首批集体经营性建设用地入市试点地区，德清县自2015年起开展入市改革，2016年9月起开展土地征收制度改革，2017年11月起开展宅基地制度改革。德清县入市改革主要围绕“谁来入市、哪些地入市、怎么入市、钱怎么分”这四个问题积极推进相关改革举措。在“谁来入市”上，明确了三类入市主体，落实了农村集体的市场主体资格，强化了土地入市的民主决策。在“哪些地入市”上，当地首先通过多维度调查确定存量，进而以“多规合一”促进布局优化，并严格产业准入和加强供需对接。在“怎么入市”上，主要对入市交易及监管规则

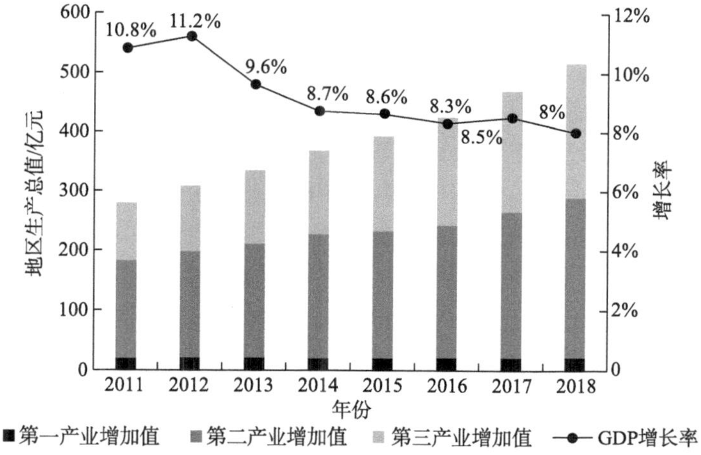

图 5-1　2011~2018 年德清县三次产业增加值与 GDP 增长率

资料来源：德清县统计公报

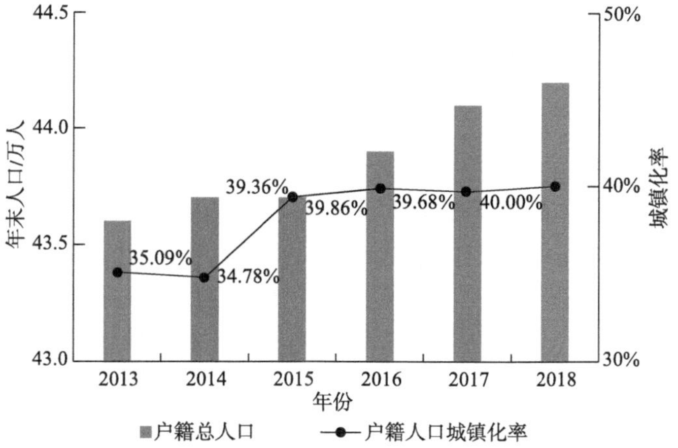

图 5-2　2013~2018 年德清县户籍人口与城镇化率

资料来源：德清县统计公报

进行了完善，包括实行统一的交易平台、地价体系、交易规则、登记管理、服务监管等。在“钱怎么分”上，德清县测算了土地增值收益平衡模型，确定了 26.5%~27.3%的土地增值收益调节金总体征收比例，并采取了差别化的征收方式，同时还差别化落实了内部收益分配，并开发了信息管理平台对资金流向进行统一管理。从 2015 年 4 月开始，德清县对全县 151 个行政村的存量集体经营性建设用地进行了普查，对各级集体经济组织现有的存量建设用地进行了全面排摸，共摸清了地块 1 881 宗、面积 10 691 亩的底数。并结合全国“多规合一”试点县工作开展，国土、规划、发改、环保等有关部门对上述地块进行“一村一梳理，一地一梳理”，排定了符合就地入市条件的地块 1 036 宗、面积 5 819 亩，并对所有地块进行了公示。

在制度建设方面，德清县把试制度、试经验作为改革的主要任务，集中精力构建了“一办法、两意见、五规定、十范本”的制度体系。“一办法”是指《德清县农村集体经营性建设用地入市管理办法（试行）》，这是德清县集体经营性建设用地入市政策体系的总纲，其对入市相关政策进行了原则性规定。“两意见”是指农村土地民主管理机制的实施意见和鼓励金融机构开展农村集体经营性建设用地使用权抵押贷款的指导意见①。“五规定”是指德清县集体经营性建设用地使用权出让规定、出让地价管理规定、异地调整规定、土地增值收益调节金征收和使用规定、入市收益分配管理规定等②。“十范本”是指在农村集体经营性建设用地入市操作流程过程中涉及的集体经营性建设用地入市申请书、审核表、决议、核准呈报表、核准书、使用权招标出让公告、出让须知、成交确认书、出让合同等范本。

二、一阶段评估

下文利用S-CAD政策评估方法对德清县集体经营性建设用地入市试点政策进行两阶段评估。本评估所基于的政策文本主要包括：中共中央办公厅、国务院办公厅《关于农村土地征收、集体经营性建设用地入市、宅基地制度改革试点工作的意见》；国土资源部《农村土地征收、集体经营性建设用地入市和宅基地制度改革试点实施细则》；德清县委、县政府《德清县农村集体经营性建设用地入市试点实施方案》；其他德清县相关政策文件，赴德清县实地调研资料等。

（一）设定评估观点与提取政策要素

一阶段评估中，立场、目的、策略、预期结果的主体为中央政府，相关要素的提取主要基于《关于农村土地征收、集体经营性建设用地入市、宅基地制度改革试点工作的意见》和《农村土地征收、集体经营性建设用地入市和宅基地制度

① 《中共德清县委办公室 德清县人民政府办公室关于建立农村土地民主管理机制的实施意见》、《德清县鼓励金融机构开展农村集体经营性建设用地使用权抵押贷款的指导意见》。

② 《德清县农村集体经营性建设用地使用权出让规定（试行）》、《德清县农村集体经营性建设用地出让地价管理规定（试行）》、《德清县农村集体经营性建设用地异地调整规定（试行）》、《德清县农村集体经营性建设用地入市土地增值收益调节金征收和使用规定（试行）》、《德清县农村集体经营性建设用地入市收益分配管理规定（试行）》。

改革试点实施细则》；措施的主体为德清县地方政府，其主要依据《德清县农村集体经营性建设用地入市试点实施方案》等相关资料进行要素提取。

1. 立场（价值）

基于中央《关于农村土地征收、集体经营性建设用地入市、宅基地制度改革试点工作的意见》和《农村土地征收、集体经营性建设用地入市和宅基地制度改革试点实施细则》等文件，将中央政府对于入市改革的立场提炼出如下三点。

建立城乡统一的建设用地市场（V1）：在我国城乡二元的土地制度下，城乡建设用地市场互相割裂，集体土地需转为国有土地方可用于城市建设，对集体土地的利用不充分、不高效，引致了诸如城乡发展不平衡、征地矛盾等许多问题。自十八届三中全会以来，中央政府一直致力于深化农村土地制度改革，以及建立城乡统一的建设用地市场。

夯实集体土地权能（V2）：一直以来，我国集体土地存在着权属不清、管理混乱等诸多问题，对集体土地各项基本权利的保障措施不足，潜在的巨大价值得不到充分实现。夯实集体土地权能一方面是完善集体土地的各项基本权利，尤其是促进其用益物权得以实现，在符合规划和用途管制前提下，允许农村集体经营性建设用地出让、租赁、入股，同时完善土地租赁、转让、抵押二级市场；另一方面是保障集体土地与国有土地具有同等权利，实现集体土地与国有土地同等入市、同权同价。

维护农民土地权益（V3）：保障农民合法权益，促进农民与集体分享更多改革红利是“三块地”改革的核心立场之一。赋予集体土地入市权利，可使得土地价值得到更充分发挥，土地增值收益更多地流向农民与村集体。在具体内容上，既包括完善对被征地农民合理、规范、多元保障机制，也包括建立兼顾国家、集体、个人的土地增值收益分配机制，合理提高个人收益等。

2. 目的

同样根据《关于农村土地征收、集体经营性建设用地入市、宅基地制度改革试点工作的意见》与《农村土地征收、集体经营性建设用地入市和宅基地制度改革试点实施细则》等相关政策文件，可提炼出中央政府四点目的：完善农村集体经营性建设用地产权制度（G1）；明确农村集体经营性建设用地入市主体、范围和途径（G2）；建立健全市场交易规则和服务监管制度（G3）；建立兼顾国家、集体、个人的土地增值收益分配机制（G4）。

3. 手段

在S-CAD方法中，手段可分为策略与措施两方面。其中，策略是手段的逻辑和实施方向，其主体为中央政府；措施则是地方政府制定的具体改革方案，其主体为地方政府。根据以上意见和实施细则可提炼出策略为同价同权、流转顺畅、收益共享（S）。

结合中央顶层设计，德清县在《德清县农村集体经营性建设用地入市试点实施方案》等文件中确立了一系列的政策措施，具体可提炼出如下 8 条措施（表 5-1）。

表 5-1 措施名称与内容

措施	名称	内容
M1	严格限定集体经营性建设用地	确定存量集体建设用地底数，界定工矿仓储、商服、旅游等用途的集体经营性建设用地，加快集体建设用地使用权确权登记工作
M2	明确集体经营性建设用地入市主体	明确乡镇农民集体、村集体经济组织、两个及以上集体经济组织为主体开展入市的情形
M3	规范集体经营性建设用地产权管理	规范土地所有权人对经营性建设用地占有、使用、收益和处分的权利，允许集体经营性建设用地使用权出让、租赁、作价出资（入股）
M4	明确直接入市、调整入市、整治入市范围和途径	需在本地直接使用的，可以采取协议、招标、拍卖或者挂牌等方式直接就地入市。鼓励有条件的乡镇在产业平台开展农村集体经营性建设用地异地集中入市。按照“政府主导、多方参与”的原则，依据有关规划探索城中村整治入市
M5	建立完善的入市交易机制	包括建立运转高效的市场交易机制，建立民主透明的入市决策机制，建立城乡统一的地价评估机制，建立统一的不动产登记抵押体系
M6	建立多方协同的监管服务机制	发挥政府有关职能部门的监管服务作用，从规划布局、产业发展、环境保护、安全生产等方面强化对集体经营性建设用地入市的监管和服务
M7	确定合理的土地增值收益调节金比例	确定合理比例收取土地增值收益调节金，实现征收与入市的土地增值收益在国家和集体之间分享比例的大体平衡
M8	健全土地增值收益分配与监管机制	建立“明确收益属性、明确收益用途、明确农民利益”为核心的增值收益分配机制，规范集体经济组织收益分配行为。确保入市净收益按比例留归集体后，在集体成员间公平分配

4. 预期结果

预期结果代表了中央政府对试点实际改革工作的预期和要求，体现了中央政府在改革中的指导精神。在德清县的入市评估中，中央政府的预期结果可提炼为两点：一是集体土地同等入市，完善现行供地制度（ER1）；二是形成可复制、可推广、利修法的改革经验和模式（ER2）。

（二）效应分析

根据上述立场、目的、手段和预期结果之间的逻辑关系，构建该政策的逻辑结构（图 5-3），政策要素间的一致性则由图 5-4 表示，分析如下。

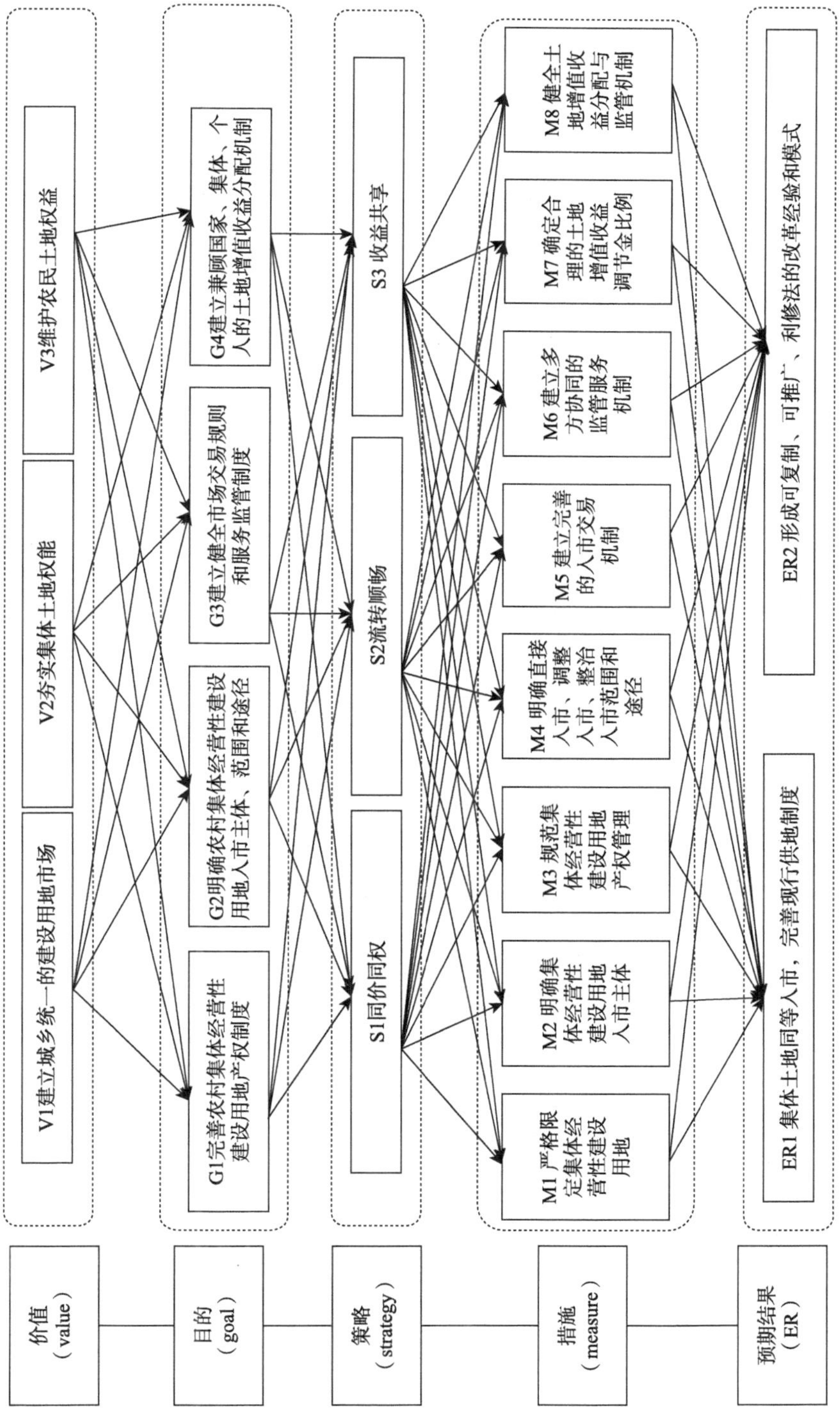

图 5-3　一阶段评估政策要素逻辑结构图

G

S	V1	V2	V3	
++	++	++	+	G1
++	++	++	+	G2
++	++	+	++	G3
++	+	++	++	G4
+	×	++		M1
+	++	++		M2
++	++	++		M3
+	++	++		M4
++	++	++		M5
++	++	++		M6
++	+	++		M7
++	+	++		M8
	ER1	ER2		

S　V　ER　M

图 5-4　一阶段评估政策要素一致性分析

++：非常相关；+：相关；×：不相关

1. 立场与目的

目的是中央政府对政策立场的衍生和延伸，体现了政策制定者对政策实施效果的期望。完善农村集体经营性建设用地产权制度（G1）对实现建立城乡统一的建设用地市场（V1）和夯实集体土地权能（V2）而言不可或缺，是实现两个立场最主要的目的之一。明确农村集体经营性建设用地入市主体、范围和途径（G2）则代表了入市改革的各项具体内容，是实现立场 V1 的有力保障和必备条件，也有助于 V2 的实现。建立健全市场交易规则和服务监管制度（G3）同样是实现 V1 的必要保障，同时也有助于维护农民土地权益（V3）。建立兼顾国家、集体、个人的土地增值收益分配机制（G4）则不仅体现了立场 V2 的内涵，也与 V3 直接相关。

2. 目的与策略

策略（S）服务于目的，并保证目的的实现。作为指导地方试点实施的行动方向，策略服务于全部四个目的。

3. 策略与措施

8 个措施均直接或间接地反映了策略：措施 M3 确保了集体经营性建设用地与

国有土地同权同价，与策略直接相关，措施 M1、M2、M4 对各种入市情形做出了相应规定，同样与策略相关，但一致性程度稍低。措施 M5、M6 通过交易与监管服务机制的建立保障了入市土地的顺畅流转，措施 M7、M8 则主要保证了入市收益共享，均与策略保持较高的一致性。

4. 措施与预期结果

这是因为中央的预期结果反映的是中央在其立场、目的下所预计得到的产出或影响，而地方措施的设计却是德清县基于对中央政策文件的解读以及对自身社会经济问题的考虑，所以两者之间不完全对口，不管是集体土地同等入市，完善现行供地制度（ER1）还是形成可复制、可推广、利修法的改革经验和模式（ER2），其在全部 8 个措施中都有所体现。对于预期结果 ER1，措施 M1 是限制性政策，措施 M7、M8 则涉及收益分配问题，未直接体现在 ER1 中，故此 3 条措施与 ER1 的一致性稍低，其他措施则较高。对于形成可复制、可推广、利修法的改革经验和模式（ER2），德清县提炼出了有益的经验做法[①]，故与 ER2 一致性程度较高。

（三）效率分析

1. 目的对于体现立场的必要性和充分性分析

必要性：对于各立场的实现，均需要各目的加以支持，故目的对于立场的体现均为必要的。

充分性：目的对于建立城乡统一的建设用地市场（V1）与夯实集体土地权能（V2）已相对充分，但仍有不足，需配合农村土地征收、宅基地制度改革等其他工作来完善。对于维护农民土地权益（V3），更是有待更多征地补偿、社会保障等多元保障措施的完善及其他政策的共同作用，才能得以充分实现。

2. 策略对于实现目的的必要性和充分性分析

必要性：策略（S）作为指导地方试点实施的行动方向，对中央目的的实现非常必要。

充分性：策略从同价同权、流转顺畅、收益共享三个方面阐述了中央政府的政策实施策略。对于目的 G1 而言，同权同价不能充分保证完善的集体经营性建

① 2015 年 8 月 19 日，德清县完成了全国第一宗农村集体经营性建设用地入市，并参与了国土资源部与财政部出台的《农村集体经营性建设用地土地增值收益调节金征收使用管理暂行办法》的起草，以及银监会与国土资源部出台的《农村集体经营性建设用地使用权抵押贷款管理暂行办法》的起草。

设用地产权制度的建立，仍需要土地权属明晰以及土地管理法等相关政策法规的支持，故策略对目的 G1 的实现充分性有所不足。策略中涉及的流转顺畅与目的 G2、G3 相关度较高，收益共享与目的 G4 相关度较高，故策略对于 G2、G3、G4 的实现较为充分，但仍需要更完善详细的政策规则支撑。

3. 措施对于细化策略的必要性和充分性分析

必要性：全部 8 条措施对于策略来说均为必要性要素。

充分性：措施对于策略来说较为充分，措施 M1~M4、措施 M5~M6、措施 M7~M8 分别对应同权同价、流转顺畅、收益共享。依据中央的政策精神和国土资源部相关政策文件，德清县有针对性地提出了改革具体措施。

4. 预期结果反映手段效果的必要性和充分性分析

必要性：两项预期结果可以很好地反映措施的实施效果，因此具有必要性。

充分性：预期结果对措施 M1~M6 的效果表现较为充分，德清县通过这 6 条措施，有力地推进了集体土地同等入市和完善现行供地制度，以及形成了相关改革经验。但措施 M7、M8 的政策效果在预期结果中没有得到充分体现，主要是由于两项措施主要对政府、集体、农民在入市中的收益配比进行了考虑，尤其是设定合理的调节金比例，其虽然与预期结果 ER2 有关，但与 ER1 并不直接相关。德清县较早对入市土地增值收益在不同主体间分配比例进行了探索，并按地类、分区域确定了分配比例，由于市场需求大，德清县土地入市规模走在了全国前列。

综上所述，该政策立场和目的之间的必要性较好，但是立场的体现还需要其他目的来共同完成，因此充分性稍显不足；策略和目的的必要性也较好，但是在政策实施过程中政策的目的可能无法由策略充分体现；措施对策略细化的充分性和必要性良好；措施与预期结果之间的必要性良好，但政策的预期结果不足以充分反映措施的效果。

（四）可行性分析

德清县集体经营性建设用地入市改革的主要利益相关者包括地方政府、农村集体经济组织/村民及用地单位等多方主体。作为政策推行的助力和阻力源，对各方对试点政策的认同度和执行度分析如下。

1. 地方政府

德清县地方政府对入市试点的态度为支持。德清县工商业发达，城乡建设与发展急需更加充足的建设用地供应，而集体经营性建设用地可为其提供更大的发展空间。此外，中央政府在入市改革上给予了地方较大的自由度，以期获得地方经验和模式上的反馈，故德清县地方政府在入市改革中具有较多的自主权，因此对政策认同度也较高。但值得注意的是，农村集体作为新的建设用地供应主体进入土地市场后，会在一定程度上挤压地方政府的国有土地征收出让，进而对地方政府土地财政收入产生影响，地方政府可能存在一定顾虑。但在破解改革瓶颈、获取土地发展新空间等辖区和自身多重利得的推动下，总体而言对试点政策持支持推动态度。

2. 农村集体经济组织/村民

农村集体经济组织/村民是集体经营性建设用地入市中最主要的受益者。在传统土地征收模式中，农村集体经济组织/村民的参与程度与所获收益较低或没有，此次改革健全基层土地管理民主机制，推动收益分配关系发生了转变，使得农民拥有获得更高自治能力和更多土地收益的机会。与此同时，入市使集体土地资源得以盘活，外来工商企业的入驻、本地集体与私营企业的发展为当地经济发展注入了更多活力，农村集体经济组织/村民在此过程中也可间接获益。因此，农村集体经济组织/村民对试点政策持支持态度。尽管村集体与村民在入市收益分配的比例和方式上还存在不一致的观点，但在整体利益上是共赢的。

3. 用地单位

在工业服务业发展程度很高的德清县，入市改革一方面为集体经营性建设用地的利用提供了法律保障，打消了用地单位对利用集体土地的顾虑，另一方面也使得本地与外来企业获得更多可供选择的项目用地和发展机会。因此，用地单位对入市试点政策持支持态度。

三、二阶段评估

（一）设定评估观点与提取政策要素

二阶段评估中，立场、目的、策略、措施内容及主体与初次评估相同，结果由预期结果转为实际结果，且结果主体由中央转为地方政府（地方实践）。在此提炼出三点实际结果：城乡统一的建设用地市场初步形成（AR1）、集体与农民分享更多改革红利（AR2）、农村产业发展与生态面貌得到改善（AR3）。

实际结果与预期结果不同主要是因为：预期结果代表了中央政府的政策期望，且对各试点具有同质性，而实际结果代表了德清县人民政府的实际改革成果和做法。

（二）效应分析

二阶段评估中，政策要素逻辑结构如图 5-5 所示。由于立场、目的、策略、措施之间的一致性分析与初次评估相同，在此仅对措施与实际结果进行效应分析，措施与实际结果的主体均为德清县地方政府。对于城乡统一的建设用地市场初步形成（AR1），措施 M2、M3、M4、M5、M6 均从制度与机制上直接促进了城乡统一的建设用地的形成，措施 M1、M7、M8 也对该市场的完善提供了助力，但一致性相对稍弱。对于集体与农民分享更多改革红利（AR2），措施 M2~M6 均有利于集体与农民获得更多的改革红利，但措施 M1 是限制性政策，措施 M7、M8 在征收与入市收益平衡上进行了考量，试图兼顾国家、集体、个人利益，故三者与 AR2 之间存在一定一致性。对于农村产业发展与生态面貌得到改善（AR3），措施 M2~M6 促进了土地利用提质增效、带动了农村产业转型升级、改善了农村生态环境，故一致性较高，但措施 M1、M7、M8 与实际结果 AR3 一致性弱。再评估政策要素一致性可总结如图 5-6 所示。

（三）效率分析

目的对于立场体现、策略对于目的实现、措施对于策略细化与一阶段评估的分析一致，此处只对实际结果反映措施的必要性和充分性进行分析。

从必要性看，实际结果 AR1、AR2 均较好地反映了措施的效果，这两个结果与措施间的必要性程度很高，但实际结果 AR3 仅反映了部分措施，故该实际结果的必要性稍弱，也反映了农村产业发展及生态面貌改善更多是间接结果。从充分性上看，实际结果对措施 M1~M6 而言具有很强的充分性，此 6 条措施的政策效果较为充分地反映在实际结果中。就措施 M7、M8 而言，由于两者关注土地增值收益调节金与土地增值收益分配，重点对政府在入市中的收益进行考量，故两者的政策效果在实际结果中没有得到充分的体现。综合来看，虽然再评估中实际结果与初次评估中预期结果有所不同，但总体充要性程度变化不大，故措施 M7、M8 未得到充分地表达。

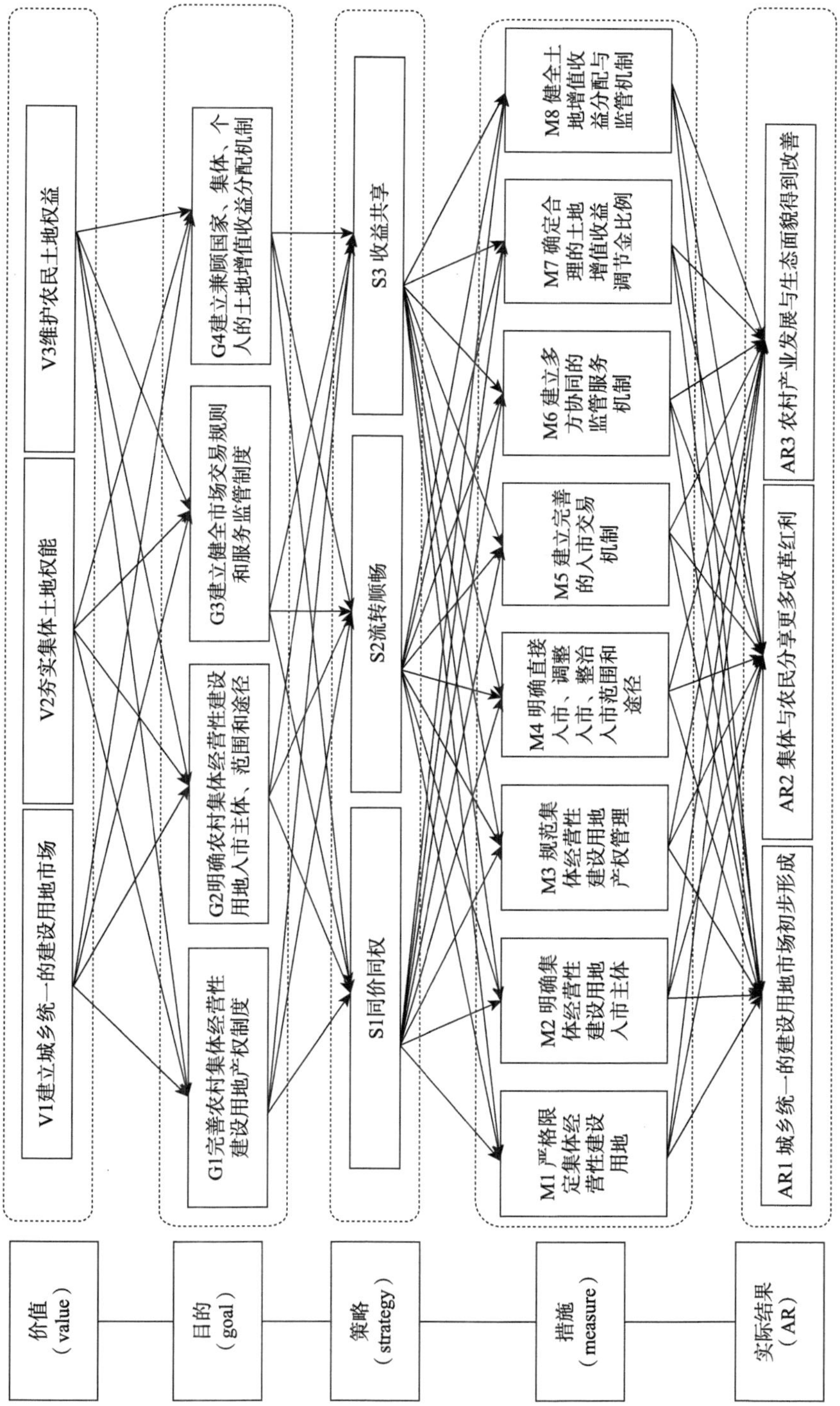

图 5-5　二阶段评估政策要素逻辑结构图

S	V1	V2	V3	
++	++	++	+	G1
++	++	++	+	G2
++	++	+	++	G3
++	+	++	++	G4
+	+	+	×	M1
+	++	++	++	M2
++	++	++	++	M3
+	++	++	++	M4
++	++	++	++	M5
++	++	++	++	M6
++	+	+	×	M7
++	+	+	×	M8
	AR1	AR2	AR3	

图 5-6　二阶段评估政策要素一致性分析

++：非常相关；+：相关；×：不相关

（四）可行性分析

主要的利益相关者还是地方政府、农村集体经济组织/村民和用地单位。通过集体经营性建设用地入市，地方政府更为充分地盘活了集体土地资源，一方面在入市过程中收取了土地增值收益调节金，另一方面更多工商企业的入驻带来了更多的财税收入，德清县地方政府对入市试点的支持程度有所提高。

入市改革破解了传统征收模式中失地农民长期生产生活保障不足的难题，对失地农民的长期多元化补偿进行了探索，如提供养老保险等。农村集体经济组织成为土地出让主体，获得了扣除成本费用、征地补偿、调节金后大多数的增值收益。与此同时，外来工商企业的入驻、本地集体与私营企业的发展为当地经济发展注入了更多活力，为农民提供了更多的就业岗位，故农村集体经济组织/村民的支持程度更高。对小微企业及城乡个体工商户而言，集体经营性建设用地较城市国有土地往往价格更低，降低了企业与个体户的用地成本，有利于其开展更大规模的生产或服务。因此，用地单位对入市试点政策更加支持。

四、对比分析（地方实际结果与中央预期结果）①

两次评估的不同主要体现在结果上。一阶段评估中，中央的预期结果如下：集体土地同等入市，完善现行供地制度（ER1）；形成可复制、可推广、利修法的改革经验和模式（ER2）。二阶段评估中，宜城市宅基地制度改革的实际结果则可具体分析如下。

（一）城乡统一的建设用地市场初步形成（AR1）

围绕建立城乡统一的建设用地市场这一要求，德清县从明确集体经济组织市场主体地位、建设市场平台、完善市场交易规则、规范合同签订、修编地价体系、服务监管等方面，不断深化对城乡统一的市场规则体系的研究，形成了多项研究成果。德清县以同权同价、同等入市为改革方向，建立完善了市场交易规则，将全县集体经营性建设用地统一纳入县公共资源交易中心交易，建立了多方协同的入市监管服务机制。在全国率先明确了实行统一的交易平台、统一的地价体系、统一的交易规则、统一的登记管理、统一的服务监管的市场规则，实现了农村土地市场从改革前的“各自为政、无序交易”转变为目前的“权能完整、统一规范”。抵押融资从市场空白转变为目前的县域金融机构全覆盖，德清县率先出台了《德清县鼓励金融机构开展农村集体经营性建设用地使用权抵押贷款的指导意见》，将集体经营性建设用地使用权列入押品范围，在全国实施了农村集体经营性建设用地使用权抵押贷款第一单。经过四年多的试点，德清县在县域范围内初步建立起了城乡统一的建设用地市场，形成了公平竞争的用地市场环境，完成了全国入市第一宗、登记第一本。

（二）集体与农民分享更多改革红利（AR2）

在入市增值收益分配上，明确了16%~48%的土地增值收益调节金差别化征收比例，在全国率先制定出台了《德清县农村集体经营性建设用地入市增值收益调节金征收和使用管理规定（试行）》，并参与了国土资源部与财政部出台的《农村集体经营性建设用地土地增值收益调节金征收使用管理暂行办法》的起草。在

① 本节数据来源于调研资料。

兼顾集体经营性建设用地入市与土地征收间的大体平衡的同时，更多地体现了让农民有改革的获得感，实现了集体经济壮大和农民增收。截至2018年8月，已入市的土地收益中农民和农村集体获得2.81亿元，占入市总价款81.57%，惠及农民群众近 18 万人，占比 65%。当地还鼓励偏远欠发达的村与集中入市区块的村合作，通过异地调整入市，实现资源互补、共同入市、收益共享。例如，以区位优势明显的洛舍镇东衡村为龙头，与县内 7 个欠发达的集体经济组织以出资或出地等形式，合作建立调整入市集中区块，共同联建物业出租，实现固定收益，仅一个项目就可带动 8 个村每年增加稳定收益 450 万元，实现了“强村带弱村”。此外，在基层治理上，始终把农民和集体放在主体地位，针对镇、村、组三类集体经济组织的不同形态，设计了自主入市、委托入市、合作入市三种实现形式，在主体设置、程序规定上把参与权、选择权、决策权赋予农民和农民集体。当地农村土地自我管理明显提升，农村风气进一步改善，基层治理能力进一步加强，使得农民在入市等议题上真正实现当家做主。

（三）农村产业发展与生态面貌得到改善（AR3）

产业发展方面，针对小微企业发展面临的用地与资金的制约问题，特别是针对农民和农民集体倾向不卖地而愿以租赁方式入市这一“情结”实际，开展了创设年租制物权的研究，探索了集体经济性建设用地租赁入市的路径和制度建设，建立了年租制物权的制度体系。通过解决小微企业的用地需求，民间投资得到激活，一批精品酒店、乡村民宿和小微企业创业园、农产品加工、农业科研企业等符合农村实际的项目顺利推进，替代了原有的砖瓦厂、小码头、小矿山、小化工等落后低效产能和闲置农房，德清县产业形态明显得到提升。经初步测算，截至2018年8月，仅已入市的新建项目已实现新增有效投资12.3亿元，新增建筑面积近 40 万平方米，2018 年新增年产值 6.19 亿元，平均亩产税收由不足 8 万元提高到超过 12 万元，最高的已达 80 万元/亩。在生态环境方面，结合农村全域土地综合整治和美丽乡村建设，全面推进农村“生产、生活、生态”空间再造。德清县通过大力开展农村集体经营性建设用地异地调整入市，关停了一批“散、乱、污”企业，推进了农村基础设施建设，农村生产效率进一步提升，农村环境进一步改善。截至2018年8月，已累计复垦闲置宅基地和低效零星分散的集体建设用地 412 亩，推动了村庄布局优化和产业转型升级。

从一阶段评估到二阶段评估，政策要素主体由中央政府转变为地方政府的同时，也相应地发生了从预期结果到实际结果的转变。预期结果是中央政府对全部试点地区的要求，也是对未来全国范围内土地制度改革的期望，因此预期结果相对更为宏观、全面，但不能充分体现各试点地区的发展基础与改革特点，而实际结果则是对于地方政策措施的现实反映，既能体现当地的改革特点，也能体现地方政府的改革态度和政策倾向。对德清县来说，实际结果包括了形成城乡统一的建设用地市场、集体与农民分享更多改革红利、农村产业发展与生态面貌改善等，主要可以从以下两方面进行对比分析。

一是德清县经济基础与制度基础较好。与其他试点改革城市，尤其是与中西部城市相比，德清县的经济发展水平、产业结构、区位条件等都具有明显优势，因此具有开展集体经营性建设用地入市的先天条件。此外，德清县行政管理能力也相对较高，相关制度更为健全，故在实际改革中可以基于现有基础快速建立起完善的制度方案，从而将精力更多地投入更深入的改革，如建立城乡统一的建设用地市场、完善土地增值收益分配等。可以说，与其他试点地区相比，德清县基础好、步子大、成果丰富，这也是德清县实际结果相较于中央政府的预期结果更具体、更深入的原因所在。

二是德清县土地市场较为活跃，土地的财产属性相对显化。在全部33个试点地区中，德清县平均土地价格位于前列，土地对于集体与农民来说价值重大，对于土地使用权的需求以及充分盘活土地价值的需求较为旺盛。因此德清县对于入市等三项改革中的土地增值收益分配给予了充分关注。当地不仅推行了差别化的土地增值收益调节金征收比例，还率先出台了调节金征收和管理规定。从实际结果上看，德清县入市土地数量多、土地金额高、集体与农民获得收益多。总的来说，德清县的改革措施与成果相对先进，为其他试点地区及未来土地改革提供了良好的示范。当然，从中央的角度来看，地方政府各自推行的具体改革具有一定的局限性，在后期进一步铺开改革的过程中，还是要做到因地制宜地吸取试点改革经验。

五、评估结论

德清县工商业经济发达，产业基础深厚且现代化程度较高，在33个试点地区中，德清县改革成果突出，其对于“三块地”改革的贡献为同类型经济活跃度高、土地价值显化地区做出了入市改革示范。这一示范主要体现在两方面，分析如下。

一是收益分配问题，由于德清县建设用地土地需求较多、土地价值较高，在从传统土地征收到集体经营性建设用地入市的转变中，地方政府土地财政收入势必受到冲击，入市收益在集体与农民之间如何再分配也受到诸多关注。德清县在全国率先制定出台了入市增值收益调节金征收和使用相关规定，确定了16%~48%的差别化调节金征收比例，并参与了《农村集体经营性建设用地土地增值收益调节金征收使用管理暂行办法》的起草；在收益内部分配方面建立了“差别化”模式，率先在全国制定出台了增值收益分配管理规定。可以说德清县在收益分配问题上为全国层面改革工作提供了丰富的经验。

二是土地价值充分利用问题，德清县实现了集体经营性建设用地抵押权能实现第一单、全覆盖。当地率先出台了《鼓励金融机构开展农村集体经营性建设用地使用权抵押贷款的指导意见》，将集体经营性建设用地使用权列入押品范围并最早实施，同时参与了《农村集体经营性建设用地使用权抵押贷款管理暂行办法》的起草，并成功举办了全国农村集体经营性建设用地使用权抵押贷款现场会。

然而，德清县入市改革仍面临一定的困难和阻力。首先，最明显的是对现有土地征收制度的冲击，集体与农民通过入市可获得较高的收益，较原有征收模式而言收益上浮比例很高。在现有大部分集体土地属于村民小组集体所有的情况下，如大面积地铺开，将对今后地方政府征地带来诸多困难，对土地财政收入也将带来明显冲击。其次，是收益分配问题，根据前期政策规定，集体经营性建设用地属村内其他集体经济组织（村民小组）的，其入市收益返回村集体提留 10%用于村内公益事业支出后，可用于农户分配。但现在村内道路、社保、民生等公益事业支出大部分都由村集体经济组织负担，部分行政村建议村集体提留比例应适当上浮至 30%左右为宜。最后，在集体经营性建设用地入市，尤其是抵押、租赁等用益物权实现方面，相关配套工作仍有待于进一步完善。国家尚未对集体经营性建设用地金融抵押进行法律授权和政策支持，影响了集体土地的完整权能实现，相关的税收征管政策也有待明确。

总体来看，从中央政府到德清县地方政府，入市政策的立场、目的、策略、措施、结果都表现出了较强的一致性和充要性，地方政府、农村集体、集体成员、用地单位等相关主体的认可程度也较高。德清县基于较为深厚的改革基础，充分利用地区优势，做到了入市改革范围广、制度全、入市数量多、入市价值高。德清县入市改革成果全国领先，不仅在当地建立起了完善的入市制度、充分挖掘了集体建设用地的潜在价值、构建了城乡统一的建设用地市场，还较好地实现了中央政府对试点地区入市改革的预期，完成了试点改革任务，并为后续同类型地区改革提供了合理可靠的改革经验。在后续改革中，德清县应进一步发挥优势，充分完善入市交易机制与城乡统一的建设用地市场，并着重对入市改革中关注度与争议较高的问题进行深入探索，在深化集体经营性建设用地入市改革的同时加强“三块地”改革联动。中央政策则需给予德清县更多的改革主动权，可将德清县作为重点关注的试点地区，为后续深化改革获取更多改革经验。

第六章　河南省长垣市集体经营性建设用地入市试点政策评估

一、长垣市概况

长垣市[①]位于河南省东北部，属省直辖县级市，由新乡市代管。下辖 11 镇 2 乡 5 个街道，市域面积 1 051 平方千米，境内地势平坦低洼，为黄河冲积平原的一部分。长垣市居郑州市、新乡市、濮阳市、开封市等城市群中心，交通便捷，大广高速和省道 308、213 穿境而过，90 分钟可直达新郑国际机场，通过新菏铁路、济东高速可直达山东省出海口。长垣市作为经济基础相对薄弱的农业县，近年来，依靠民营经济支撑而发展迅速。2018 年地区生产总值为 368.6 亿元，同比增长 9.1%，三次产业完成增加值分别为 41.65 亿元、181.83 亿元、145.1 亿元，产业结构由 2012 年的 13.1：47.2：39.8 调整为 11.3：49.3：39.4（图 6-1）。全县拥有民营企业 8 000 余家，民营经济贡献率占全县地区生产总值的 90%、财政收入的 78.8%。长垣市人口增长较为缓慢，2018 年户籍人口 87.83 万人，常住人口 77.91 万人，常住人口低于户籍人口，表明长垣市人口外流现象比较明显，常住人口中城镇人口 37.28 万人，常住人口城镇化率为 47.85%，处于城镇化加速发展阶段（图 6-2）。

20 世纪 90 年代长垣市乡镇企业开始迅速发展，从而对工业用地产生了大量的需求。因此，长期以来，长垣市农村集体经营性建设用地在县域内流转的现象十分普遍，全县 18 个乡镇基本都存在自发的土地流转。流转方式主要为长期租赁和短期租赁两种形式，其中重工业企业采取长期租赁形式，其他的民营企业大多采用短期租赁形式。土地用途多为医疗器械、起重设备制造等工业用地。但是与

① 2019 年 8 月，国务院批准河南省撤销长垣县，设立县级长垣市。

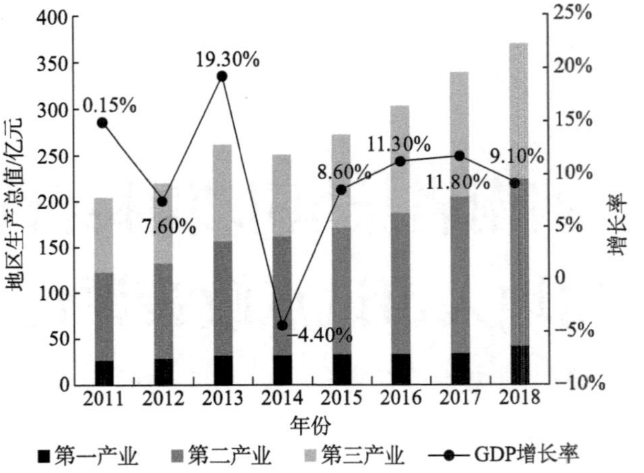

图 6-1　2011~2018 年长垣市三次产业增加值与 GDP 增长率

资料来源：河南省统计年鉴

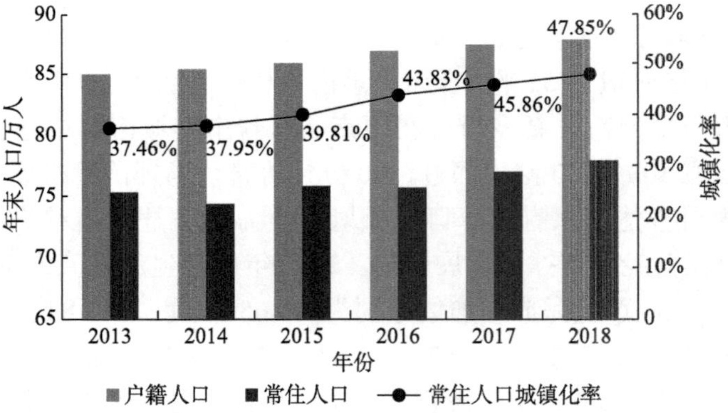

图 6-2　2013~2018 年长垣市人口及城镇化率

资料来源：河南省统计年鉴

活跃的集体经营性建设用地自发流转相比，长垣市农村基层组织管理架构和管理效力却相对薄弱。因此，在以往自发流转的过程中存在流转土地手续不齐全、土地用途不规范、流转后收益分配不合理等问题，而且，村集体长期兼任政治和经济双重管理的任务，不利于明确入市主体，也不利于集体资产运营效率。

长垣市 2015 年被确定为集体经营性建设用地入市改革试点县后，开始探索同权同价、流转顺畅、收益共享的农村集体经营性建设用地入市制度。为夯实集体经营性建设用地入市改革基础，长垣市进行了大量的前期基础工作。首先，开展农村集体经营性建设用地调查和确权颁证工作。摸清农村集体经营性建设用地家底，在村镇规划范围内共核查出集体经营性建设用地852宗、面积1.8万亩，可就地入市，另有2.4万亩集体经营性建设用地（含宅基地）处于空闲状态，可进行调整入市。并且推进农村房地一体不动产登记，明确相关流程。其次，开展村级规划编制工作。安排专项资金3 000万元，开展全市土地利用、村庄建设、产业发展、乡村旅游等多规合一的村级规划编制工作。完成了全县501个村庄的规划编制，形成了“村村有规划，建设有依据”的规划管理局面。再次，开展考察学习培训。长垣市组织相关人员前往广东省佛山市南海区等14个试点地区考察学习，多次召开推进会、汇报会、县乡村三级干部培训会等专题大会，形成由部属事业单位、省国土资源厅、知名高校等单位专家共同组成的“改革智囊”团队。最后，长垣市相继出台了《长垣县农村集体经营性建设用地使用权入市管理办法（试行）》《长垣县农村集体经营性建设用地入市收益分配指导意见》《长垣县农村集体资产收益分配使用指导意见》等一系列相关政策，辅助集体经营性建设用地入市的试点开展。同时，在此次试点中，长垣市在还同步推进了宅基地制度改革和土地征收制度改革，统筹“三块地”改革，强化改革的叠加效应。

二、一阶段评估

本节将利用S-CAD试点政策评估方法和框架，结合中央《关于农村土地征收、集体经营性建设用地入市、宅基地制度改革试点工作的意见》和国土资源部《农村土地征收、集体经营性建设用地入市和宅基地制度改革试点实施细则》等文件，以及《长垣县农村集体经营性建设用地使用权入市管理办法（试行）》等相关政策文件和当地调研获取的其他资料，对长垣市集体经营性建设用地入市制度改革进行分析和评估。

（一）设定评估观点与提炼政策要素

《关于农村土地征收、集体经营性建设用地入市、宅基地制度改革试点工作的意见》的制定者为中央，在整个政策评估的分析过程中评估观点均设定为中央政府。基于中央的出发点，下文将对长垣市入市改革各政策要素进行提取，与立场、目的和预期结果不同，措施的主体为长垣市，依据其自身相关政策文件进行要素提取。

1. 立场（价值）

根据《关于农村土地征收、集体经营性建设用地入市、宅基地制度改革试点工作的意见》，并结合中央政府的角色和职能，将该政策立场提炼为如下三点：第一，建立城乡统一的建设用地市场（V1），十八届三中全会提出要深化农村土地制度改革，建立城乡统一的建设用地市场。目前，我国土地要素市场在城乡之间发展不平衡、不统一，尤其是集体建设用地基本被排斥在土地市场之外，其流转也处于自发和无序状态。因此，建设城乡统一的建设用地市场不仅是完善社会主义市场经济、使市场在土地资源配置中起决定性作用的必然要求，也是规范土地市场运作的需要，是此次政策的重要出发点之一。第二，夯实集体土地权能（V2）。集体建设用地是乡（镇）村集体的重要资产，但是长久以来集体建设用地并没有得到和国有建设用地同等的权能，现在集体建设用地是用益物权，权能受到限制。因此，比照国有土地的产权状态夯实集体土地权能，做到同地同价同权，有利于在市场上建立起流动顺畅的利益分享机制。第三，维护农民土地权益（V3），从广大农民群众的角度出发，维护和保障农民集体土地权益，确保农民利益不受损，这是顺利推进农村集体经营性建设用地试点改革工作的基石。

2. 目的

根据《关于农村土地征收、集体经营性建设用地入市、宅基地制度改革试点工作的意见》，该政策的目的有四个：完善农村集体经营性建设用地产权制度（G1）；明确农村集体经营性建设用地入市主体、范围和途径（G2）；建立健全市场交易规则和服务监管制度（G3）；建立兼顾国家、集体、个人的土地增值收益分配机制（G4）。

3. 手段

该试点政策的手段可以分为策略和措施，策略由中央政府制定，是手段的逻辑和实施方向；措施由具体的实施主体即地方政府（长垣市人民政府）制定，是在策略指导下的具体实施。根据相关政策文件提炼出策略为同价同权、流转顺畅、收益共享（S）。

结合中央顶层设计和长垣市当地出台的一系列相关政策，现将其主要措施提炼为如下 8 条（表 6-1）。

表 6-1　措施名称与内容

措施	名称	内容
M1	夯实入市改革基础	完成农村集体经营性建设用地调查和确权颁证，编制村级规划，组织相关干部考察学习改革经验
M2	实行同价同权	参照国有建设用地有偿使用制度对农村集体经营性建设用地进行管理；制定农村集体经营性建设用地地价体系；赋予入市土地抵押融资权能
M3	明确入市主体，突出集体股份经济合作社主体地位	明确不同入市情况下的入市主体，赋予集体股份经济合作社市场主体地位，代表农民集体履行集体资产运营职责
M4	拓宽入市范围、途径和方式	探索集体经营性建设用地、存量集体建设用地和农用地转用后入市等用地类型入市，就地入市、探索调整入市、城中村整治等多条入市途径，尝试出让、租赁、作价入股等多种入市方式
M5	“入市+”实现土地用途多样化	探索“入市+创业园区”“入市+扶贫车间”“入市+住宅开发”“入市+新兴产业”“入市+公益设施项目”等土地用途
M6	规范交易秩序	构建统一的交易平台、地价体系、交易规则、监管机制、中介服务和税收制度
M7	规范民主决策和入市操作程序	村、组集体土地所有权人分别按“四议两公开”、户代表决议的办法决定入市相关事宜；按照入市主体申请、乡镇审查、部门审核、民主表决、组织交易、办理证照的程序入市
M8	构建合理的收益分享机制	明确收益调节金征收比例、集体内部分配次序及使用和监管主体

注：四议两公开：“四议”是指党支部会提议、“两委”会商议、党员大会审议、村民代表会议或村民会议决议；“两公开”是指决议事项公开、实施结果公开

4. 预期结果

中央的预期结果主要有两条：集体土地同等入市，完善现行供地制度（ER1）；形成可复制、可推广、利修法的改革经验和模式（ER2）。

（二）效应分析

根据上述立场、目的、手段和预期结果之间的逻辑关系，构建该政策的逻辑结构，见图 6-3，政策要素间的一致性则由图 6-4 表示，分析如下。

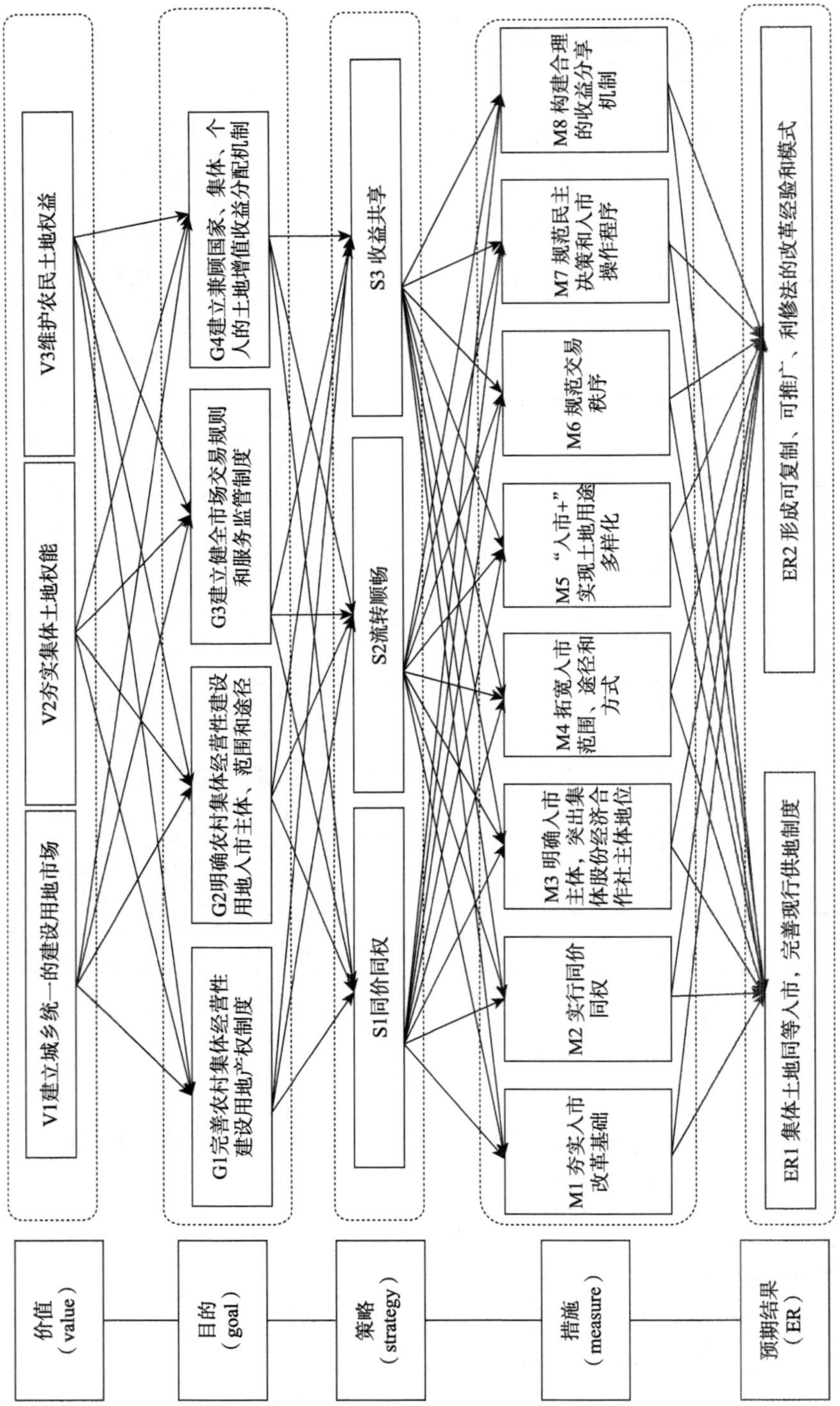

图 6-3　一阶段评估政策要素逻辑结构图

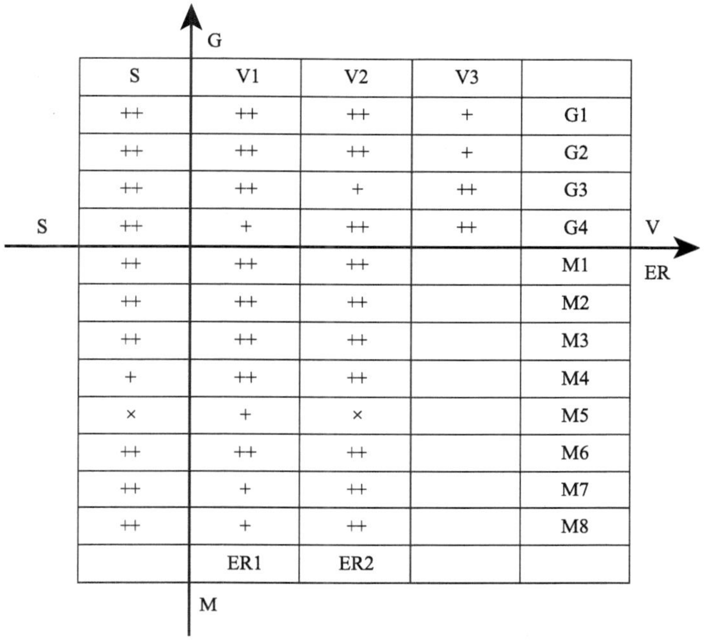

图 6-4　一阶段评估政策要素一致性分析

++：非常相关；+：相关；×：不相关

1. 立场与目的

目的是由立场衍生的，体现出政策制定者的本质追求。完善农村集体经营性建设用地产权制度（G1）可以明确农村集体经营性建设用地产权，规范农村集体经营性建设用地产权管理、明确权利与义务，明确农村集体经营性建设用地入市主体及组织形式，这为建立城乡统一的建设用地市场（V1）和夯实集体土地权能（V2）奠定了基础。明确农村集体经营性建设用地入市主体、范围和途径（G2）为建立城乡统一的建设用地市场（V1）提供了具体可行的发展路径，也实现了夯实集体土地权能（V2），因此，G2 可以代表 V1 和 V2 的立场。建立健全市场交易规则和服务监管制度（G3）是实现建立城乡统一的建设用地市场（V1）并保证其流畅运转的制度保障；同时建立健全市场交易规则和服务监管制度（G3）也有利于维护农民土地权益（V3）。建立兼顾国家、集体、个人的土地增值收益分配机制（G4）既是夯实集体土地权能（V2）的重要组成部分，也是维护农民土地权益（V3）的直接体现。

2. 目的与策略

策略服务于目的，并保证目的的实现。作为指导地方试点实施的行动方向，同价同权、流转顺畅、收益共享（S）这一策略服务于全部四个目的。

3. 策略与措施

措施 M1、M2、M3、M4 及 M6、M7、M8 均可以直接或间接地支撑同价同权、流转顺畅、收益共享的策略。“入市+”实现土地用途多样化（M5）主要是为了提升改革效益，对策略没有直接的支撑作用。

4. 措施与预期结果

通过政策的预期结果可以直接反映政策的实施效果。措施 M1~M8 均可以直接或间接为实现集体土地同等入市而服务。经分析可知，虽然“入市+”实现土地用途多样化（M5）不是由策略衍生出来的，但是通过“入市+”的方式实现入市土地用途多样化，有助于提升改革效益，调动农民的入市积极性，从而促进农村集体主动推进集体土地入市，所以与集体土地同等入市，完善现行供地制度（ER1）的实现相关。然而，从中央的立场和目的出发，中央期望形成可复制、可推广、利修法的改革经验和模式是有关集体经营性建设用地与国有建设用地同价同权、流转顺畅、收益共享的，因此 M5 并不能从形成可复制、可推广、利修法的改革经验和模式（ER2）中得到反映。此外新《土地管理法》规定入市的集体土地用途仅限于工业、商业，而不能用于住宅，M5 与新《土地管理法》矛盾，但是考虑到措施 M5 是试点政策试行之初的尝试，因此可将其视为地方突破而非政策逻辑本身的矛盾。

（三）效率分析

1. 目的对于体现前提立场的必要性和充分性分析

必要性：由于目的中任何一项都对立场的体现必不可少，因此全部目的对立场而言均是十分必要的。

充分性：从目的对立场的充分性来看，目的对夯实集体土地权能（V2）是非常充分的，虽然集体经营性建设用地入市是建立城乡统一的建设用地市场（V1）的重要组成部分，但并不是全部，想要建立城乡统一的建设用地市场还需要配合宅基地有偿使用、农村土地征收等其他政策，因此目的对立场 V1 的充分性不足。同理，维护农民土地权益（V3）也需要土地征收和宅基地制度改革等其他政策的共同作用。

2. 策略对于实现目的的必要性和充分性分析

必要性：策略作为指导地方试点实施的行动方向，对中央目的的实现非常必要。

充分性：策略为农村集体经营性建设用地产权制度的完善提供了方向，但是完善农村集体经营性建设用地产权制度还需要结合土地权属明晰以及土地管理法等相关政策法规，因此策略对于完善农村集体经营性建设用地产权制度（G1）的充分性有待提高。尽管策略中所涉及的流转顺畅和收益共享与明确农村集体经营性建设用地入市主体、范围和途径（G2），特别是建立健全市场交易规则和服务监管制度（G3）相关性较高，能在较大程度上支撑相关目的的实现，但仍需要更完善详细的政策规则作为支撑。

3. 措施对于细化策略的必要性和充分性分析

必要性：措施 M1、M2、M3、M6、M7、M8 对策略的实现非常必要，如果删除会使策略的实现受影响。拓宽入市范围、途径和方式（M4）对策略具有间接的正向作用，拓宽入市范围的措施涵盖了宅基地和其他农村集体经营性建设用地的同步改革，将有助于集体经营性集体建设用地入市工作的开展，此外删除“入市+”实现土地用途多样化（M5）不会削弱策略对措施的指导，因为其是地方基于实践的创新措施，从中央的角度出发，M5 是非必要条件。

充分性：措施对于策略来讲非常充分。

4. 预期结果反映手段效果的必要性和充分性分析

必要性：两项预期结果可以很好地反映措施的实施效果，因此具有必要性。

充分性：此处需重点分析预期结果对措施 M4、M5 效果表现的充分性。这主要是因为，措施制定的主体是地方政府（即长垣市），而预期结果的制定主体是中央，长垣市在制定措施时除了考虑集体经营性建设用地的同价同权、流转顺畅和收益共享外，还对入市土地的范围、途径和方式等进行了探索，但这些并不包含在中央最初设计的试点预期结果中。此外，长垣市结合民营经济较发达的实际，探索了“入市+”的多途径土地利用方式，如“入市+创业园区”“入市+新兴产业”“入市+乡镇产业园”等，虽然具有一定的创新意义，但其借鉴仅限于同类地区，因此，预期结果 ER2 对其充分性不足。

综上所述，尽管该政策立场和目的之间的必要性较好，但是立场的体现还需要其他任务目标来共同体现，因此充分性稍显不足；策略和目的的必要性也较好，但是在政策实施过程中政策的目的可能无法由策略充分体现，表现出最初设计手段的不足，以及后面三项改革联动的推出的必要性；措施对策略细化的充分性良好，但是个别措施是长垣市本地化的探索，对中央策略体现的必要性来讲在最初设计之外；措施与预期结果之间的必要性良好，但政策的预期结果不足以充分反映措施的效果。

（四）可行性分析

政策牵涉的利益相关者主要包括：地方政府、农村集体经济组织/村民、用地单位，以下将对各方的政策认同度进行详细分析。

1. 地方政府

对长垣市而言，试点政策可以盘活农村闲置土地资产，解决城市发展自身空间不足、政府征地成本过高等现实问题，促进城市化和工业化的加速发展。此外，通过集体经营性建设用地入市，地方政府可以收取一定的收益调节金用于城市的开发建设，这有助于调动地方政府的工作积极性。但值得注意的是，集体经营性建设用地直接入市会改变地方政府单一的供地主体地位，降低地方政府土地出让的谈判能力和议价能力，从而对其土地财政收入产生影响，这可能会使地方政府存在一定的顾虑。但就地方经济与试点政绩总体而言，长垣市对试点政策持支持的态度。

2. 农村集体经济组织/村民

对于农村集体经济组织而言，试点政策可以将农村集体经营性建设用地使用权界定清晰，明确产权归属和主体，从而提升乡村基层组织主体地位和治理水平。集体经营性建设用地入市需要村民和农村集体经济组织协商，共谋发展，从而可以提高农户个人的参与度和积极性，有效增强村民与农村集体经济组织的联系。此外，试点政策制定了明确的收益分配机制，有利于保障农户个人获得土地增值的收益，将原来隐性的集体土地财产权益显性化。因此，农村集体经济组织/村民对试点政策持支持态度，农村集体经济组织与村民个人也实现了共赢和收益共享。

3. 用地单位

首先，对用地单位而言，试点政策确保入市的农村集体土地拥有和国有建设用地同等的合法权益，为用地单位所获得集体土地的使用权益提供了法律保障，同时也提高了集体土地使用权的稳定性，这可以促进用地单位的拿地意愿。其次，政策还配套设立了较为健全的市场交易规则和服务监管制度，为集体经营性建设用地的入市流转保驾护航，这也可以从一定程度上打消用地单位的顾虑。最后，政策为入市土地赋予了抵押融资权能[①]，意味着入市土地同样可以为用地单位融通资金，这对用地单位而言是非常大的利好。但由于该试点政策实验周期较短，尚面临相关法律法规的配套，相关金融机构的集体经营性建设用地抵押贷款业务未同步等问题，某些地区用地单位仍然存在一定的顾虑。但总体而言，用地单位同样对该政策持支持态度。

三、二阶段评估

（一）设定评估观点与提炼政策要素

该部分只需要将地方的实际结果套入上一步链条替代预期结果，其余部分保持不变。根据调研和访谈结果，本节提取了三条地方实际结果：盘活了农村集体经营性建设用地资产，农民财产性收益增加（AR1）；促进了农村产业发展（AR2）；壮大了农村集体经济组织，提升了乡村基层治理水平（AR3）。实际结果与预期结果不同主要是因为：预期结果代表了中央政府的政策期望，且对各试点具有同质性，而长垣市的三项实际结果代表了长垣市地方政府的实际改革成果和做法。

（二）效应分析

其余分析与一阶段评估相同，此处主要分析措施和实际结果之间的逻辑关系，其中：盘活了农村集体经营性建设用地资产，农民财产性收益增加（AR1），受益于措施 M1、M2、M3、M4、M5、M6、M8；促进了农村产业发展（AR2），体现了措施 M1、M2、M4、M5；壮大了农村集体经济组织，提升了乡村基层治理水平（AR3）反映了措施 M1、M3、M6、M7、M8 的效果。

再评估的逻辑结构如图 6-5 所示，系统的逻辑分析如图 6-6 所示，从中可以看出：地方实际措施和实际结果之间并不存在矛盾，可以通过逻辑分析。与初次评估相比，将成果换成地方实际结果后仍能反映要素措施的实施效果，虽然实际结果对措施 M3、M7 实施效果的反映不明显，但对措施 M1、M5、M8 实施效果的反映却明显提高。总体而言，再评估中一致性有所提高。

---

① 2016 年 6 月，银监会、国土资源部联合印发了《农村集体经营性建设用地使用权抵押贷款管理暂行办法》，允许 15 个入市改革试点县（市、区）地区开展农村集体经营性建设用地抵押贷款业务。对适用地类限于农村集体建设用地中规划为工矿仓储、商贸服务等经营性用途的土地。

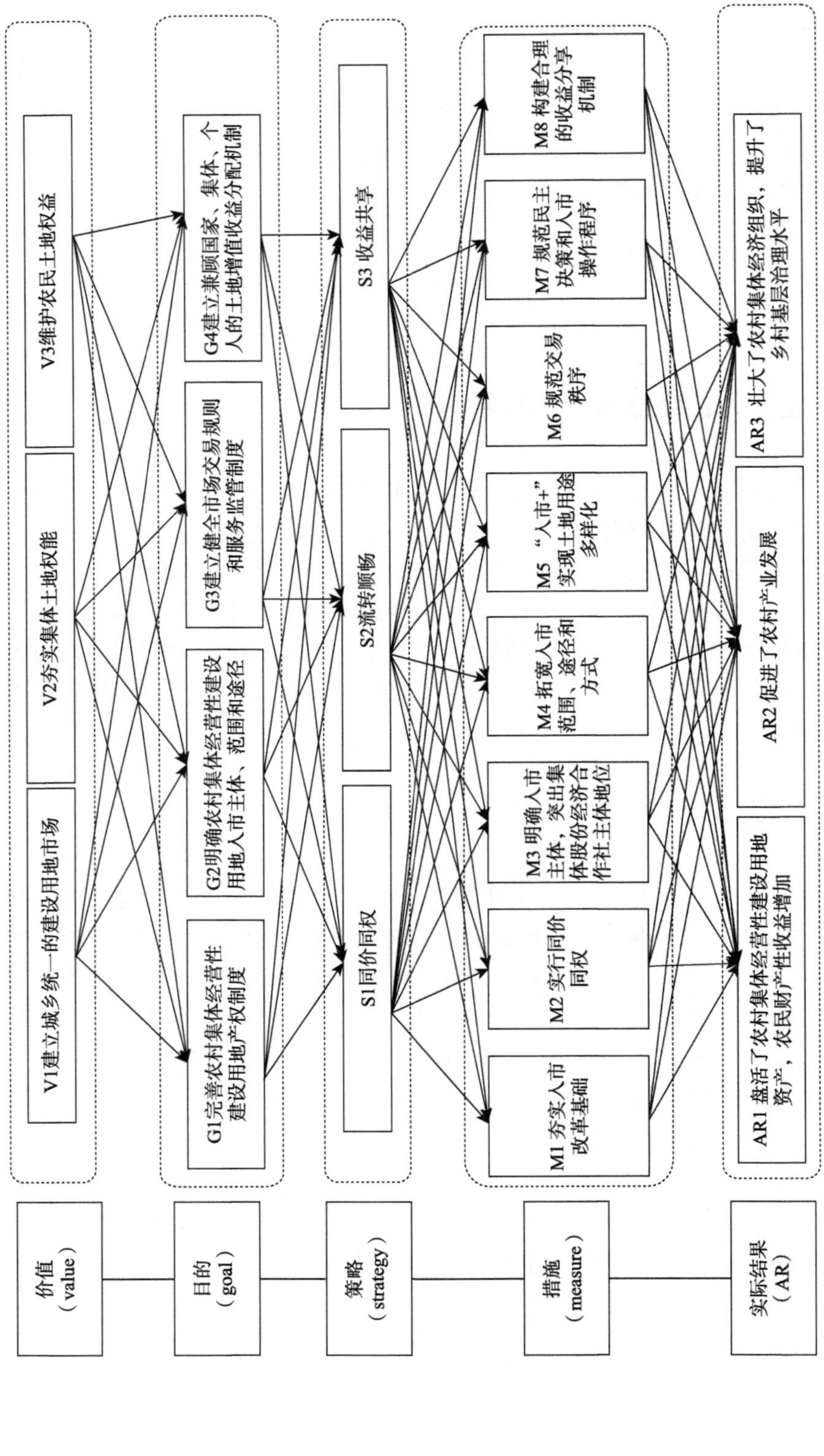

图 6-5 二阶段评估政策系统的逻辑结构图

S	V1	V2	V3	
++	++	++	+	G1
++	++	++	+	G2
++	++	+	++	G3
++	+	++	++	G4
++	++	+	++	M1
++	++	++	×	M2
++	+	×	++	M3
+	++	++	×	M4
×	+	++	×	M5
++	++	×	++	M6
++	×	×	++	M7
++	++	×	++	M8
	AR1	AR2	AR3	

图 6-6　二阶段评估政策要素一致性分析

++：非常相关；+：相关；×：不相关

（三）效率分析

目的对于立场体现、策略对于目的实现、措施对于策略细化与一阶段评估的分析一致，此处只对实际结果反映措施的必要性和充分性进行分析。

必要性：实际结果 AR1~AR3 可以很好地反映了措施的实施效果，实际结果对措施具有必要性。

充分性：实际结果对措施 M1、M2、M3、M4、M5、M7、M8 的效果表现充分，但措施 M6 效果反映的充分性稍显不足。因为措施 M6 意在为城乡统一的建设用地市场提供制度和法律保障，但实际中长垣市处于初步探索中，成果显现还需要时间，同时需要其他“两块地”改革的同步推进，因此充分性稍显不足。但总体而言，实际结果可以较为充分地反映地方措施。

综上，再评估系统与初次评估相比，实际结果与措施之间的必要性良好，充分性有所提高，地方措施和实际结果之间联系较紧密，措施的效果比较明显。但由于试点时间较短，相关法律法规修改存在时间滞后，以及存在集体经营性建设用地入市与宅基地有偿退出、土地征收等其他农村土地制度改革之间的协调和同步推进问题，实际结果充分性仍有待提高。

（四）可行性分析

主要的利益相关者还是地方政府、农村集体经济组织/村民和用地单位。一方面，得益于试点政策制定了明确的收益分配机制，农村集体经济组织从入市中获取了一部分土地增值收益作为集体公益金，用于发展壮大集体经济和提高集体成员福利；农户也获得了实际的收益，直接享受到城市化和改革的红利。另一方面，出让的集体土地被用于开发建设，提高了村集体的基础设施水平和工业化程度，通过“入市+创业园区”“入市+新兴产业”等新的入市方式，长垣市吸引了一些民营企业入驻，为村民提供了更多的就业机会，农民的从业选择也更多元，如零售、餐饮等配套个体工商业工作。所以，农村居民的支持力度加大，参与的积极性增强。

长垣市就此次试点机会利用调整入市的手段，解决农民将集体经营性建设用地自发流转的历史遗留问题，将这些长期游离在法律范围之外的自发流转土地重新纳入合法合规的范围中。并且，通过集体经营性建设用地入市，地方政府收取了一定的收益调节金用于城市的开发建设。所以，再评估系统中地方政府的支持力度有所提高。对用地单位而言，集体经营性建设用地的出让手续大大简化，降低了用地单位取得土地的时间成本，提高了拿地效率。所以，用地单位的支持力度加大。

整体来说，政策系统的利益相关方的支持程度相较初次评估有所提高。

四、对比分析（地方实际结果与中央预期结果）①

两次评估的不同主要体现在结果上。一阶段评估中，中央的预期结果为集体土地同等入市，完善现行供地制度（ER1）；形成可复制、可推广、利修法的改革经验和模式（ER2）。二阶段评估中，长垣市集体经营性建设用地入市改革的实际结果则可具体分析如下。

（一）盘活了农村集体经营性建设用地资产，农民财产性收益增加（AR1）

集体经营性建设用地入市改革盘活了长垣市农村集体经营性建设用地资产，从而促进了土地节约集约利用，实现了资源优化配置，保障了农民产业振兴和可

① 本节数据来源于调研资料。

持续发展。截至 2018 年底，在本次改革中，长垣市已入市的 192 宗 3 657 亩集体土地，成交价款 3.11 亿元。通过拆旧复垦和宅基地有偿退出，整治了一户多宅、超标准占用和闲置宅基地，贪占、多占宅基地的现象得到了遏制和扭转。截至 2018 年，共腾退并盘活集体经营性建设用地 8 707 亩，其中退出的 1 315 亩闲置宅基地完成了调整入市，促进了就地入市和调整入市，推动了农村集体经营性建设用地高效利用。

同时，集体经营性建设用地入市也为农村带来了收益，已入市的 192 宗 3 657 亩集体土地，成交价款 3.11 亿元，政府共收取增值收益调节金 0.21 亿元，农民群众共获得 1.64 亿元，村集体获得收益 1.26 亿元，有力推动了村集体经济发展壮大。特别是在入市土地用于商品房开发过程中，每户农民置换后都有 1~2 套多余房屋用于出租，房屋户型设计更科学、基础设施配套更完善，有利于更多租金收益，从而大大增加了农民获得感。改革实现了集体土地与国有土地同权同价，集体土地的市场化流动使“死资源”变成了“活资产”，群众的财产收益不断显现，建立了生活富裕的多元实现途径。

（二）促进了农村产业发展（AR2）

长垣市通过集体经营性建设用地入市改革保障了农村第二、第三产业用地需求，培育了乡村新业态、新产业发展，搭建产业兴旺有效支撑平台。长垣市城镇化率仅为 45.86%，不及全国乃至全省平均水平，截至 2018 年，全市空闲集体经营性建设用地达 4.2 万亩，若该部分土地按工业用途 10 万元/亩的价格算，入市收益可达 42 亿元，村集体和农民可从中获益近 40 亿元，不仅能够有效解决产业发展的土地瓶颈问题，还能借助乡镇创业园优势，整治“小散乱”问题，实现规范安全生产，发挥产业聚集效应，促进产业转型升级。从实践来看，截至 2018 年底，长垣市通过土地改革盘活集体土地用于工业用途 114 宗 2 953.68 亩，旅游、商业、教育、供热、医养结合等服务业用地 27 宗 463.66 亩，帮助企业盘活资产 37.9 亿元，新增固定资产投资 43.2 亿元，实现年产值 103.3 亿元，带动就业 2.1 万人，实现年收入 7.6 亿元，为经济发展高质量提供了动力。

（三）壮大了农村集体经济组织，提升了乡村基层治理水平（AR3）

通过集体产权制度改革，长垣市成立了农村集体经济组织，赋予集体股份合作社市场主体地位，并由其代表农民集体履行集体资产运营职责，突出了农村集体经济组织在基层组织管理中的作用。同时，通过开展农村集体的成员认定、清产核资、股份改造等工作，实现了集体资产清晰化，农民个人股份明细化；形成了民事民议、民事民办、民事民管的多层次基层协商格局，通过“基层党组织+村民自治组织+集体经济组织”三位一体的治理体系，农民松散的自治关系逐渐变为严谨的法治关系和规范的市场关系。同时，集体经营性建设用地入市使村集体有资金、有条件加强公共服务保障，乡村基层组织得以完善，村民公共事务参与积极性得以提高，农村社会治理的难度大为降低，开展群众工作更为顺畅，有效提升了乡村基层治理水平。

从一阶段评估到二阶段评估，由于具体措施的实施主体由中央政府转变为地方政府，对应地，中央的预期结果和地方实践产生的实际结果也因此不同。中央的预期结果为集体土地同等入市，完善现行供地制度（ER1）和形成可复制、可推广、利修法的改革经验和模式（ER2）。该预期结果是中央对本次试点的整体宏观预期，是对所有参与试点城市的统一要求。但和预期结果相比，地方政府更了解自己的实际情况，也更关注试点可以为自身带来的改革效果，故实际结果更为具体。

例如，长垣市乡镇经济较为发达，多年来乡镇企业持续发展，对工业用地的需求量大，农村集体经营性建设用地自发流转的现象十分普遍。因此在本次改革中，长垣市在保证集体经营性建设用地的同价同权、流转顺畅和收益共享的同时，为了确保入市的规范性和进一步发挥土地入市对乡村经济的带动作用，采取了拓宽入市范围、途径和方式（M4），以及“入市+”实现土地用途多样化（M5）等措施，由此更好地实现盘活了农村集体经营性建设用地资产，农民财产性收益增加（AR1）的目标。

同时，与活跃的集体经营性建设用地自发流转相比，长垣市农村基层组织管理架构和管理效力相对薄弱。在以往自发流转的过程中存在流转土地手续不齐全、入市主体不明确、集体资产运营效率低等问题。因此，本次改革中，长垣市重点实施了明确入市主体，突出集体股份经济合作社主体地位（M3）；规范交易秩序（M6）；规范民主决策和入市操作程序（M7）等措施，实现壮大了农村集体经济组织，提升了乡村基层治理水平（AR3）的目标。与预期结果相比，实际结果和措施的一致性和充要性更强。

预期结果和实际结果虽然有上述差异，但两者之间仍然存在关联，后者是前者在实际落地后的具体表现形式。具体来看，盘活了农村集体经营性建设用地资产，农民财产性收益增加（AR1）；促进了农村产业发展（AR2）；壮大了农村集体经济组织，提升了乡村基层治理水平（AR3）都实现了集体土地同等入市，完善现行供地制度（ER1）后村集体、农民群众及乡村用地实体可以切实获得好处，这也是预期结果 ER1 的最终目标。同时，长垣市在改革过程中，依照中央的政策精神，结合当地实际情况，尝试了“入市+”及“三块地”改革联动等措施，形成了具有地方特色的改革经验，为具有类似经济特征、发展阶段和区位特点的地区提供了借鉴。这些改革经验体现了中央预期的形成可复制、可推广、利修法的改革经验和模式（ER2）。

五、评估结论

长垣市较好地实现了中央关于集体经营性建设用地同等入市的预期目标，盘活了农村集体建设用地资产，提高了农村土地集约利用水平和乡村基层治理水平，同时还增加了农民的财产性收益，比较好地完成了中央的试点任务。此外，长垣市将“三块地”改革有效联动，探索了宅基地和闲置土地整治入市用于住宅开发，增量集体经营性建设用地直接入市（农转用），闲置集体建设用地调整入市建设乡镇产业园等方式，拓宽了可入市的农村土地范围，提高了农村土地资源利用效率，深化改革效应。但同东部其他试点地区相比，长垣市的试点改革工作尚有大的发展空间，其更多是对入市土地的用途进行了“入市+”的创新和探索。例如，结合长垣市自身民营经济较发达的实际情况，探索了“入市+创业园区”“入市+新兴产业”“入市+乡镇产业园”等方式，对具有类似经济特征、发展阶段和区位特点的地区提供了借鉴，但实际效果的发挥必须考虑其地区特殊性。

长垣市探索了增量集体经营性建设用地入市，深化了农村集体土地入市改革。在试点中，长垣市在确保建设用地不增加、耕地数量不减少、质量有提高的前提下，探索了增量集体经营性建设用地入市，在土地利用总体规划确定的允许建设区范围内，通过报批农转用后直接入市交易。这不仅解决了存量集体经营性建设用地数量有限、区位和基建设施较差等问题，还有效缓解了土地征收制度改革下，新增国有建设用地不足的问题，保障了项目用地需求。长垣市在采用创新的土地入市用途后，后续土地增值收益分配问题需要继续深入探索，避免出现被征地居民和其他集体土地主体之间的收益分配难调和等问题。后期可以考虑增强村民对集体资金使用的监管、增加惠民项目投资等方式，提高村民对村集体的信任感和归属感，在个人利益最大化和总体效益最大化之间取得平衡。

总体而言，长垣市集体经营性建设用地入市政策在立场、目的、策略、措施、结果中都表现出了较强的一致性和有效性，地方政府、农村集体、农户个人及用地单位等相关主体认可度较高，在实际试点过程中进行了一些创新和探索，也取得了较好的成果。依据中央的改革精神和策略部署，长垣市较好地完成了试点改革任务，并为同类型地区改革提供了改革经验。但不同地区改革基础不同，由于基础薄弱、试点时间较短等客观限制，长垣市试点中仍存在一些需要深入探索的问题。例如，在调整入市中，部分被征用宅基地的居民在重新安置后，如何继续参与村集体的管理和决策事务，他们的基本公共服务和生活保障应该由谁来负责；通过入市建立的众多乡镇创业园应该由谁来实际管理，是园区所在地的村集体，还是由县政府统一管理；金融机构开展集体土地抵押融资业务的风险如何分散。因此，在后续的改革中，长垣市仍须结合实际对各项措施进行细化和完善，增加改革要素之间的逻辑性和措施的充分性，处理好地方政府、农村集体与农民个人之间的关系，以期能为全国提供更全面和完备的改革经验。

第七章　河北省定州市土地征收制度改革试点政策评估

一、定州市概况

定州市地处河北省中部，是省直辖县级市，由保定市代管，总面积 1 283.7 平方千米，现辖 4 个街道、16 个镇、5 个乡。定州市地处太行山东麓，华北平原西缘，为华北地区重要交通枢纽，自古就有“九州咽喉地，神京扼要区”之称。市区北距北京 196 千米，南距省会石家庄 68 千米，境内京广铁路、107 国道、京深高速公路纵贯南北，朔黄铁路、定河公路横穿东西。2018 年，定州市完成地区生产总值 332.8 亿元，比上年增长 4.90%。三次产业比重由 2010 年的 28∶50∶22 调整为 2018 年的 19∶48∶34（图 7-1）。其中，第三产业增幅明显，2018 年完成增加值 1 119 916 万元，比上年增长 16.5%。规模以上工业增加值 95.5 亿元，比上年增长 5.2%；全社会固定资产投资完成 332.93 亿元，比上年增长 6.3%；全年社会消费品零售总额完成 1 892 430 万元，比上年增长 9.5%；全市居民人均可支配收入 24 516 元，比上年增长 9.9%①。

在人口和城镇化方面，截至 2018 年，定州全市户籍人口 123.8 万人，常住人口 122.69 万人，是河北省人口大市。如图 7-2 所示，2013~2018 年定州市人口增长放缓，常住人口累计增加 4.69 万人，年均增长率为 0.78%；虽然 2017 年出现了户籍人口负增长，但 2018 年人口仍转为正向增长。2013~2018 年，定州市城镇化水平快速增长，常住人口城镇化率从 2013 年的 41.60%增长到 2018 年的 53.13%，年均增长率达 5.03%（图 7-2）。

① 资料来源：2017 年和 2018 年定州市国民经济和社会发展统计公报。

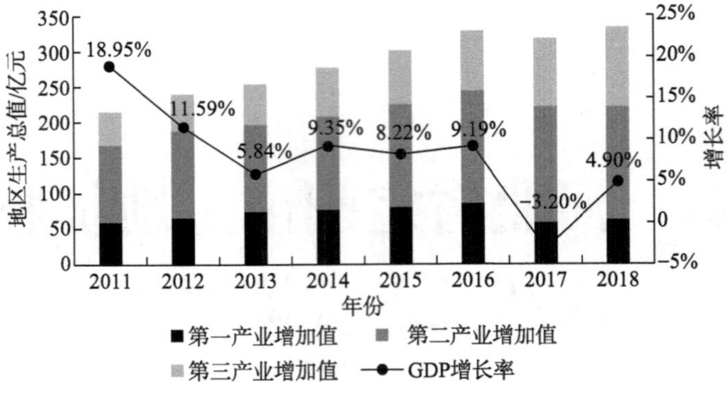

图 7-1　2011~2018 年定州市三次产业增加值与 GDP 增长率

资料来源：河北省统计年鉴

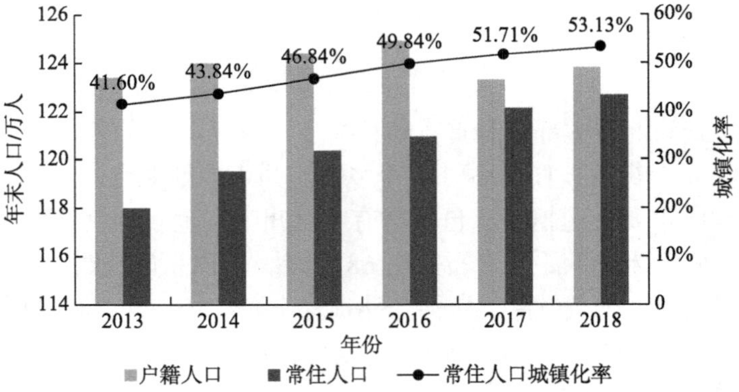

图 7-2　2013~2018 年定州市人口及城镇化率

资料来源：河北省统计年鉴，定州市各年统计公报

自改革开放以来，定州市经济不断增长，城市工业、企业的用地需求大幅增长，为了满足经济发展需要，大量农村集体土地被征收为国有建设用地。然而，在土地征收过程中却存在诸多问题：①补偿受益主体不明确，我国相关立法并没有明确农村集体是谁，集体土地所有权主体虚位，导致在征地补偿费的利益归属上存在很多问题；②征地资金监管薄弱，存在村集体补偿留截、资金挪用等现象，使集体资产蒙受损失；③征地补偿标准不合理，原先施行的“产值倍数法”补偿费计算方式没有考虑被征收土地的区位价值，土地价值被低估；④征地权动用范围不明确，《中华人民共和国宪法》与《土地管理法》明确规定，国家为公共利益的需要，可依法对土地实行征用，但《中华人民共和国宪法》和相关法律都未对公共利益做出明确的界定，这导致各级地方政府为快速持续增加财政收入滥用征地权；⑤征地程序不透明，往往由村干部代表参与政府补偿谈判，农民参

与程度低，使得其财产权利的保障不足。上述问题不仅仅是定州市特有，在全国各地的土地征收工作中都很普遍。2015 年中央开始推进农村土地征收制度改革试点，定州市被确定为农村土地征收制度改革试点地区之一。

自农村土地征收试点工作开展以来，定州市结合《关于农村土地征收、集体经营性建设用地入市、宅基地制度改革试点工作的意见》《农村土地征收、集体经营性建设用地入市和宅基地制度改革试点实施细则》，着力政策和制度创新，编制了《定州市农村土地征收制度改革试点工作实施方案》，以此为依据，稳步推进构建程序规范、补偿合理、保障多元的农村土地征收制度。在具体实践方面，定州市首先开展了低效农田整治，置换出 3 万亩耕地，为开展土地征收改革打下坚实基础。在此基础上，定州市立足于近年来土地征收实践，积极借鉴外地经验，在深入研究的基础上，逐步制定了《定州市土地征收办法（试行）》《规范土地征收程序的意见》《土地征收社会稳定风险评估办法》《公共利益用地目录划分方案》等一系列政策文件，从制度设计上推进惠民措施做“加法”、行政干预做“减法”，完善了土地征收管理模式。此外，定州市在河北省自然资源厅的指导下完成了新一轮征地综合区片价修订，完善了土地利用总体规划。同时，引进省农发行和定州市农商行等金融机构参与改革工作，为试点工作开展提供金融支撑。

二、一阶段评估

本节将利用 S-CAD 试点政策评估方法和框架，结合《关于农村土地征收、集体经营性建设用地入市、宅基地制度改革试点工作的意见》、《农村土地征收、集体经营性建设用地入市和宅基地制度改革试点实施细则》及定州市发布的相关政策文件和改革试点专题报告，对定州市农村土地征收制度改革进行评估。

（一）设定评估观点

上述意见的制定者为中央，在整个政策评估的分析过程中评估观点均设定为中央政府。因此，政策要素中立场、目的、策略、预期结果的主体为中央政府，这些要素的提取主要基于上述意见和实施细则，而措施的主体为定州市地方政府，主要依据其自身的实施方案进行要素提取。

1. 立场（价值）

根据中央意见和实施细则，同时结合中央政府的角色和职能，将该政策立场提炼为如下两点。

维护农民土地权益、保障农民公平分享土地增值收益（V1）：我国现有的土地征收制度不够完善，农民群体在征地过程中处于弱势地位。从广大农民群众的角度出发，为了维护和保障农民土地征收权益，中央政府通过对现有土地征收制度改革，可以在一定程度上增加农民的财产性收入，多方面保障被征地农民权益，提高被征地农民生活水平，保障农民长远生计和城乡问题的解决。

建立城乡统一的建设用地市场（V1）：十八届三中全会提出要深化农村土地制度改革，建立城乡统一的建设用地市场。目前，农村集体土地征收为国有建设用地是城市建设用地市场最主要的土地来源，然而随着可被征收的农村用地储量日渐缩减，城乡用地矛盾日益凸显。通过农村土地征收制度改革，加快建立城乡统一的建设用地市场，将有助于盘活农村建设用地资源，实现城乡土地要素与资本、劳动等要素的自由结合，促进城乡统筹发展。

2. 目的

根据中央的意见和实施细则，该政策的目的有四个：缩小征地范围（G1）；规范土地征收程序（G2）；完善对被征地农民合理、规范、多元保障机制（G3）；建立兼顾国家、集体、个人的土地增值收益分配机制（G4）。

3. 手段

该试点政策的手段可以分为策略和措施，策略由中央政府制定，是手段的逻辑和实施方向。措施由具体的实施主体即地方政府（定州市人民政府）制定，是对策略的支撑。根据中央相关政策文件提炼出策略为程序规范、补偿合理、保障多元（S）。

结合中央相关政策文件，以及定州市出台的《定州市土地征收办法》《定州市关于规范土地征收程序的实施意见（试行）》《定州市关于被征地农民参加基本养老保险的实施方案（试行）》等一系列政策文件，现将地方试点主要措施提炼为如下6条（表7-1）。

表7-1 措施名称与内容

措施	名称	内容
M1	明确公益性用地目录和征收范围	拟定《公益性和非公益性用地界定表》及《公益性用地暨土地征收建议目录》，探索了公共利益认定争议解决机制

续表

措施	名称	内容
M2	推行“1234”工作模式	构建“一个评估（社会稳定风险评估）、两轮协商（村集体协商、被征地农户协商）、三次公告（土地征收预公告、补偿安置情况公示、土地批后公告）、四方协议（市政府、乡镇、村集体、农户）”的创新工作模式
M3	设定明确的土地征收程序	设定明确的土地征收程序，依规定进行土地征收报批、发布公告、落实被征地农民安置措施
M4	强化征地工作的管理监督	强化政府组织领导机制、建立部门分工协作机制、做好征地信息公开、保障被征地群众的知情权和参与权、加强征地批后监管，建立征地矛盾纠纷排查调处机制，严肃查处违法违规征地行为
M5	创新补偿方式，实现多元化保障	推行补偿标准由“静态”变“动态”、安置方式由“单选”变“多选”；实行征地补偿资金预存制度、落实农村“三资”委托代理服务制，土地征收补偿安置费用纳入村务公开内容。对于征收农用地，构建了货币补偿、粮食补贴、养老保险三重保障；对于征收农民宅基地，构建临时过渡、回迁安置、货币补偿等多元复合安置体系
M6	健全土地增值收益的分配和使用机制	合理确定土地增值收益在国家和集体之间的分配比例，成立土地增值收益分配管理小组、成立村民监督小组，合理分配和监管以货币方式、留地、留物业方式取得的土地增值收益

4. 预期结果

中央的预期结果主要有两条：①完善农村土地征收制度，保障农民权益（ER1），实现被征地农民公平分享土地增值收益，从而提高农民财产收入，减少征地矛盾是此次改革的主要预期结果；②形成可复制、可推广、利修法的改革经验和模式（ER2），这也是进行政策试点的主要意义所在。

（二）效应分析

此处主要是评估各要素间的逻辑关系。除了需要分析政策要素是否明确出现在政策文本中或可以通过政策文本推断得出，还需要分析各政策要素之间的一致性及是否存在矛盾。该政策的要素逻辑结构见图 7-3，要素间一致性由图 7-4 表示，分析如下。

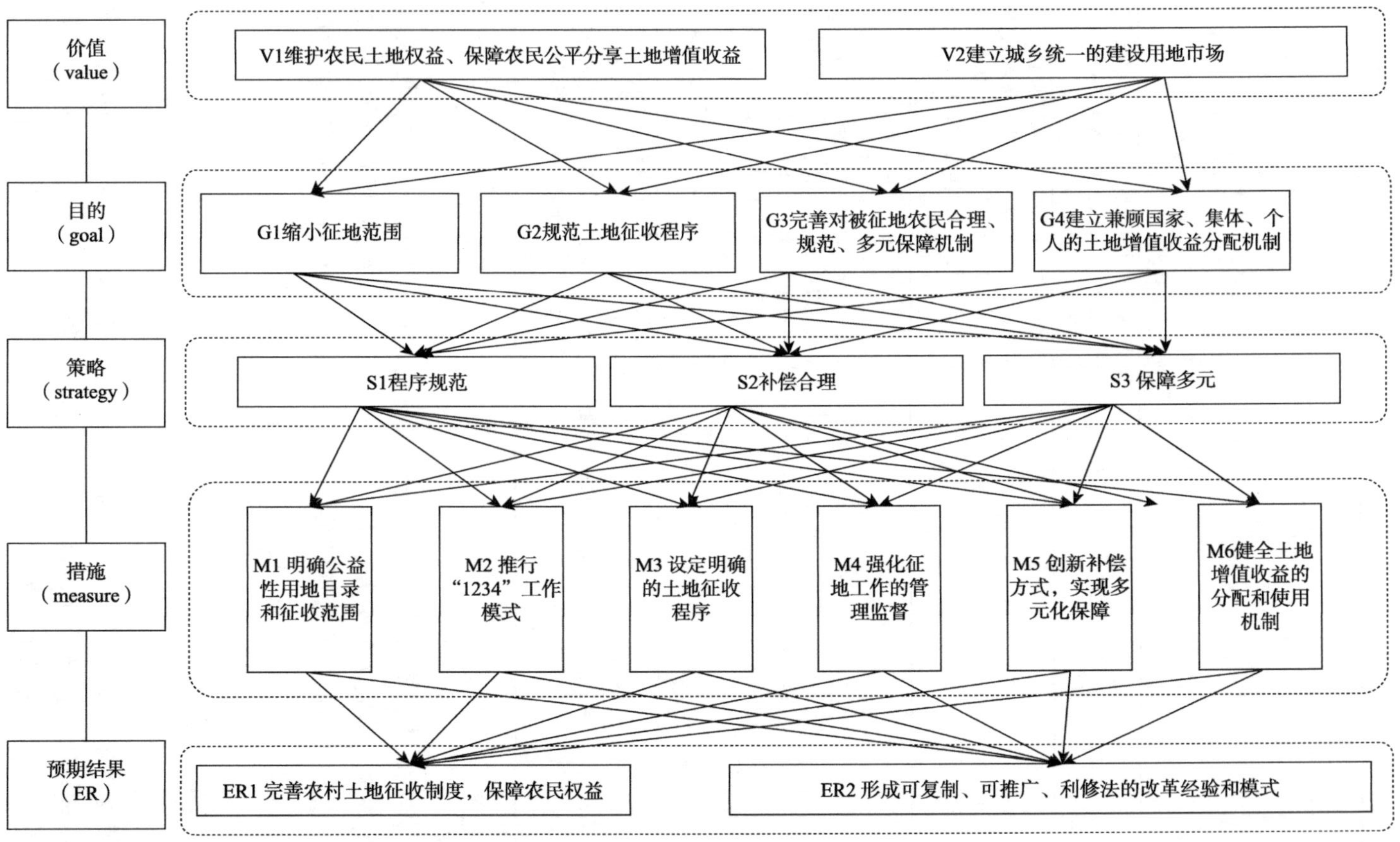

图 7-3　一阶段评估政策系统的逻辑结构图

G

S	V1	V2	
×	++	++	G1
++	++	++	G2
++	++	+	G3
++	++	+	G4
+	++	++	M1
++	++	++	M2
++	++	++	M3
++	++	++	M4
++	++	++	M5
++	++	++	M6
	ER1	ER2	

S　V　ER

M

图 7-4　一阶段评估政策要素一致性分析

++：非常相关；+：相关；×：不相关

1. 立场与目的

缩小征地范围（G1），包括清晰化公共利益用地的界定、明确可以动用土地征收权的范围、制定成文的土地征收目录，这些均是维护农民权益、保障农民公平分享土地增值收益（V1）和建立城乡统一的用地市场（V2）的基础。规范土地征收程序（G2）是实现立场 V1 的重要机制保障，通过建立社会稳定风险评估制定、形成民主协商和纠纷调处机制和加大征收信息公示力度，从而使土地征收程序有法可依有规可循，才能从根源上避免农民利益被侵害；同时 G2 也是建立城乡统一建设用地市场（V2）的发展路径。完善对被征地农民合理、规范、多元保障机制（G3）是维护农民土地权益、保障农民公平分享土地增值收益（V1）的现实体现，也是建立城乡统一建设用地市场（V2）的间接条件。建立兼顾国家、集体、个人的土地增值收益分配机制（G4）是 V1 的重要组成部分，合理的收益分配机制可化解被征地农民和政府之间的利益冲突，有助于社会的稳定和改革的可持续性，也是最终实现 V2 的间接保障。

2. 目的与策略

策略服务于目的，并保证目的的实现。程序规范、补偿合理、保障多元（S）服务于目的 G2、G3、G4，但没有直接保证缩小征地范围（G1）的实现，更多具有间接性，相关性较小。

3. 策略与措施

措施 M1~M6 均可以直接或间接地支撑策略（程序规范、补偿合理、保障多元）。明确公益性用地目录和征收范围（M1）可以划定土地征收的范围，定州市拟定了《公益性和非公益性用地界定表》及《公益性用地暨土地征收建议目录》为程序规范提供了间接支撑；措施 M2、M3、M4 是规范实施征地程序前期、中期、后期的具体措施，并进行了一些具体工作方式和制度的探索；措施 M5 和 M6 对应补偿合理、保障多元，体现了对传统单一和静态征地方式的反思。

4. 措施与预期结果

完善农村土地征收制度，保障农民权益（ER1）可以较好地体现措施 M1~M6 的实施结果，这也是中央试点改革精神所在。同时，对于预期结果 ER2，定州市采取的措施可操作性强，实施效果较好，形成了一定的可复制、可推广的征地改革经验，与 ER2 一致性较高。

（三）效率分析

1. 目的对于体现前提立场的必要性和充分性分析

必要性：由于目的中任何一项都对立场的体现必不可少，因此目的 G1~G4 对立场而言均十分必要。

充分性：目的可以保障征地过程的界限明确、制度完善、过程规范、补偿合理、保障多元，能从各个维度维护农民土地权益、保障农民公平分享土地增值收益，因此目的对维护农民土地权益、保障农民公平分享土地增值收益（V1）是非常充分的。然而，目的 G1~G4 只是代表了土地征收的角度，但是建立城乡统一的建设用地市场（V2）还需要集体经营性建设用地入市、农村宅基地制度改革等其他两项农村土地改革的支撑和辅助，只有征地方面的措施对于建立城乡统一的建设用地市场（V2）是不充分的。虽然实际中，定州市在 2016 年 10 月和 2017 年 12 月也开展了集体经营性建设用地入市改革和农村宅基地制度改革试点，但“三块地”改革协同推进的时间较短，实施的效果并不十分明显。

2. 策略对于实现目的的必要性和充分性分析

必要性：策略（S）作为指导地方试点实施的行动方向，对规范土地征收范围和程序、实现多元保障和建立公平合理的收益分配机制等目的非常必要。

充分性：策略部分地体现了缩小征地范围（G1）的追求，G1 追求的是减少对农村耕地的占用，明确可以动用征地权的土地类型目录，从而为后续规范土地征收程序打下基础，策略中的程序规范体现了这一追求。策略中的程序规范是规范土地征收程序（G2）的同义表述，补偿合理和多元保障也可看作完善对被征地农民合理、规范、多元保障机制（G3）的同义表述，因此策略对目的G2和G3非常充分。就策略对建立兼顾国家、集体、个人的土地增值收益分配机制（G4）的充分性而言，策略（S）仍然是从土地征收的角度出发，但G4追求的建立兼顾国家、集体、个人的土地增值收益分配机制，不仅包括土地征收还包括经营性集体建设用地入市等产生的土地增值收益，单从策略出发无法充分表达G4。由此可得，策略对目的的充分性略显不足，应当加以补充或细化。

3. 措施对于细化策略的必要性和充分性分析

必要性：措施M3、M4、M5、M6对策略（S）的实现非常必要，如果缺少某一部分会使策略的实现受影响。但明确公益性用地目录和征收范围（M1）对于策略而言并没有直接的作用，M1的必要性缺失是由于策略的不完整，未能更好地衔接目标和措施之间的关系，但是从中央的目标来看，明确公益性用地目录和征收范围（M1）仍然是必不可少的。推行“1234”工作模式（M2）是定州市在自身的试点工作中创新出的工作模式，可以较好地实现土地征收程序规范化，而且能更有效地缓解征地过程中的矛盾，提高征地的效率；从中央的角度出发，M2是一项既完成了中央的要求又结合地方实际的政策设计。

充分性：措施对于策略来讲非常充分。

4. 预期结果反映手段效果的必要性和充分性分析

必要性：两项预期结果可以很好地反映措施的实施效果，因此具有必要性。

充分性：预期结果对措施M1~M6的效果表现充分。虽然推行“1234”工作模式（M2）和创新补偿方式，实现多元化保障（M5）是定州市按照中央要求再结合地方实际设计的创新措施，但是完善农村土地征收制度，保障农民权益（ER1）正是M2和M5这两项措施的最终目的，因此预期结果ER1对M2和M5表达充分。同时，形成可复制、可推广、利修法的改革经验和模式（ER2）能够充分反映出定州市M2和M5两项创新措施的有效性。由此，预期结果对手段效果的反映充分。

综上所述，该政策立场和目的之间的必要性较好，充分性稍显不足，还需要其他目的予以配合实现；策略和目的之间也面临同样问题，即必要性较好而充分性不足；措施对策略的充分性良好，但其中部分措施是定州市地方政府本地化创新，对中央策略体现的必要性来讲是最初设计之外的；措施与预期结果之间的必要性良好，虽然措施中有两项是定州市按照中央要求并结合地方特点进行的创新，但中央的预期结果仍能充分反映这两项措施的效果。

（四）可行性分析

地方政府在本次政策试点改革中作为具体执行者，是最重要的利益相关者之一。此外，征地制度改革牵涉的利益相关方还有农户个人和用地单位，以下将对各方的政策认同度进行详细分析。

1. 地方政府

对于地方政府而言，首先，本次试点政策给予了地方政府较多的政策空间和灵活性，定州市的探索创新不仅可以解决现有的征地难题，还可以提高地方政绩，因此政府的主观能动性较高。其次，借助本次改革，定州市可以突破现有法律的桎梏，明确可以动用土地征收权的用地目录，创新出了"1234"征地工作模式，将大量报批后的工作移到报批前来做，由此，从根源上解决了原有征地模式下征地范围混乱、农民和政府沟通不畅、开发商强行征地等问题，减少了征地矛盾，稳定了社会秩序，还可以明显提高政府的征地效率。然而，此次改革缩小了征地范围，同时提高了对失地农民的保障标准，这使得地方政府在征地过程中的收益减少，土地财政收入下滑，地方财政面临较大压力。但是，出于试点任务的政治压力和政绩考虑，地方政府仍存在较强的动力推进本次试点工作。而且定州市在进行本次土地征收试点的同时，还在统筹推进农村集体经营性建设用地入市和宅基地制度改革，土地增值收益和城市发展空间增加可在一定程度上缓解土地财政收入不足的问题。总体而言，地方政府对本次试点政策持支持态度。

2. 农户个人

对农民而言，征地改革的出发点是征地程序规范、补偿合理和保障多元，通过本次试点改革，农民拥有了更多权益谈判空间。试点政策有助于保障广大被征地农民的知情权、参与权和监督权，农民从原来的被动弱势主体变成了主动参与征地程序的谈判主体。此外，通过提高补偿标准，以及多元保障机制的实施，有可能直接增加农户和村集体的财产性收入。本次改革创新了补偿方式，规范村集体对征地资金的管理，有助于资金用途透明化、公开化，确保征地资金不被挪用，保障村集体和村民的利益不被侵蚀。因此，农户个人对该政策非常支持。

3. 用地单位

对用地单位而言，虽然此次改革缩小了征地范围，可以被征收出让的土地变少，但如前文所述，此次改革和其他"两块地"统筹推进，集体经营性建设用地入市和宅基地制度改革可以部分缓解征收土地减少对土地市场带来的冲击，因此可以在一定程度上弥补用地单位的用地需要。从另外一个角度看，通过改革提高了征地效率，减少了征地、用地矛盾，对用地单位而言可以缩短一级开发的周期，从而降低机会成本。由此，用地单位对该政策态度应该是中性的。

三、二阶段评估

（一）设定评估观点

与一阶段评估相比，二阶段评估的价值、目的、策略及措施的内容与主体保持不变，只需将预期结果替换为实际结果。根据对当地的调研访谈和收集的数据资料，本节提取了三条地方实际结果：征地矛盾大幅减少（AR1）；征地效率大幅提高（AR2）；农民收益增加，保障更加多元（AR3）。

（二）效应分析

二阶段评估中，目的对立场、策略对目的、措施对策略的逻辑关系分析与初次评估相同，此处主要分析措施和实际结果之间的逻辑关系。征地矛盾大幅减少（AR1），受益于措施 M1~M6，其中：明确公益性用地目录和征收范围（M1）杜绝了征地权滥用的现象，措施 M2、M3、M4 规范了土地征收程序，创新了补偿方式，措施 M5、M6 完善了对被征地农民的补偿机制，合理化了征地收益的分配，这些措施分别从征地前、中、后期入手来减少征地矛盾，因此实际结果 AR1 可以很好地体现措施的效果。征地效率大幅提高（AR2）体现了措施 M1~M5 的效果，这些措施规范了征地前、中、后期的程序，从而提高了征地效率。农民收益增加，保障更加多元（AR3）反映了措施 M3、M4、M5、M6 的效果：M3 和 M4 提高了农民在征地过程中的参与度，增强了农民对征地工作的监督，有效保障了农民权益，M5 和 M6 则直接明确和扩充了被征地农民的补偿，增加了农民收益。

再评估的逻辑结构如图 7-5 所示，系统的逻辑分析如图 7-6 所示，从中可以看出：地方实际措施和实际结果之间并不存在矛盾，可以通过逻辑分析。与初次评估相比，将成果换成地方实际结果后，仍然能反映措施 M1~M6 的实施效果，且实际结果能更好地反映措施 M3、M4、M5 的实施效果，一致性更高。

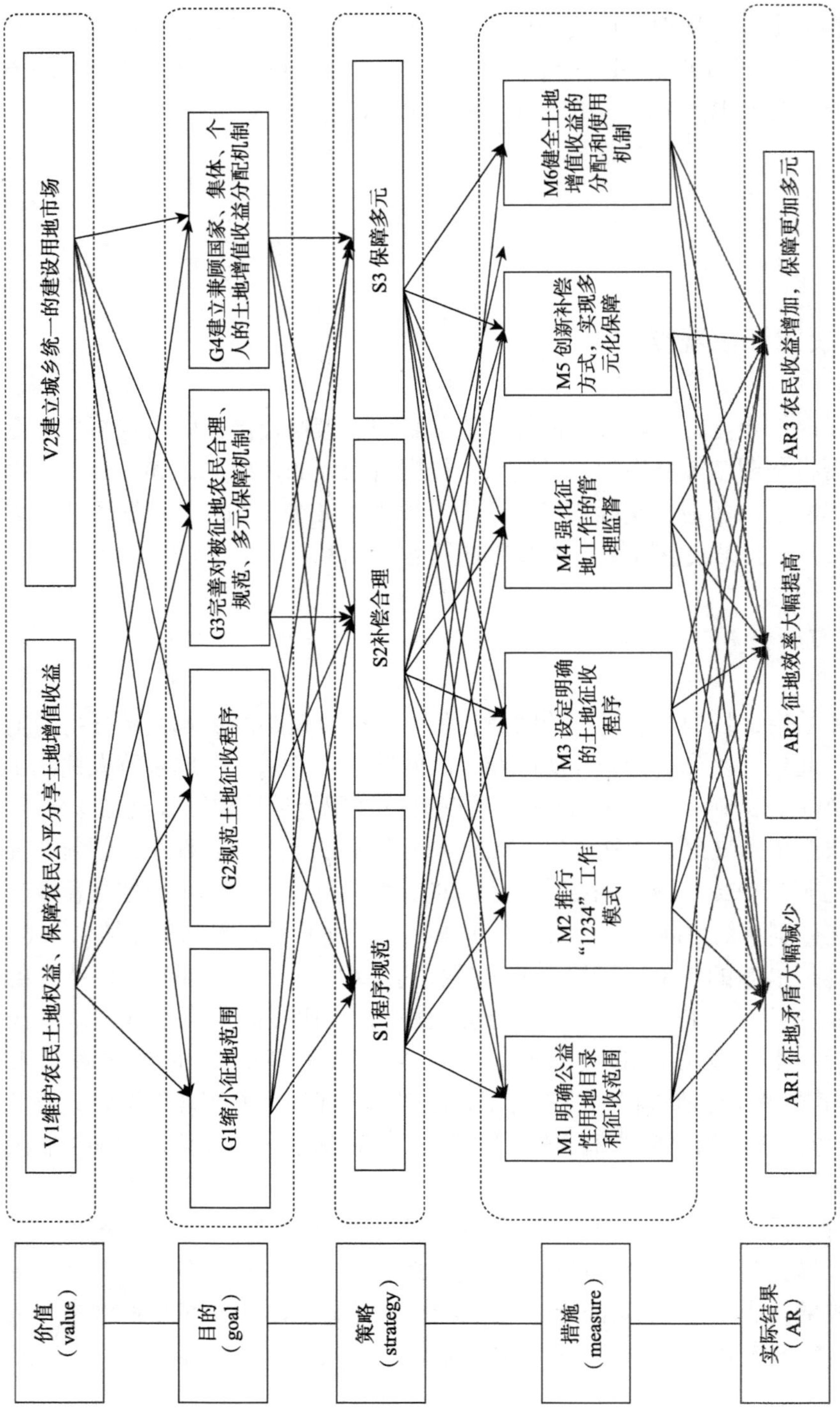

图 7-5　二阶段评估政策系统的逻辑结构图

G

S1	V1	V2		
×	++	++		G1
++	++	++		G2
++	++	+		G3
++	++	+		G4
+	++	++	×	M1
++	++	++	×	M2
++	++	++	+	M3
++	++	++	+	M4
++	++	+	++	M5
++	++	×	++	M6
	AR1	AR2	AR3	

S　V　AR

M

图 7-6　二阶段评估政策要素一致性分析

++：非常相关；+：相关；×：不相关

（三）效率分析

目的对于立场体现、策略对于目的实现、措施对于策略细化与初次评估的分析一致，此处仅对实际结果反映措施的必要性和充分性进行分析。

必要性：征地矛盾大幅减少（AR1）可以很好地反映所有措施的实施效果；征地效率大幅提高（AR2）和农民收益增加，保障更加多元（AR3）虽然不能反映全部措施的效果，但对大部分措施都可以有效地反映；总体而言，实际结果对措施具有必要性。

充分性：实际结果基本涵盖了措施 M1~M6 预计达到的效果，此外，实际结果不仅很好地反映出推行“1234”工作模式（M2）和创新补偿方式，实现多元化保障（M5）对现有法律法规和征地程序的突破（如 M2 突破了《中华人民共和国土地管理法实施条例》对土地征收的有关规定，M5 改变了《土地管理法》按照被征收土地的原用途给予赔偿的原则），还体现了这种创新措施对于减少征地矛盾和提高土地征收效率的效果。因此，实际结果对措施的充分性更高。

综上，再次评估系统与初次评估相比，实际结果与措施之间的必要性和充分性都有所提高，地方措施和实际结果之间联系较紧密，措施的效果比较明显。

（四）可行性分析

主要的利益相关者还是地方政府、农户个人和用地单位。在本次土地征收制度改革试点中，定州市显著减少了土地征收矛盾，大幅提高了征地效率，自试点工作开展以来，全市土地征收基本实现了“零上访”，且从发布征地预公告到签订完协议，平均周期比改革前减少33天。所以再评估中，地方政府对该政策的支持力度保持不变。征地改革中，定州市提高了补偿标准，创新了补偿方式，被征地农户可以在一次性获得征地补偿的基础上，还会获得长期粮食补贴（每年每亩补贴800斤小麦、1 000斤玉米或按当年粮食市场价格折换现金兑付）、留地留物业（一次性征收100亩以上的，对有条件的村按征地面积的5%留土地）、养老保险（被征地农民享受每亩 2 万元的参保补贴）三重保障，实现了征地农民保障方式的多元化。现行改革中被征地农民的亩均收益基本上是改革前的 2 倍，还可以自主选择社保的参保类别和参保人数，打破了农民不能入城镇职工养老的限制，真正实现了被征地农民养老保障标准与城市接轨，保障了长远收入稳定。因此，农户个人的支持力度有所提升。通过本次改革，土地征收矛盾减少、征地效率提升，对用地单位而言缩短了一级开发时间和成本，用地单位也持支持态度。整体来说，政策系统的利益相关方的支持程度相较初次评估有所提高。

四、对比分析（地方实际结果与中央预期结果）

两次评估的不同主要体现在结果上。一阶段评估中，中央的预期结果主要有两条：完善农村土地征收制度，保障农民权益（ER1）；形成可复制、可推广、利修法的改革经验和模式（ER2）。二阶段评估中定州市实际结果可具体分析如下。

（一）征地矛盾大幅减少（AR1）

定州市围绕全环节权责清晰、全流程优化审批、全方位绩效监管的目标，积极打造了规范透明的征地程序，探索出了“一个评估”“两轮协商”“三次公告”“四方协议”的“1234”工作模式。其中，“一个评估”是指在每宗地实施征收前，必须开展社会稳定风险评估。“两轮协商”：一是政府决定实施征地前，要与被征地村集体协商，征求各方面的意见；二是发布土地征收预公告后，要与被征地村集体协商补偿安置方案，与被征地农户协商签订补偿协议。“三次公告”：分别是土地征收预公告、补偿安置情况公示、土地批后公告。“四方协议”：国土部门代表市政府、征收土地所在乡镇、被征地村集体、被征地农户“四方”分别签订土地征收协议及土地使用权（承包经营权）和青苗、地上附着物补偿协议。在征地过程中，定州市实行补偿费“全额预存、直拨到户、封闭运行”，特别是补偿安置与被征地农民充分协商，地上附着物登统评估全面公开，坚持社保资金不落实不报批，农民不签协议不征地，变“喊话”为“对话”，保障了广大被征地农民的知情权、参与权和监督权。同时定州市人民政府还推行征地流程图全面上墙、阳光监督卡全面进村、信访诉讼渠道全面畅通，从源头上减少了矛盾纠纷，促进了征地工作稳定和谐运行。试点工作开展以来，全市土地征收基本实现了“零上访”，征地矛盾大幅减少，城市发展用地需求保障和农民权益保护更加平衡。

（二）征地效率大幅提高（AR2）

通过征地程序重构，定州市的征地程序增加了风险评估、与农民协商、公告等环节，使农民也参与到征地工作中，并且起到监督的作用，从而减少征地引发的矛盾和阻力，提高征地效率。试点工作开展以来，定州市纳入试点范围的65个项目，从发布征地预公告到签订完协议，平均周期为63天，平均用时比改革前减少33天，征地效率大大提高。特别是在征收农民住宅过程中，定州市探索总结出住房安置“三个自主选择”：①“拿钱、拿房，自主选择”，被征收农民可以根据宅基地面积自主选择按一定比例置换安置住房、货币补偿安置、货币与置换安置房相结合三种方案；②“面积大小，自主选择”，用宅基地置换安置房，面积不足或超出部分，按照建设成本通过货币方式进行调节，由征迁户自主选择大面积住宅还是小面积住宅；③“谁当邻居，自主选择”，在回迁安置过程中，涉及多个村（社区）的，安排多个安置点进行安置，征迁户可以自由选择谁当邻居，极大提高了征迁群众配合征迁工作的积极性。试点以来，涉及征迁 2 096 户、1 188 亩的古城恢复二期项目，从发布征地公告到完成签约，仅用了4个月时间就全部完成，实现了惠民、阳光、和谐征迁，提高了土地征收效率。同时，定州市研究制定了《公共利益用地目录划定方案》，明确了公益性用地的界定原则、方法和范围，划定了可征收土地的目录，为征地工作的顺利进行打好了基础。

（三）农民收益增加，保障更加多元（AR3）

定州市在改革补偿安置方面，在一次性给予征地补偿的基础上，构建了长期粮食补贴、留地留物业、养老保险三重保障。通过土地制度改革，定州市实行新的征地补偿标准后，被征地农民收益实现大幅度提升。征收农用地的农民收益为综合区片价+养老保险+粮食补贴（按 30 年计算），征收 1 亩地农户亩收益在 14 万元左右，基本上是改革前的 2 倍。征收宅基地，如定州市古城恢复项目中，被征地农民普遍选择了住房安置，根据宅基地面积按 1：1.15 的比例置换，绝大多数农民得到两套、三套甚至更多安置住房。除自住外，很多征迁户都将安置房进行出租，每户被征迁农民年租金收入大都在 2 万元以上，保障了被征地农民长远收入稳定。此外，试点改革之前，被征地农民绝大多数选择一次性补偿，缺乏对未来生计和生活保障的长远考虑。针对这一问题，定州市人民政府将参保补助标准提高到征地区片价的 30%，不足 2 万元的由市财政补充，并且实行征地补偿资金预存制度、落实农村集体“三资”[①]委托代理服务制。尊重被征地农民参保类别、参保人数的自由选择权，坚持社保资金不落实不报批，初步构建了“即征即保、应保尽保”的社会保障体系。特别是在打通农民不能入城镇职工养老这一限制以后，养老保障标准实现城乡接轨、同城同待遇，被征地农民 60 岁以后，每月也能领到 800 元左右养老金，养老保障水平大幅提高，充分调动了农民征地的积极性。

与上文其他案例相似，一阶段评估和二阶段评估存在差异的根本原因是两个评估阶段所对应的主体不同，预期结果代表了中央政府对该政策整体的期望，而实际结果代表了定州市人民政府的实际改革成果，更结合当地实际。具体来看，定州市在多年的土地征收工作中总结出征地过程中主要存在补偿收益主体不明确、征地资金监管薄弱、征地补偿标准不合理等问题，同时与被征地村民沟通效率低也是阻碍土地征收工作顺利进行的主要原因。因此，在此次改革中，定州市尝试了“1234”工作模式（M2）和创新补偿方式，实现多元化保障（M5）等创新措施，优化土地征收程序，提高土地征收补偿的合理性，从而实现了征地矛盾大幅减少（AR1）、征地效率大幅提高（AR2）。同时，定州市重点实施了强化征地工作的管理监督（M5），更好地保障被征地群众的知情权和参与权，提高征地工作的透明度，用强监管保障被征地农民收益（AR3）。相比于中央预期的完善农村土地征收制度，保障农民权益（ER1）和形成可复制、可推广、利修法的改革经验和模式（ER2），实际结果与措施之间的联系更为紧密，必要性和充分性都有所提高，实际结果对措施效果的体现更为明显。

预期结果和实际结果虽然有上述差异，但两者之间仍然存在关联，实际结果是预期结果更微观、更具体的表现形式。具体来看，征地矛盾大幅减少（AR1）、征地效率大幅提高（AR2）是农村土地征收制度得以完善的具体体

① 农村集体“三资”是指农村集体资金、农村集体资产和农村集体资源。

现；农民收益增加，保障更加多元（AR3）是保障农民权益的同义表述。此外，定州市在改革过程中尝试了“1234”工作模式，突破了《中华人民共和国土地管理法实施条例》对土地征收的有关规定；还尝试了创新的补偿方式，改变了《土地管理法》按照被征收土地的原用途给予赔偿的原则。这些本地化的尝试形成了具有地方特色的改革经验，为其他地区的改革和法律的修订积累了经验，正是中央形成可复制、可推广、利修法的改革经验和模式（ER2）的预期结果。

五、评估结论

定州市在此次农村土地征收制度改革中大胆创新，较好地实现了中央的预期目标，完善了农村土地征收制度、保障了被征地农民的权益，为相关法律法规的修改积累了充分的经验，也为统筹地方经济社会发展及农民权益维护探索了新路，在同批试点中改革效果显著。

依据中央试点改革目标和策略，定州市在缩小征地范围方面，先探索制定了《公益性和非公益性用地界定表》《公益性用地暨土地征收建议目录》等制度；在此基础上探索了公共利益认定争议解决机制，对未列入目录的拟建项目是否属于公共利益存在异议的，通过听证会、协商、诉讼等方式解决争议，从而明确了公益性用地的界定原则、方法和范围，实现了有规可依、有章可循。同时定州市结合实际，对征地工作流程进行颠覆式重构创新，把大量批后的工作放到批前来做，探索出了“一个评估、两轮协商、三次公告、四方协议”的“1234”工作模式，将农民真正地纳入土地征收决策程序，从根源上减少了征地矛盾，提高了征地效率。在补偿保障方面，定州市突破了原《土地管理法》按照被征收土地的原用途给予赔偿的桎梏，对征用农用地构建货币补偿、粮食补贴、养老保险三重保障，对征用宅基地构建临时过渡、回迁安置、货币补偿等复合安置体系，实现了补偿标准由“一次性静态补偿”变“长期性动态保障”、安置方式由“单选”变“多选”，从而大大提高了农民参与土地征收的意愿，减少了征地矛盾。

定州市在推进土地征收制度改革的同时还统筹推进集体经营性建设用地入市和宅基地制度改革，进行“三块地”改革联动探索，实现多赢。例如，定州市探索了土地征收与集体经营性建设用地入市无缝对接，以集体经营性建设用地入市弥补缩小土地征收范围后建设项目用地减少的问题，既完成了改革任务，又保障了城市发展用地需求；同时，定州市采取“倒推”的办法，由征地价格倒推入市价格，保证同区位同用途地块土地征收和入市土地所有者收益大体相当，实现土地征收与入市收益平衡分配。此外，定州市还利用增减挂钩政策实现土地征收和宅基地制度改革联动，在建新区实施土地征收制度改革，形成的土地出让金收入用于推动拆旧区的宅基地制度改革试点；在拆旧区实施宅基地制度改革，通过增减挂钩结余指标保障建新区的土地征收制度改革，有效解决了宅基地制度改革试点村宅基地有偿退出资金短缺问题和土地征收改革中征地指标不足的问题。通过与其他“两块地”改革的联动，不仅缓解了土地征收制度改革造成的入市土地不足问题，还在一定程度上实现了被征地价格的市场化，提高了被征地农民收益。

总体而言，定州市农村土地征收制度改革政策在立场、目的、策略、措施、结果上都表现出了较强的一致性和有效性，地方政府、农户个人及用地单位等相关主体认可度较高，在实际试点过程中积极进行创新和探索实践，形成了一些有益的改革经验。这种按照中央策略结合地方特色采取的创新措施为地方经济社会的发展及农民权益的维护探索了新路，同时对中央而言，也为法律的修改积累了有益的经验。但由于试点时间较短、相关法律修订滞后等客观限制，定州市在土地征收制度改革中有些问题也需要去思考和再探索，如在农户补偿和征收成本方面，以目前实行的粮食补贴政策为例，如果没有明确的发放期限，可能会造成代际间不公平和财政压力大的问题，会影响其可持续性及在其他地区的可复制、可推广的预期结果。此外，在实践中亦应因地制宜考虑政策效果的发挥，如对留地、留物业这种补偿方式，部分村集体有可能因村级管理乏力，引发村内矛盾和不稳定因素，因此要从区位是否适宜、集体经济组织是否健全、村两委能力支撑等角度全面考虑，不宜一刀切。

第八章　山东省禹城市土地征收制度改革试点政策评估

一、禹城市概况

禹城市是山东省德州市的一个县级市，位于山东省西北部，全市总面积为990平方千米，共有9镇1乡2个街道。境内地势平坦，地处黄河中下游冲积平原。禹城市是省会济南市的卫星城，市区南距济南市仅50千米。禹城市有多条重要铁路和公路穿境而过，是鲁西北地区重要的交通枢纽和商贸物流中心，地区经济实力较好，产业基础良好，已经连续三年被评为全国综合实力百强县市。2018年，实现地区生产总值308.42亿元，比上年增长5.80%，三次产业完成增加值分别为43.81亿元、143.71亿元和120.9亿元，三次产业比例为14.2∶46.6∶39.2（图8-1）。

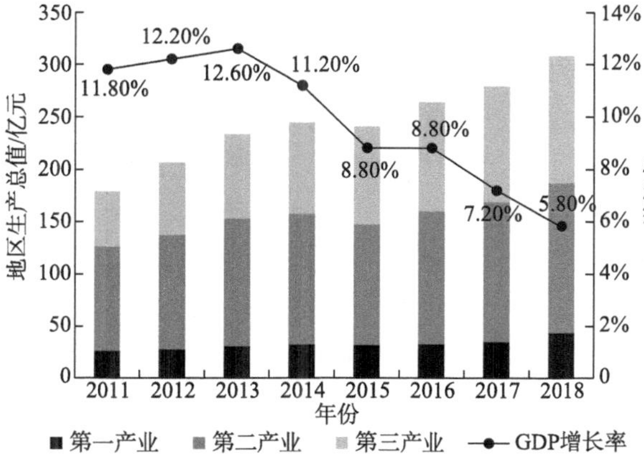

图8-1　2011~2018年禹城市三次产业增加值与GDP增长率

资料来源：禹城市统计年鉴

2018 年末，全市户籍人口 54.1 万人，其中农村人口 29.59 万人，城镇化率为 45.30%，较 2013 年增加约 13%（图 8-2）。全市规模以上工业企业共有 308 家，实现主营业务收入 1 159.71 亿元，增长 6.7%。完成公共财政预算收入 20.07 亿元，增长 6.5%，其中地方税收收入 14.69 亿元，增长 9.5%。公共财政预算支出 37.07 亿元，增长 17.8%。全年城乡居民人均可支配收入 20 664 元，增长 8.4%。其中：城镇居民人均可支配收入 26 764 元，增长 7.8%；农村居民人均可支配收入 14 748 元，增长 8.8%[①]，总体经济实力稳步提升。。

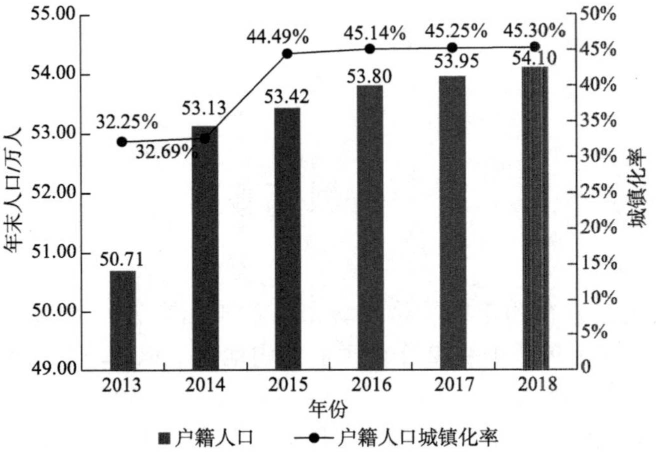

图 8-2　2013~2018 年禹城市人口及城镇化率

资料来源：禹城市统计年鉴

作为首批农村土地征收制度改革地区，自 2015 年试点以来，禹城市成立了征地范围制定、程序规范、征地风险评估等 8 个工作推进小组，制定了《禹城市土地征收目录》，对公共利益用地范围进行了明确，并构建了以听证为关键环节的公共利益认定机制；构建了“一评估、二协商、三公告、四协议”的征地工作流程和“一代管（政府代管征地补偿费，使其保值增值）、二提高（提高征地补偿费、提高社保补贴标准）、三保障（养老、住房、就业三重保障）”的农民利益多元保障机制；在国家、集体和个人利益分配方面，尝试推出以区片为测算单元的增值收益核算方法，以及产权置换、货币补偿、房票、留地留物业等多种土地增值收益分享方式。

截至 2018 年 11 月，禹城市先后出台了 14 项农村土地征收制度相关文件。通过土地征收试点改革，禹城市缩小的征地范围达 1 374 亩。在本次试点中，禹城市对 53 宗、6 049 亩土地进行了社会稳定风险评估，对 130 宗、8 253 亩土地上实

① 资料来源：禹城市 2018 年国民经济和社会发展统计公报。

行了新的征地流程。与此同时，禹城市人民政府与6个乡镇、67个村签订了105份征地补偿资金代管合同①，共涉及土地5 079亩、总金额达2.8亿元，受益群众达3.5万人。此外，作为山东省唯一全面开展三项试点的县级市，在农村集体经营性建设用地入市方面，禹城市探索了整治入市、调整入市、就地入市等多种入市方式，就结果而言，在纳入入市试点后，全市缩小的土地征收范围有所增加，达1 703亩；共有熊氏食品有限公司、伦镇创新创业园等90多个项目顺利落地禹城市，共实现投资约19亿元。在宅基地制度改革方面，禹城市对5.6万户超标准占用宅基地的农户收取了宅基地有偿使用费，累计收取765万元；通过收回整治村内空闲地和废弃宅基地，共收回宅基地1 000余处680亩；通过开展农村新型社区不动产权登记发证，对农民的资格权和使用权进行明确。围绕中央“三项试点”的综合部署，尽管在入市和宅基地制度改革上取得了一定成效，但禹城市整体仍以征地制度改革为核心和基础，后续三项试点统筹在改革效果上是其有益补充和发展。

二、一阶段评估

接下来利用S-CAD试点政策评估方法和框架，结合《关于农村土地征收、集体经营性建设用地入市、宅基地制度改革试点工作的意见》和《农村土地征收、集体经营性建设用地入市和宅基地制度改革试点实施细则》等文件，以及实地调研、访谈及禹城市发布的相关政策文件，对禹城市土地征收制度改革进行评估。

（一）设定评估观点与提炼政策要素

本节研究侧重于分析中央顶层设计的完整性、合理性及效果，因此主导观点方应设为中央。基于中央的出发点，下文将对禹城市土地征收试点改革进行要素提取。政策要素中立场、目的、策略、预期结果的主体为中央政府，措施要素是依据禹城市实践提炼的。

1. 立场（价值）

结合中央政府的角色和职能，将其政策立场提炼为如下两点。第一，维护农

① 在广泛征求被征地农民意愿并同意代管的前提下，该合同由资金代管中心、财政局与村集体经济组织签订，期限为五年。代管资金封闭运行、每年分两次将固定收益（每年按麦季700斤小麦/亩、秋季800斤玉米/亩的市场价格确定固定收益）兑现到被征地村，到期后由政府兜底兑现。

民土地权益、保障农民公平分享土地增值收益（V1）：通过对现有的农村土地征收制度进行改革，可以在一定程度上增加农民的财产性收入，多方面保障被征地农民权益，进而提高被征地农民生活水平，保障农民长远生计，保证农民公平分享土地增值收益。第二，建立城乡统一的建设用地市场（V2）：党的十八届三中全会上提出要深化农村土地制度改革、建立城乡统一的建设用地市场，对缓解城乡用地矛盾，优化城乡建设格局，提高土地利用水平，进一步促进城乡统筹发展、保持社会和谐稳定有重大而广泛的影响。

2. 目的

政策的目的有四个：第一，缩小征地范围（G1）；第二，规范土地征收程序（G2）；第三，完善对被征地农民合理、规范、多元保障机制（G3）；第四，建立兼顾国家、集体、个人的土地增值收益分配机制（G4）。

3. 手段

该试点政策的手段可以分为策略和措施，策略由中央政府制定，是手段的逻辑和实施方向；措施由具体的实施主体即地方政府（禹城市人民政府）制定，是对策略的支撑。提炼出中央策略为程序规范、补偿合理、保障多元（S）。

结合中央出台的相关政策文件，禹城市出台了一系列相关政策，现将其主要措施提炼为如下7条（表8-1）。

表8-1 地方措施与具体内容

措施	名称	内容
M1	确定征收目录和公共利益用地范围	制定土地征收目录，界定公共利益用地范围，从制度上界定土地征收范围，构建以听证为关键环节的公共利益认定机制
M2	规范风险评估、协商协议等土地征收程序	建立土地征收风险评估机制，构建多层次土地征收民主协商机制和五方协议机制
M3	强化土地征收信息公开制度	补充征地公告内容，拓展信息公开平台，建立信息公开长效机制，加大信息公开力度
M4	提高征地地价和社会保障补贴标准	提高征地区片综合地价，每亩提高1.4万元，平均提高幅度为35%；提高征地社保补贴标准，由原来1万元/亩提高到1.5万元/亩，提高幅度为50%
M5	探索征地补偿资金代管模式	成立禹城市征地补偿资金代管中心，专门负责代管被征地农民土地补偿资金。代管资金封闭运行、农户固定收益、政府兜底兑现，实现保值增值
M6	构建养老、住房、就业等综合保障机制	社会养老保障方面，将被征地农民全部纳入居民基本养老保险制度管理；住房保障方面，过去按地上附着物补偿改为按村集体在册人口安置，采取不同的方式落实“户有所居”；就业保障方面，将被征地农民纳入失业登记范围和农村劳动力资源数据库，提供相关帮助
M7	探索建立土地增值收益分配机制	形成以区片为测算单元的增值收益核算方法，为合理分配收益提供参考；探索产权置换、货币补偿、房票、留地留物业等多种土地增值收益分享方式

4. 预期结果

中央的预期结果主要有两条：第一，农村土地征收制度更加完善，征地矛盾减少（ER1），这是此次试点地区政策的主要预期结果；第二，形成可复制、可推广、利修法的改革经验和模式（ER2），这也是进行本次政策试点的主要意义之一。

（二）效应分析

通过对立场、目的、中央策略、地方措施及预期结果这五项要素进行提取，构建出如图 8-3 所示的逻辑结构，并对要素间的一致性进行逻辑分析（图 8-4），得出该政策的要素间逻辑关系如下。

1. 立场与目的

判断两者的逻辑性，主要体现在目的对立场的代表性上。缩小征地范围（G1）通过界定公共利益用地范围，制定土地征收目录，明确了征地范围所在，有助于解决以往征地过程中出现的界限不明确导致的征收范围过宽进而衍生出的问题，为完善农村土地制度中的征地环节奠定了基础，确保了维护农民土地权益、保障农民公平分享土地增值收益（V1），同时也有助于缓解城乡用地矛盾，打破用地二元结构，建立城乡统一的建设用地市场（V2）。规范土地征收程序（G2）着力于从风险评估、民主协商、纠纷调处及征收信息这四个方面进行机制改革、探索或完善，是实现立场 V2 的发展路径，同时 G2 实现对于追求立场 V1 构建了可行的保障机制。完善对被征地农民合理、规范、多元保障机制（G3）需要完善现有征地补偿标准，改革现有征地补偿办法并探索适合农民发展的多元保障机制，这是保障农民公平分享土地增值收益，维护农民土地权益的现实体现，也是建立城乡统一的建设用地市场的细节补充。因此，目的 G3 可以代表立场 V1 和 V2。建立兼顾国家、集体、个人的土地增值收益分配机制（G4）在保障农民土地权益的同时又兼顾多方利益，有助于探索出合理的补偿范围，做到“偿之有度”，避免过度补偿造成地方政府财政压力过大等问题，提升改革的可持续性。因而，目的 G4 是实现立场 V1 的必要环节和直接体现。同时地方政府在兼顾多方利益，综合考虑征地、入市等多种改革任务下进行试点探索，有助于打开现有改革思路和做法，有助于对建立城乡统一的建设用地市场（V2）的实现方式进行创新。

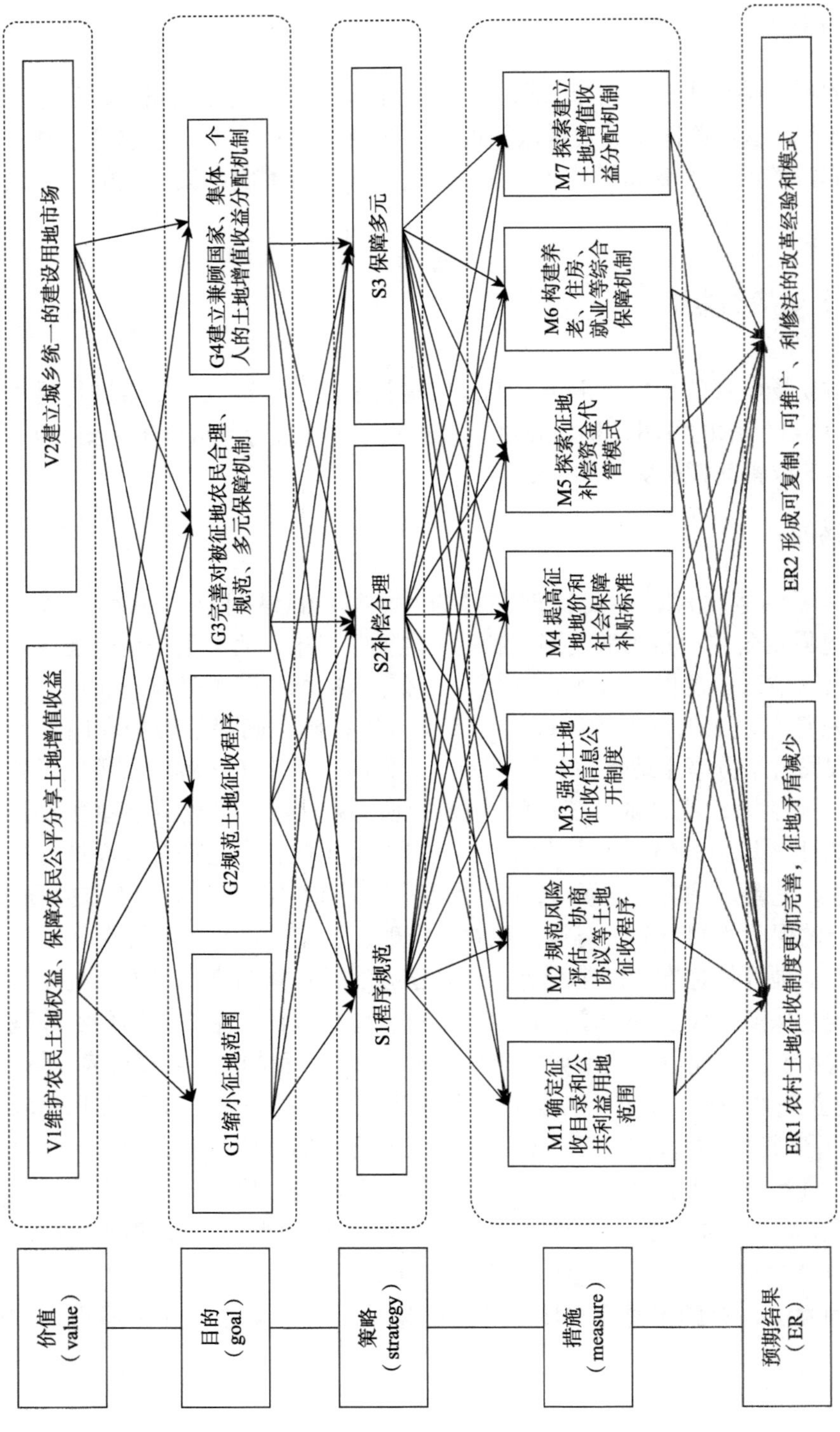

图 8-3 一阶段评估政策要素逻辑结构图

S	V1	V2	
×	++	++	G1
++	++	++	G2
++	++	+	G3
++	++	++	G4
×	++	++	M1
++	++	++	M2
++	×	+	M3
++	×	++	M4
++	++	+	M5
++	++	++	M6
++	++	++	M7
	ER1	ER2	

图 8-4　一阶段评估政策要素一致性分析

++：非常相关；+：相关；×：不相关

2. 目的与策略

策略（S）中的程序规范、补偿合理、保障多元直接服务于 G2、G3、G4 三大目标，但整个策略同缩小征地范围（G1）的相关性较小，即没有直接体现对目的 G1 的追求。

3. 策略与措施

措施 M2~M7 均直接或间接地支撑了策略：措施 M2、M3 直接确保了策略中程序规范的实现，M4 和 M7 直接支撑策略中的补偿合理这一内容，同时 M7 所探索的多种土地增值收益分享方式也间接支撑着保障多元这一策略目标的实现，M5 和 M6 则直接对应于保障多元。措施 M1 中涉及的确定土地征收目录以及明确公共利益用地范围等措施，虽然未在中央策略（S）中提及，但对于政策目的 G1 的实现以及维护土地征地制度改革的立场 V1 和 V2 有着重要影响。

4. 措施与预期结果

政策的预期结果可以直接反映政策的实施效果。措施 M1~M7 均可以为完善当前农村征地制度，进而减少征地矛盾而服务，同时地方采取 M1、M2、M4、M6、M7 这五项措施灵活度较大，有助于试点经验的总结，同时也有利于中央吸取经验，能够较好地形成可复制、可推广的征地改革意见。

综上所述，本次政策安排各元素之间逻辑清晰，未出现矛盾问题。但策略（S）存在不完整，导致目的和策略以及地方措施和策略之间出现部分脱节。虽然措施 M1 同策略相关性不大，但通过制定土地征收目录和明确公共利益范围，可在一定程度上解决以往的征收范围过宽、即用即征所衍生出的征地矛盾过多，以及农村居民相对处于被动方、土地权益无法得到确切保障等问题，确保目的G1的实现，有助于完成中央的预期结果ER1。本次政策试点可以通过逻辑分析。

（三）效率分析

1. 目的对于体现立场的必要性和充分性分析

必要性：由于目的中任何一项都对立场的体现必不可少，因此目的G1~G4对立场而言均十分必要。

充分性：从目的对立场的充分性来看，目的对于立场中的维护农民土地权益，保障农民公平分享土地增值收益（V1）这一立场而言是非常充分的。但是，农民土地权益以及建设用地市场的统一，不仅需要征地制度的支撑，同时还与农村宅基地、集体经营性建设用地和其他非经营性建设用地等多项土地制度改革息息相关，因此建立完善的农村土地征收制度是维护农民土地权益，保障农民公平分享土地增值收益（V1）和建立城乡统一的建设用地市场（V2）的一个重要组成部分，还需要对宅基地和集体经营性建设用地等多个方面进行改革和制度创新，就该点而言，充分性是不足的。这也是后期进行“三块地”统筹改革的原因所在。

2. 策略对于实现目的的必要性和充分性分析

必要性：策略（S）中三个分项策略，依次对应于目的G2、G3、G4，其对于整体目标的实现非常必要。

充分性：对于缩小征地范围（G1）的追求并没有体现在策略中，两者不存在充分性关系。策略中的程序规范是目的 G2 的同义表述，补偿合理和多元保障也可看作目的 G3 的同义表述，因此策略对 G2 和 G3 也非常充分。就策略对 G4 的充分性而言，合理的土地增值收益分配机制不仅需要在土地征收阶段保证国家、集体和个人各得所益，更科学的制度设计和探索，还需要通过集体土地入市和宅基地有偿使用等其他多项改革的完善加以确保。因此，通过以上分析可知，策略对于目的的充分性有所不足，应当加以补充或细化。

3. 措施对于细化策略的必要性和充分性分析

必要性：措施 M2、M3、M4、M6、M7 对策略的实现非常必要，如果缺少某一部分会使策略（S）的实现受影响。但确定征收目录和公共利益用地范围（M1）和探索征地补偿资金代管模式（M5）对于策略的实现并非必不可少，措施 M1 的必要性缺失是由于策略的不完整，策略未能更好地衔接目的和措施之间的关系。虽然仅对于策略是不必要的，但从完整实现中央的目标来看，M1 又是必不可少的。措施 M5 是禹城市人民政府结合当地历史和自身现实状况在土地改革中的独特创新和探索，所以删除 M5 并不会削弱策略对于措施的指导，也不会影响中央立场和目标的实现。

充分性：措施对于策略来讲非常充分。

4. 预期结果反映措施效果的必要性和充分性分析

必要性：两项预期结果对于体现地方措施的效果均是必不可少的，具有必要性。

充分性：预期结果对措施 M5 以外的其他 6 项措施的效果表现充分，而对 M5 的效果表现充分性不足。这主要是因为，预期结果是中央政府事先的结果设想，但措施 M5 由地方在试点过程中创造而出，通过代管资金固定收益市财政兜底制度，可在一定程度上解决被征地农民的长远生计问题，打消被征地农民顾虑，有效保障被征地农民权益不受损害，确保风险可控。

综上所述，该政策立场之间、目的之间及策略与目的之间的必要性较好，但其充分性稍有欠缺，如由于策略的不完整以及目的 G4 同样需要其他土地改革来实现，充分性有待提升；措施体现了对中央策略的细化，但个别措施是禹城市进行的地方化探索，对中央策略体现并非必不可少；此外，预期结果的必要性良好，但政策的预期结果不足以充分反映地方措施的效果。

（四）可行性分析

本次政策试点改革涉及的利益相关者主要有地方政府、农村居民和用地单位，以下将对各方对于该政策的认同度进行分析。

1. 地方政府

地方政府出于试点荣誉感和政治任务等方面的考量，存在着较强推行本次改革试点工作的动力。与此同时，完善土地征收制度有助于减少由征地问题带来的政府和百姓之间的矛盾，促进两者之间的关系，这对于维护地方社会的稳定也至关重要。但土地征收制度的改革对地方政府也不全是好处，以往情况下，政府财政收入中有很大一块来自土地出让金及其相关税费，试点改革后，地方政府从土地征收中所获的收益将有所减少，同时由于补偿标准的提高和社会保障的完善，相应支出会增加，地方财政将面临较大压力。这些因素在一定程度上会削弱地方政府对于本次试点改革工作的推动力。但从另一方面来讲，对现有土地征收制度进行完善，有利于提升地方财政收入可持续性，实现地方整体利益长远发展。总体来说，地方政府对本次的试点政策持支持态度。

2. 农村居民

通过本次试点改革，农民将从过去被动接受土地征收的被动方逐步转变为具有一定主动性的谈判方，拥有更多权益谈判空间；提高补偿标准，建立多元保障机制的做法将直接增加农民和村集体的财产性收入。因此，农村居民对该试点政策十分支持。

3. 用地单位

对用地单位而言，虽然此次改革缩小了征地范围，可能会影响地方政府土地出让行为，但一方面统筹推进的集体经营性建设用地入市等可部分缓解征收土地减少对土地市场带来的冲击；另一方面，通过改革减少了征地矛盾，提高了征地效率，对用地单位而言可以缩短一级开发的周期和成本。由此，用地单位对该政策态度应该是中性的。

三、二阶段评估

（一）设定评估观点与提炼政策要素

主导观点方同一阶段评估一致，仍然是中央政府。二阶段评估中的立场、目的、策略及地方措施同初次评估保持不变，只是在结果要素中需要放入地方试点后的实际结果。根据调研、访谈及禹城市试点反馈，总结本次试点政策的实际结果主要有如下两条：被征地农民财产性收入增加，保障更加多元（AR1）；破解了协商难、矛盾多、程序不规范等征收难题（AR2）。

（二）效应分析

主要分析措施和实际结果之间的逻辑关系，其余分析与初次评估相同：被征地农民财产性收入增加，保障更加多元（AR1）这一实际结果体现了措施 M4、M5、M6、M7 的效果；破解了协商难、矛盾多、程序不规范等征收难题（AR2）是预期结果 ER1 具体的现实结果，直接受益于措施 M1、M2、M3、M6 和 M7。

在前文的基础上，可以得到二阶段评估系统的逻辑结构，如图 8-5 所示。地方措施同实际结果要素之间的一致性分析如图 8-6 所示，可以得出，地方实际措施和实际结果之间并不存在矛盾。而且与初次评估相比，地方实际结果仍能反映措施 M1~M7 的实施效果，且总体而言实际结果和地方措施之间的一致性有所提高，更好地反映了措施的实施效果。

（三）效率分析

立场、目的、策略及措施之间的充要性评估同一阶段评估的分析一致，结果相同。此部分只针对实际结果和地方措施之间的效率进行分析说明。

必要性：实际结果 AR1 和 AR2 均可以很好地展现实施效果，对于措施的反映是必不可少的，因此实际结果对于措施的必要性强。

充分性：实际结果对除措施 M3 以外的其他 6 项措施的效果表现充分。对措施 M3 而言，加大土地征收信息公开力度，不仅有利于征地信息透明化，规范土地征收程序，同时也将对政府政务治理能力及水平产生积极影响，创造信息透明、决策公开的治理环境，就这点而言，以上实际结果反映的充分性稍显不足。但总体而言，实际结果可以较为充分地反映地方措施。

（四）可行性分析

主要的利益相关者仍为地方政府、农村居民和用地单位。禹城市探索破解了协商难、矛盾多、程序不规范等征收难题，试点后大幅度减少了土地征收相关矛盾，出于民生问题的考量，禹城市人民政府的支持力度加大。政策试点以来，禹城市被征地农民的征地补偿直接收入有了明显提高，且“一评估、两协商、三公告、四协议”征地工作流程加大了土地征收信息公开程度，农民参与度也大幅提高，农户的支持力度和参与的积极性有所增强。通过本次改革，土地征收效率提升，征地矛盾减少，缩短了用地单位的拿地时间和开发时间，用地单位也持支持态度。整体来说，政策系统的利益相关方的支持程度相较初次评估有所提高。

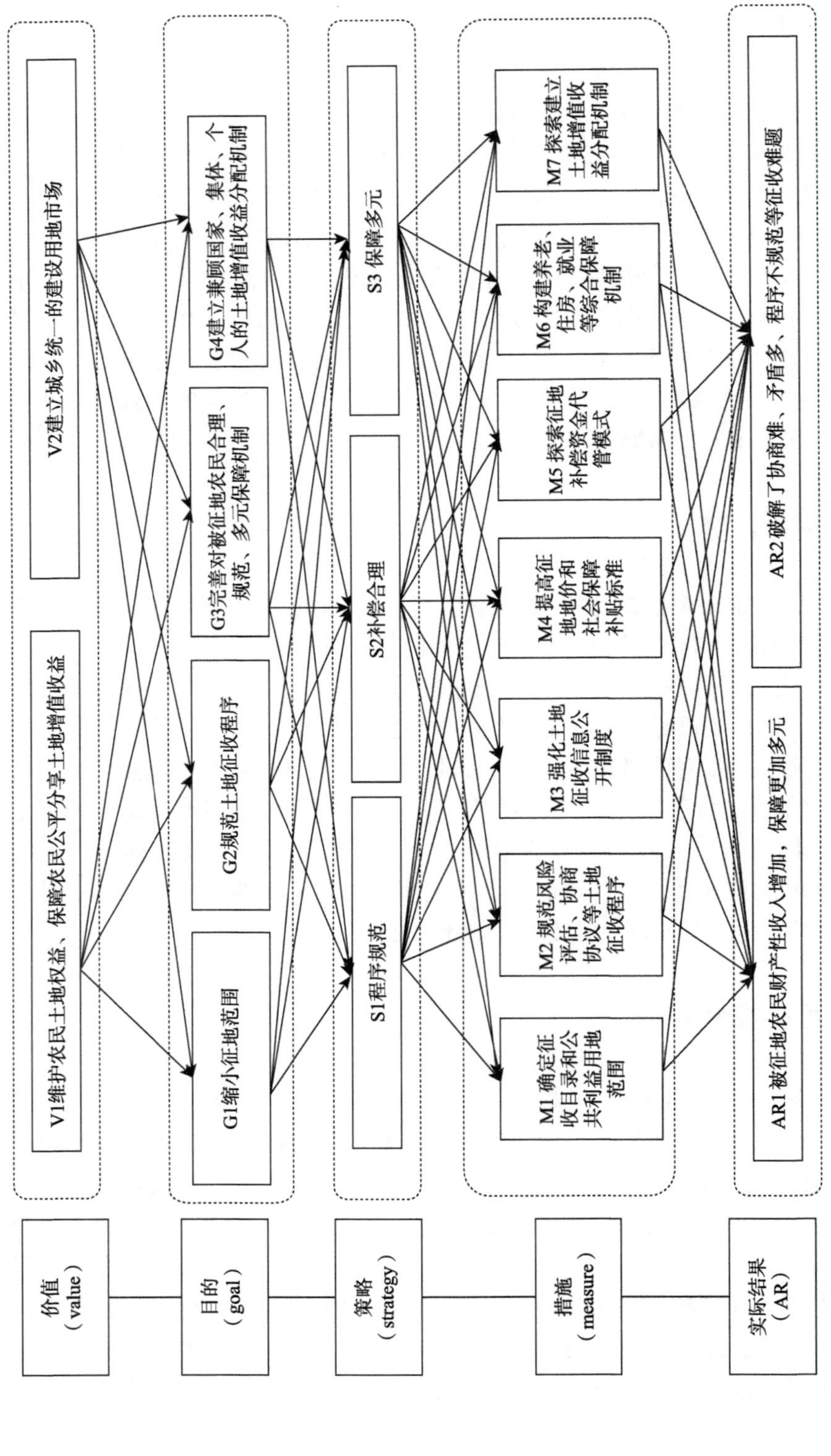

图 8-5　二阶段评估政策要素逻辑结构图

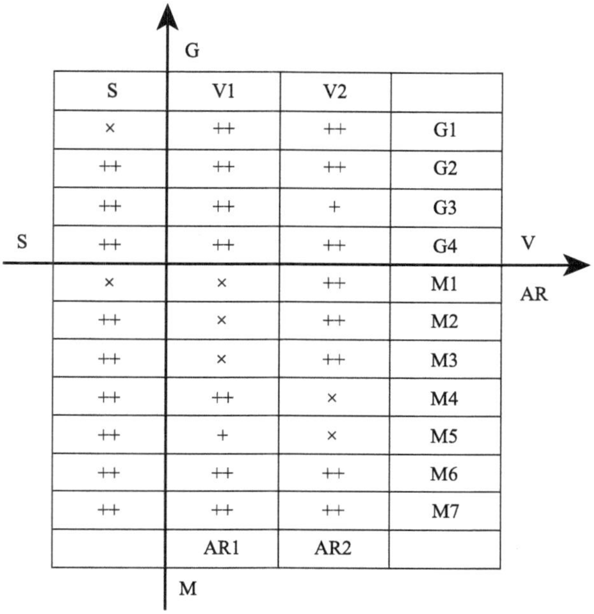

图 8-6　二阶段评估政策要素一致性分析

++：非常相关；+：相关；×：不相关

四、对比分析（地方实际结果与中央预期结果）

两次评估的不同主要体现在结果上。一阶段评估中，中央的预期结果主要有两条：农村土地征收制度更加完善，征地矛盾减少（ER1）；形成可复制、可推广、利修法的改革经验和模式（ER2）。二阶段评估中禹城市实际结果可具体分析如下。

（一）被征地农民财产性收入增加，保障更加多元（AR1）

政策试点以来，禹城市被征地农民的征地补偿直接收入有了明显提高。禹城市是山东省内最先提高征地区片综合地价和土地征收社会保障补贴标准的地区。通过提高征地区片价格，被征地农民每亩增收 1.4 万元，增加了被征地农民直接性财产收益，提高了社保补贴标准，进一步增强了被征地农民生活保障，相比以往，共多出 1.46 亿元征地补偿和社保补贴；通过资金代管，被征地农民的收益比以往提高 700~1 100 元/亩，截至 2018 年 11 月，共涉及土地 5 079 亩，总金额达

2.8 亿元，受益群众达 3.5 万人。在农民保障方面，禹城市完善了城中村集体土地上的房屋搬迁安置补偿的政策，赋予了安置房和商品房同等权利；此外，1.67 亿元的社保补贴资金和劳动力培训的做法有助于解决被征地农民的长远生计问题，保障被征地农民权益。

（二）破解了协商难、矛盾多、程序不规范等征收难题（AR2）

禹城市作为最先开展农村土地征收试点工作的三个地区之一，探索时间较长，经过试点改革，禹城市逐步探索出了适当缩小征地范围的方式，并通过构建单个项目公共利益的认定机制，破解公共利益认定难的难题；同时，“一评估、两协商、三公告、四协议”征地工作流程，也解决了以往土地征收程序不规范，群众参与程度不够的难题；此外，“一代管、二提高、三保障”的多元保障机制，有效解决了被征地农民全方位社会保障难的问题。与此同时，随着土地征收信息公开程度的加大和协商机制的完善，自 2015 年试点以来，与土地征收相关的矛盾大幅度减少，土地征收工作更加顺畅；多层次民主协商机制的构建，较好地实现了土地征收程序的科学性、严谨性、合理性。

与其他案例相似，一阶段评估和二阶段评估存在差异的原因是两者对应的主体和结果不同，一阶段评估的预期结果是中央政府对该政策的期望，而二阶段的实际结果是禹城市改革实践的具体成果。结合中央的试点精神，针对以往缩小征地范围难，土地征收程序不规范，群众参与程度不够，征地矛盾多，土地征收工作不够顺畅等实践中的难题，禹城市出台了确定征收目录和公共利益用地范围（M1）；规范风险评估、协商协议等土地征收程序（M2）；强化土地征收信息公开制度（M3）等措施实现了 AR2，同时，禹城市通过提高征地地价和社会保障补贴标准（M4）、探索征地补偿资金代管模式（M5）等措施实现了被征地农民财产性收入增加，保障更加多元（AR1）。相比于中央预期的农村土地征收制度更加完善，征地矛盾减少（ER1）和形成可复制、可推广、利修法的改革经验和模式（ER2），由于措施更加具体并结合当地情况，因此必要性和充分性都有所提高，实际结果对措施效果的体现更为明显。

从实际结果与预期结果来看，实际结果是预期结果更加具体的地方表现形式，两者之间仍然存在关联。具体来看，被征地农民财产性收入增加，保障更加多元（AR1），破解了协商难、矛盾多、程序不规范等征收难题（AR2）是农村土地征收制度更加完善，征地矛盾减少（ER1）的具体表现。此外，作为最早实施土地征收改革的 3 家试点地区之一，禹城市为相关法律修订和山东省进一步规范土地征收程序提供了实践经验，也正是中央形成可复制、可推广、利修法的改革经验和模式（ER2）的预期结果。

五、评估结论

作为最早开展农村土地征收试点工作的三个地区之一，总体来说，禹城市较好地达成了中央对于本次农村土地征收制度试点改革的预期，其探索了符合当地实际的土地征收制度改革，这对于减少征地矛盾，维护被征地群众合法权益起到了重要的支撑；通过提高土地征收补偿标准、改革征收农民住房补偿办法和构建“一代管、二提高、三保障”的农民多元保障机制的做法增加了被征地农民的财产性收入，当地保障机制也更加完善，有助于切实解决被征地农民的长远生计问题。禹城市的一些改革做法在《山东省人民政府办公厅关于进一步严格规范征地管理工作的意见》等中央政策文件及其他农村土地制度试点改革地区的相关措施得以充分体现，一定程度上实现了可复制、可推广、利修法的预期结果。同时禹城市结合自身实际特点探索出的征地补偿资金代管模式有助于打开其他地方的改革思路，探索出适宜本地实际的试点措施。

但本次试点改革中仍然存在一些需要深入探索的问题，如由于土地开发周期较长，在前期较难确定国家、集体与个人的增值收益固定分配比例；由于部分改革面涉及范围较广，如公共利益认定等，容易出现在县级单元探索公共利益界定缺乏说服力等问题；在试点结束后，地方突破法律法规的创新性措施的可持续问题等；由于土地征收改革成本较高和周期较长，地方政府的改革积极性相较其他“两块地”改革有所不足，创新措施相对较少；还有当地采取的征地资金代管模式，对于农民利益的保护及措施的可复制性等最终效果仍需时间检验。

由于土地征收牵扯范围较广，涉及制度较为根本，为更好地释放政策效果，一方面，对于诸如公共利益界定和社会保障完善，中央有必要在国家层面进行探索，制定相应标准，完善同土地征收制度相衔接的社会保障体系，避免在地域和内容上过于分离改革；同时中央政府在进行试点前，也应从地方角度出发，充分考虑地方试点政策和地方财政的可持续性，保证地方改革工作事中有序、事后持续，避免降低地方改革的积极性。另一方面，禹城市的实际结果证实入市对于征地改革具有一定的推进作用，加强土地制度改革的整体工作，深化“三块地”改革联动，有助于进一步促进试点成果的固化和土地制度改革的推广。

第九章　综合评价与政策建议

农村土地问题始终是关系改革发展稳定大局的根本问题。作为中央为解决当前土地制度问题所做的重大政策探索，33 个试点地区改革历时 5 年的封闭运行和地方实践，为检验相关改革理论和土地制度完善提供了难得的政策实验。本篇运用构建的 S-CAD 两阶段政策评估方法，对 6 个具有代表性和改革基础的试点地区进行评估和对比分析，由点及面评价了试点政策在地方的实施效果，为进一步的土地制度的改革和推进提供了决策依据和实践总结。

一、宅基地制度改革评价与建议

义乌市地区生产总值超过千亿元，工商业经济高度发达，城镇化程度很高，是沿海重要的产业、资本、劳动力流入地之一。特别地，义乌市土地财产属性显化现象已较为明显，土地价值较高，包括宅基地在内的各类集体土地具有很强的流转需求，但受土地制度所限，其多以宅基地非集体内部流转、城镇居民购买等违法形式存在。在宅基地制度改革中，义乌市除了解决历史遗留问题、全国首创首试宅基地“三权分置”，以及探索宅基地有偿使用与退出等基本改革外，还着重关注了宅基地用益物权完善与多样化实现等问题，并通过多种形式保证“户有所居”的实现。

宜城市位于我国传统农业地区，与东部地区相比，经济总量和第二、第三产业发展程度相对较低，劳动力外流致使常住人口长期低于户籍人口。此外，土地市场方面，宜城市土地需求相对较弱，各类土地价格显著低于义乌市。同样作为首批宅基地制度改革试点城市，宜城市侧重点主要在权益完善、制度改革等方面，大力解决历史遗留问题，改革不合理的宅基地管理制度。不仅在宅基地取得、有偿使用与退出方面进行了探索，在宅基地抵押、转让等用益物权完善等方面也进行了一定的探索，并结合地方实际提出了“分段+调节”等一系列制度方案，提高了宅基地基本管理制度的科学合理性。

综合义乌市、宜城市及其他试点改革经验，在此可总结出如下宅基地制度改革重点，并提出相应改革建议。

一是历史遗留问题的处理。传统的城乡二元土地制度、农村地区复杂的经济社会背景已在各地遗留了复杂多样的历史问题，如一户多宅、超占面积、空置、有户无宅、私下交易等。这些历史遗留问题形成原因复杂，且普遍具有难追溯、难处理的特点。此外，不同地区历史遗留问题差异巨大，如义乌市宅基地非集体内部流转、城镇居民购买等违法现象较明显，宜城市超占面积现象则更为突出，且超占比例很高。对于历史遗留问题的处理，应当做到审慎稳妥、不回避，在开展不动产统一登记时，注重历史遗留问题的搜集和整理，对各类历史遗留问题进行明确统计，出台相应的处理办法并严格按规定执行。

二是宅基地取得与分配。宅基地取得方面，农村集体经济组织成员资格认定、宅基地确权登记办证都是保证农户宅基地相关权益的重要前提，也是解决宅基地管理混乱和利用粗放等问题的基础。在各地区实际工作中，应当对农村集体经济组织成员资格的认定以及相关情形进行详细规定，并逐步完成土地调查勘测工作，严格按照不动产统一登记要求进行确权颁证。宅基地分配应依法采取一户一宅的模式，然而由于农村家庭关系与居住情况较为复杂，一户一宅模式的确立存在许多困难。为了保障农村宅基地权利人的合法权益，应当明确“户”与“宅”的定义与内涵，一户一宅的认定标准应综合考虑户籍关系、土地承包、居住情况、履行义务等因素，根据各村实际由村规民约确定。

三是宅基地面积、有偿使用与退出费用标准的确定。宅基地面积标准的确定与各地历史与现实情况紧密相关。如果面积确定较大，有利于历史遗留问题的解决，减少矛盾，但不利于节约集约用地与保护耕地，如果面积确定较小，有利于节约集约用地和保护耕地，但不利于解决历史遗留问题。因此各地确立宅基地面积标准应当根据当地情况充分论证，可根据区位、耕地质量、人均耕地面积等因素确定多档宅基地面积标准。类似地，宅基地有偿使用与有偿退出的费用标准的确定也应因地制宜，在充分调查与测算的基础上，分地区、分类型、分阶段地确立科学合理的费用标准。

四是多种形式实现户有所居。宅基地制度改革面临着较复杂的户有所居保障问题，不同城市城镇化建设的方式、方向与重点都有所不同，城镇内部不同区域的户有所居需求也不相同。对于经济发达地区（如义乌市），或经济水平不高地区（如宜城市）的城镇规划区范围内及范围外发展较好地区，一般应引导农户集中居住，以满足节约集约用地与城镇化建设要求，试点地区多通过这种方式腾退出大量宅基地；对于传统农区与丘陵山区，一般继续实行一户一宅、面积法定标准，以保护农民合法权益；对于各种原因自愿放弃宅基地的农户，则给出相应的补偿或优惠政策。

二、集体经营性建设用地入市评价与建议

德清县区位优势明显，经济基础相对较好，县域经济发达。自2015年被选为首批集体经营性建设用地入市试点地区以来，德清县入市改革始终走在全部试点的前列。德清县构建了较完备的入市政策体系，并围绕着“谁来入市、哪些地入市、怎么入市、钱怎么分”四个问题展开入市制度改革。此外，德清县还在土地增值收益调节金征收、土地增值收益内部分配等问题上进行了创新，为其他试点的改革提供了经验。从结果上看，德清县在全国率先实现了入市第一宗、登记第一本、抵押第一单，截至2018年底，已完成入市土地186宗，面积1 401亩，成交金额3.45亿元。

长垣市经济水平较德清县相对一般，产业现代化程度相对不高，但近年来经济增长势头较好，一大批民营企业快速发展，民营经济已成为当地重要增长源。长垣市基本完成了中央对入市改革的要求，盘活了集体经营性建设用地，增加了农民与集体的财产性收入。从结果上看，截至2018年底，长垣市实现集体经营性建设用地入市192宗3 657亩，成交价款3.11亿元，农民群众直接获得收益1.64亿元，村集体获得收益1.26亿元，市政府共收取调节金0.21亿元。在改革制度创新上，长垣市集合自身特点进行了“入市+”等积极探索。长垣市将宅基地和闲置土地整治入市用于住宅开发，虽然存在一定争议，但提供了实践探索的一种思路。

集体经营性建设用地入市改革的首要和基础问题是明确入市主体各项权利。符合规划、依法取得的农村集体经营性建设用地所有权人，对其所有的经营性建设用地具有占有、使用、收益和处分的权利，同时允许农村集体经营性建设用地使用权出让、抵押、租赁、作价入股等。入市改革的顺利推进需要确定各参与方的相关权利并对其进行保护，对集体经营性建设用地的经营项目进行合理限定。获得集体经营性建设用地使用权的公民或组织可对其进行开发、利用、经营，入市的集体经营性建设用地可以用于工业仓储、商业、旅游、娱乐、服务等各类生产性或经营性项目，包括长垣市在内一些试点亦进行了住宅开发建设探索。

入市改革的核心与焦点问题是收益分配。从传统土地征收转为集体经营性建设用地入市，农民、集体、地方政府间的收益分配关系发生了巨大的变化，地方政府在收益分配中的优势地位被移交给农民与集体。入市中的收益分配问题主要体现在两个层面：一是地方政府与集体经济组织及农民间的收益分配；二是集体

经济组织与农民内部的收益分配。在第一个层面，为保证集体与农民获得更多的改革红利，大部分入市收益流向集体与农民。地方政府入市收益来源基本限于土地增值收益调节金的收取，经实地调研与测算，可知在中央规定的调节金比例下，地方政府难以实现土地征收与入市收益分配大体平衡，尤其是土地价格较高的地区，地方政府土地财政减收势难避免。在未来改革中，可考虑引入其他收益分配手段，同时确定不同用途、不同区位、不同类型、不同成交价位的调节金标准，减轻入市收益分配与征收收益分配的偏离程度，同时地方政府也应优化财政收入结构，降低对土地财政的依赖。在第二个层面，既要保证让集体经济组织成员分享改革红利，提高成员入市积极性和支持度，又要保证集体经济组织一定比例的收益提留，支撑宅基地改革、其他经营性建设用地管理、村基础设施建设等支出。因此需稳妥进行两者间的收益分配工作，确定合理的集体收益留存比例。在当前改革实践中，各试点根据地方情况的不同，确立了不同的集体收益留存比例，大多不超过 50%，如德清县约 10%，长垣市不超过 30%，宜城市不超过 40%，泽州县约 30%等。

权利与收益分配问题之外，入市改革还涉及了确定入市主体及组织形式、规范入市范围和条件、完善落实民主管理制度等方面，各试点地区均对这些问题进行了不同程度的探索与落实，在此不赘述。

三、土地征收制度改革评价与建议

定州市 2018 年实现地区生产总值 332.8 亿元，第一产业增加值占地区生产总值比重近 20%，尽管较前几年占比有所下降，但某种程度上仍是较典型的农业大市（县）。定州市农村土地征收制度改革实践主要包括明确了公益性用地的界定原则、方法和范围，缩小征地范围，规范征地程序，并在一次性给予征地补偿的基础上构建了长期粮食补贴、留地留物业、养老保险三重保障。经过征收制度改革，定州市征地农民收益大幅增加，征收一亩地农户收益在 14 万元左右，基本上是改革前的 2 倍。此外征地效率大幅提高，征地矛盾明显减少，农民被征地意愿有所提升。

禹城市 2018 年实现地区生产总值 308.42 亿元，第一产业所占比重亦相对较高，是粮食、棉花、大豆等多种重要农作物生产基地。征收制度改革以来，禹城市成立了征地范围制定、程序规范、征地风险评估等 8 个工作推进小组，构建了一代管（政府代管征地补偿费，使其保值增值）、二提高（提高征地补偿费、提高社保补贴标准）、三保障（养老、住房、就业三重保障）的农民利益多元保障机制。截至 2018 年底，禹城市缩小的征地范围达 1 374 亩，当地对 53 宗、6 049 亩土地进行了社会稳定风险评估，对 130 宗、8 253 亩土地实行了新的征地流程。

综合定州市和禹城市及其他试点地区的农村土地征收制度改革经验，可知其主要涵盖了如下改革重点。

一是合理界定公共利益用地范围以缩小征地范围。在传统土地征收模式中，地方政府可以以公共利益为由将集体土地征收为国有土地，该过程产生了许多公共利益滥用的情形，并引发了诸多社会矛盾。缩小征地范围的首要工作为合理界定公共利益用地范围，界定此范围需综合考虑用地类型、用地主体、非盈利及规划管制等要求，试点地区多选择建立公共利益用地目录，规定特定的公共利益用地情形，以及探索建立公共利益认定争议解决机制。

二是提高被征地农民所获补偿，完善多元化保障机制，这也是征地制度改革的核心与焦点。在改革之前，被征地农民所获征地补偿相对较低且单一，农民失地后生产生活尤其是长期生计难以保障，因此出现被征地意愿不高、征地矛盾突出等问题。在农村土地征收与集体经营性建设用地入市改革中，试点地区多选择构建更为完善的多元化保障机制，通过一次性征地补偿、粮食补贴、留地留物业、养老就业等社会保障，以及住房补贴与优惠等措施全方位提高对被征地农民的保障。多元化的保障机制在多地已显现明显成效，但部分地区由于诸多历史与社会原因，还有待未来在实践中进一步完善保障机制，并适当创新补偿保障方式与模式。

四、“三块地”改革整体评价与建议

除了上述三项改革内部的诸多内容，各试点在“三块地”改革整体上也存在一定的问题，在此整理并给出相应的建议。

一是继续加大农村土地制度改革推进力度。本轮农村土地制度改革取得明显成效，符合预期，但由于改革难度大、时间短，且试点范围只有 33 个地区，在一定程度上影响了改革成效。从时间方面来看，由于近年来我国农村土地制度与社会主义市场经济不相适应的问题越发凸显，积累了大量制度性矛盾与问题，本轮为期近五年的改革也只能聚焦其主要矛盾和核心问题开展试点探索，难以毕其功于一役；从试点范围来看，本轮改革选取了 33 个试点地区，虽然具有一定代表性，但由于试点地区的数量与代表程度有限，不能完全反映各类基层县市的实际情况；在改革推进方面，虽然农村土地制度改革推进力度很大，但与乡村治理、产业发展、农村户籍、财税、社保、金融等相关领域改革的统筹推进有待加强。

因此，在对33个试点地区的改革实践与经验总结的基础上，应当继续深化农村土地制度改革。“三块地”改革验收时间已延期两次，未来可与新一轮改革相衔接，进一步延长改革时间；土地制度改革的范围也需要进一步扩大，数量更多、类型更丰富的试点地区需要被纳入改革范围；改革协调推进力度亟须加大，应深入研究与相关改革的关联性和各项改革措施的耦合性，注重改革的系统性、整体性、协同性。

二是赋予试点地区更大的改革自主权。深化农村土地制度改革，应更加尊重基层首创精神，赋予试点地区更大的改革自主权，充分调动地方探索创新的积极性，在不触碰底线和红线的前提下，鼓励基层大胆试、大胆闯，敢担当、敢创新。地方政府应当在充分结合地方实际的前提下，适当在三项改革及“三块地”联动上创新改革模式，中央政府则应给予地方更大的自由度，这样不仅能够更好地实现政策目标，也将出现更多富有价值的新型改革经验。

三是探索农村土地制度改革综合试验区。可以选择具有较好工作基础和条件的地区，设立农村土地制度改革综合试验区，打造农村土地制度改革试点试验的综合平台，除中央明确未经授权不准试点的改革内容外，所有农村土地制度改革项目都可在试验区进行试点。在综合实验区统筹部署新时期农村土地制度改革任务及相关配套改革，进一步发挥好改革的聚合效应，彰显试验区的示范、突破、带动作用，形成更多可复制、可推广的制度创新成果，使改革成效在政策叠加中不断放大。

下篇

专题研究与探索

第十章　征收与入市收益分配专题研究——以宜城市为例

集体经营性建设用地入市为解决传统土地征收的困境提供了新的解决方案，从征收到入市，农民、集体、地方政府间的收益分配关系发生了巨大变化。本章在理论分析的基础上，对具有争议的土地增值收益和土地收益等概念进行了辨析，并分别针对征收与入市构建了收益分配模型。进而以湖北宜城市为例，从增值收益分配与总收益分配两个角度进行了测算。研究发现，从征收到入市，农民与集体获取收益比例大幅提高，地方政府收益相应减少，且难以实现征收与入市收益的大体平衡。宜城市在多元保障、调节金征缴、收益内部分配等方面成果较为突出，建议未来考虑确立统一的收益测算方式，因地制宜地进行收益分配，同时适当提高调节金比例，并在落实社会保障、留地留物业等政策方面进行深入改革。

一、研究背景

（一）传统土地征收制度的困境

我国城乡二元的土地制度源自1982年颁布并沿用至今的《中华人民共和国宪法》，该版《中华人民共和国宪法》规定了城乡土地的所有权主体，我国城乡分治的土地权利结构由此形成。刘守英（2014）认为，在此二元制度下，由于约束城乡土地的法律不同，进而导致城乡土地各自形成了不同的权利体系。在该制度背景下，集体建设用地需通过土地征收程序才能进入城镇土地市场。在征收过程中，建设用地所有权由集体转为地方政府所有，并由地方政府将使用权出让或划拨给土地受让方，受让方支付的土地出让金除对原土地承包户进行补偿和支付第三方服务费外，作为地方政府收益纳入地方财政。在此过程中，原属集体的土地由地方政府直接出让，且地方政府在征收和出让的过程中均具有垄断性，对于征收和出让土地的区位、类型、规模都具有强制力量。

然而，土地征收制度延续至今，已经暴露出了诸多问题，引起了社会各方面的广泛关注。其中最突出的问题是土地征收中的收益核算与分配，具体体现在以下两个方面。

一是对被征地农民的补偿标准不尽合理。国家从被征地农民和集体获得土地的过程具有强制性，被征地农民获得土地补偿费、安置补助费、地上青苗和附着物补偿费等，农民与政府所获利益的差异巨大，加之土地征收程序不甚合理，农民的参与度较低，也因此引发了诸多社会问题与矛盾。此外，地区间补偿差异巨大，在经济相对落后地区，农民可获得的补偿较低，失地后长期生活保障落实不足；在沿海发达地区和大中城市的城中村、城郊及较为发达的农村，出现了一批依靠土地征收暴富的土地食利阶层。这一现象产生既有地区经济差异的原因，也有财富分配不合理的原因，进一步加剧了财富收入的不平等。

二是地方政府过度依赖土地财政。1994 年分税制改革以来，财权上交与事权下放导致地方政府财政收入日趋紧张。地方政府面临着的巨大财政压力，促使其寻找其他收入来源，土地出让收入已经成为地方政府最重要的收入来源。在传统征地模式下，在政府性基金收入中，绝大部分贡献都来自土地出让收入。如表 10-1 所示，2013~2017 年国有土地使用权出让金占全国政府性基金收入均在 70%以上，2017 年更是突破 80%。仅就 2018 年而言，2018 年 1~10 月，地方政府性基金预算收入 52 025 亿元，其中土地出让金 47 519 亿元，同比增长 32.1%，占比 91.34%。此外，从土地出让金/一般公共预算收入看，这一指标的全国平均值约为 50%，部分城市甚至超过 100%[①]。总结来看，土地出让金占地方财政收入比重过高，地方政府对其依赖严重，该依赖现象在高房价、高地价城市尤为突出。

表 10-1 2013~2017 年国有土地使用权出让金决算收入、增长率、占比

年份	2013	2014	2015	2016	2017
国有土地使用权出让金决算收入/亿元	39 142.03	40 479.69	30 783.80	35 639.69	49 997.07
出让金同比增长率	46.65%	3.42%	−23.95%	15.77%	40.28%
全国政府性基金决算收入/亿元	52 268.75	54 113.65	42 338.14	46 643.31	61 479.66
出让金占比	74.89%	74.80%	72.71%	76.41%	81.32%

资料来源：财政部预算司历年全国政府性基金收入决算表

① 数据来源：中国指数研究院。

（二）集体经营性建设用地入市

长期以来，在我国农村，属于集体所有的建设土地无法直接进入城乡建设用地市场。1992 年国家便明确规定，集体所有土地，必须先行征用转为国有土地后才能出让①。1998年《土地管理法》也提出严格控制在集体土地上进行非农业建设。但由于传统土地征收制度逐步陷入困境并带来了诸多问题，集体经营性建设用地需要通过更合理、高效的途径进入城乡建设用地市场。虽然对于集体土地入市的管控较为严格，但早在20世纪90年代，以长三角、珠三角为主的一些乡镇经济发达的地区便已经开始了集体经营性建设用地流转的实践。此外，国土资源部 1999 年起在安徽省芜湖市、浙江省湖州市、广东省顺德市②等地开展了较大规模的试点。2004 年进一步提出“在符合规划的前提下，村庄、集镇、建制镇中的农民集体所有建设用地使用权可以依法流转”③。但总的来说，在 2008 年以前，国内集体土地入市仍处于探索阶段，改革力度不大、试点范围不广。

到2013年，十八届三中全会发布的《中共中央关于全面深化改革若干重大问题的决定》提出要建立城乡统一的建设用地市场，并对集体经营性建设用地与国有土地同等出让、同权同价提出了要求。在2015年1月正式印发的《关于农村土地征收、集体经营性建设用地入市、宅基地制度改革试点工作的意见》中，中央政府进一步明确提出了完善集体经营性建设用地产权制度，赋予其出让、租赁、入股权能，明确入市范围和途径，建立相关交易和监管制度等要求。2015 年 2 月，国土资源部在全国范围内选取了北京市大兴区等 33 个县（市、区）作为试点地区，分别承担农村土地征收（以下简称征收）、集体经营性建设用地入市（以下简称入市）及农村宅基地改革（以下简称宅改）任务。征收、入市、宅改三项改革合称为“三块地”改革。33 个试点地区中，北京大兴区等 15 个首批入市试点地区自 2015 年 3 月启动入市改革，其他地区的入市改革于 2016 年 9 月开始。

集体经营性建设用地指具有生产经营能力的，用于兴办企业或者以土地使用权入股、联营等形式与其他单位、个人共同举办企业的集体建设用地。“三块地”改革中的入市改革主要包括两点内容：①明确入市的条件和范围，集体建设用地中，规划为工矿仓储或商服的经营性存量或新增土地被纳入了入市范围，在符合规划和用途管制的前提下，可由集体将其出让、租赁、入股。②明确入市规

---

① 资料来源：国发〔1992〕61 号《国务院关于发展房地产业若干问题的通知》。

② 现为广东省佛山市顺德区。

③ 资料来源：国发〔2004〕28 号《国务院关于深化改革严格土地管理的决定》。

则和监管措施，包括确立相应的入市交易规则、建立公开交易的平台和制度等。在试点地区的入市实践中，集体或集体经济组织可以直接与土地受让方交易，从而在土地使用权转让的过程中掌握主导权。对地方政府来说，在入市中主导权的丧失意味着损失大量的土地出让收益，地方政府仅对入市过程进行指导和监督，并收取土地增值收益调节金。可以看出，“三块地”改革中的入市改革降低了地方政府收益，同时提高了农民与集体收益。

（三）中央政府对于土地增值收益分配的要求

从传统的土地征收模式到集体经营性建设用地入市，政府、集体、个人之间的收益关系发生了巨大的变化，土地收益分配由政府占优势转变为集体与农民占优势。在征收与入市中，中央政府对土地增值收益及分配提出了相关要求。《关于农村土地征收、集体经营性建设用地入市、宅基地制度改革试点工作的意见》指出，在集体经营性建设用地入市改革中，要“建立兼顾国家、集体、个人的土地增值收益分配机制，合理提高个人收益。针对土地增值收益分配机制不健全，兼顾国家、集体、个人之间利益不够等问题，要建立健全土地增值收益在国家与集体之间、集体经济组织内部的分配办法和相关制度安排”。2016 年 4 月印发的《农村集体经营性建设用地土地增值收益调节金征收使用管理暂行办法》同样提出要“建立兼顾国家、集体、个人的土地增值收益分配机制，保障农民公平分享土地增值收益”，同时要求“按照土地征收转用与农村集体经营性建设用地入市取得的土地增值收益在国家和集体之间分享比例大体平衡以及保障农民利益等原则，考虑土地用途、土地等级、交易方式等因素，确定调节金征收比例”，且“调节金分别按入市或再转让农村集体经营性建设用地土地增值收益的 20%—50%征收”。

根据上述中央政府相关政策的要求和精神，可以提炼出在土地增值收益分配问题上，以中央政府为主导方的政策立场与目的，如下所示。

立场 1（V1）：建立兼顾国家、集体、个人的土地增值收益分配机制。

目的 1（G1）：合理提高个人收益，保障农民公平分享土地增值收益。

目的 2（G2）：征收与入市中的土地增值收益在国家和集体农民之间分享比例大体平衡。

（四）现有研究综述

入市过程中农村集体、农民、地方政府、土地受让方、第三方服务方各自承担了不同的权利及义务，相应地产生了成本与收益。以农村集体和地方政府为对象对入市各项成本与收益进行了研究，分析了它们在入市中的各项成本与收益，其中又以研究入市增值收益分配为最多。在成本方面，邓梅娥等（2018）对入市土地供给和需求双方的成本与费用进行了分类梳理，并经过调查发现，当前入市土地使用权流转成本过高，交易时间偏长、风险较大。在收益方面，陈盈蒙（2018）论述了不同土地价格形式的增值机理，以及入市土地增值的本质。申文金和张文主（2018）分析了土地增值收益的影响因素，并提出了构建入市增值收益分配机制的对策和建议。李顺强（2018）总结并对比了浙江省德清县、安徽省金寨县、广西壮族自治区北流市、辽宁省海城市、北京市大兴区等多地的土地增值收益调节金的收取、使用、管理模式，并提出了相应的制度建议。

土地征收与入市之间是高度关联的，将两者进行对比研究也具有相当的意义和重要性。然而，国内对于土地征收与入市相结合或做对比分析的研究较为缺乏，国外更是尚未有研究涉及。总体而言，此类对比研究仍有较大空白。王湃等（2018）通过对比征收和入市，仿真模拟了农户选择行为，分析了征收、入市、征收转入市、入市转征收四种情景，发现农户对入市意愿更强。进一步地，提出土地增值收益调节金为 31%~37%方能实现征收与入市收益大体平衡。谢保鹏等（2018）建立了征收与入市的增值收益模型，通过定量方法对广东省佛山市南海区等九个试点县（市、区）的征收与入市进行了测算，发现征收、高调节金入市、低调节金入市三种情况下，集体所获收益比例分别为 23%、20%~85%、70%~95%。

（五）关于土地增值收益的争议

涉及土地收益分配问题，中央政府相关政策的提法均为土地增值收益。然而，相关文件对取得成本和开发成本的定义不明确，同一地区核算方法不同或同一方法选取的成本项目不同，核算得出的土地增值收益差异悬殊。各级政府及学界对于增值收益的概念、内涵、组成部分、计算方式等也存在较大争议。当前许多研究没有对土地收益、土地增值收益等概念进行厘清，相关测算过程较为模糊且差异较大。本章第二部分在理论分析的基础上，对土地收益与土地增值收益的含义进行了辨析，对各自的组成部分进行了分辨，第三部分则以宜城市为例，从农民与集体、地方政府的增值收益分配和总收益分配两个角度进行了测算和对比。

二、土地收益分配理论与模型

对比传统的土地征收模式与“三块地”改革中的入市模式，土地出让的主体和主导方分别为地方政府与农村集体，两种模式在具体的成本、费用、收益上有所不同，收益分配更是存在明显差异。以下对两种模式中涉及的诸多项目的含义进行确定和辨析，进而构建合理有效的收益分配模型进行对比。

（一）基本理论与概念

1. 土地价值与价格

土地同时具有自然属性和生产属性，既是相对稀缺的自然资源，也是人类的劳动对象和生产资料。土地价值问题是土地经济学的基本问题，理论界也逐步发展和演变出了如下几种土地价值理论：①以威廉·配第（William Petty）为代表的二元价值论。配第在《赋税论》（*A Treatise of Taxes & Contributions*）等著作中指出，劳动和土地共同创造价值，土地的价值取决于土地的产出和投入的劳动之间的比例关系。②亚当·斯密（Adam Smith）的三元价值论，即价值取决于工资、利润和地租。③马歇尔（Alfred Marshall）的均衡价值论，即商品的价值就是交换价值，他还将土地价值类型区分为原始价值、公有价值和私有价值。④马克思（Karl Marx）的土地价值理论，他把土地物质和土地资本区别开来，他认为土地物质指作为一种自然资源的土地，未经利用便没有价值，土地资本指对现有土地进行投资而产生的价值。除上述理论外，其他学者也提出过土地价值论、生产效用论、稀缺价值论等，在此不赘述。

价格是价值的货币化表现形式，在征收与入市中，土地所有权出让方与受让方围绕土地价格开展交易。除市场供给与需求关系外，有诸多因素可能影响土地价格，一般可包括如下三类：①社会经济因素，一般包括土地所在地区社会经济情况、城镇化程度、政府财政收支、城镇土地利用规划等；②区位因素，包括土地所在城市、县区、街区的自然条件、区位条件、基础设施与公共服务水平等；③宗地因素，包括土地自身的面积、土壤、规划利用类型、开发程度等。

2. 成本与费用

征收和入市的本质是土地使用权的转移，在使用权转移前后会产生各种成本和费用，土地增值扣除使用权转移成本后才是土地增值收益。一般来说，征收和入市中的成本主要包括历史成本、开发成本、服务费用等。历史成本主要包括早期建设的推、填土的劳务成本，道路铺设的实物投入和资金投入等。这些成本不应计入土地核算成本，主要理由有二：第一，如实测算难度大。不但要将上述投入换算成可量化的金额，还要结合物价变化折算到入市时点的市场价格，操作复杂，且测算结果不易受到认可。第二，即便在历史资料齐全的情况下，这些历史性投入已经固化到土地价值中，且随着多年的使用后剩余价值所剩无几，不宜再核算为成本。开发成本（C_d）即上文所述土地整理阶段发生的成本，为使得被征收或入市的土地达到转让条件，地方政府或集体需要投入一定的劳动、资金及生产资料对土地进行整理或更新改造，这一成本需要从土地增值中扣除。其他费用（C_f）主要包括征收或入市主体向第三方测绘、估价、土地整理机构支付的服务费用，以及由于建设用地使用权转让指标不足所产生的指标交易费、耕地开垦费等。

3. 土地增值与分配

本书所指的土地增值指的是土地价格的上升的幅度。作为一种特殊的商品，特定地区的土地价格会受到各类因素的影响。从长期来看，城市与人口的扩张、基础设施与公共服务的投入、城市规划变更等都会影响土地的价格。本书关注的土地征收与入市流程所需时间相对较短，土地价格上升多受到短期因素影响，如生产性投入、用途改变、权属转移、政府管制、市场关系等。对于征收和调整入市的集体土地，该地块会经历农业生产、用途转换、土地开发、使用权出让四个阶段，对于就地入市和整治入市的地块，也会经历用途转换、土地开发和使用权出让阶段。在此将征收与入市中的土地增值过程总结如下。

在农业生产阶段，农村家庭或者组织以土地为生产资料，投入劳动、机械进行农业生产并以农产品作为回报，在这一过程中土地价值基本不变，可认为不发生增值。在用途转换阶段，一般农业用地转换为建设用地（生地），土地在这一过程中发生用途转换增值（A_1）。在土地开发阶段，集体或地方政府通过投入人力、物力、财力对土地进行修复、整理，对土地及周边基础设施进行开发建设，使其达到征收或入市的基本条件（熟地），在这一过程中发生开发性增值（A_2）。在使用权出让阶段，土地价格受到市场供求的影响，一般来说成交价格会高于初始价格，在这一过程中发生市场性增值（A_3）。土地受让方可将土地使用权进行转让，转让过程一般也会发生增值，但不在本书的讨论范围内。

4. 区分增值收益与收益

图 10-1 给出了土地增值的过程，其中 P_1、P_2、P_d 分别表示用途转换增值后的价格、开发性增值后的价格、市场性增值后的价格。需要指出的是，土地在发生增值前便已经存在初始价值。不论是征收还是入市，在国家和农民集体之间分配的土地增值收益主要是指建设用地相对于农用地的价值增加部分。在国家和集体两种土地所有制并存的制度背景下，集体土地出于公共利益而发生用途变化，相当于放弃了原农用地产生的农业价值，该价值即初始价值。初始价值可用当地农用地价格 P_0 来表示，也可以用农民所获得的征地补偿 S 来表示，可参照现有土地征收补偿标准来确定，包括土地补偿费、安置补助费、地上青苗和附着物补助费等。初始价值应归农民集体享有，不应被视为土地增值收益进行分配。农民放弃所承包土地的使用权，从而获得土地补偿费、安置补助费，对于集体或政府来说这是土地初始价值，也可看作收回土地使用权的获取成本；对于农民来说这是征收或入市中所获得总收益的一部分，但不是从增值收益分配中获得的增值收益。然而，通过发放生活补贴，实行留地、留物业等提高农民集体在土地征收过程中分享的土地增值收益，属于征地改革后成果，不应被计入初始价值。土地征收与入市中成本费用及收益的关系如图 10-2 所示。

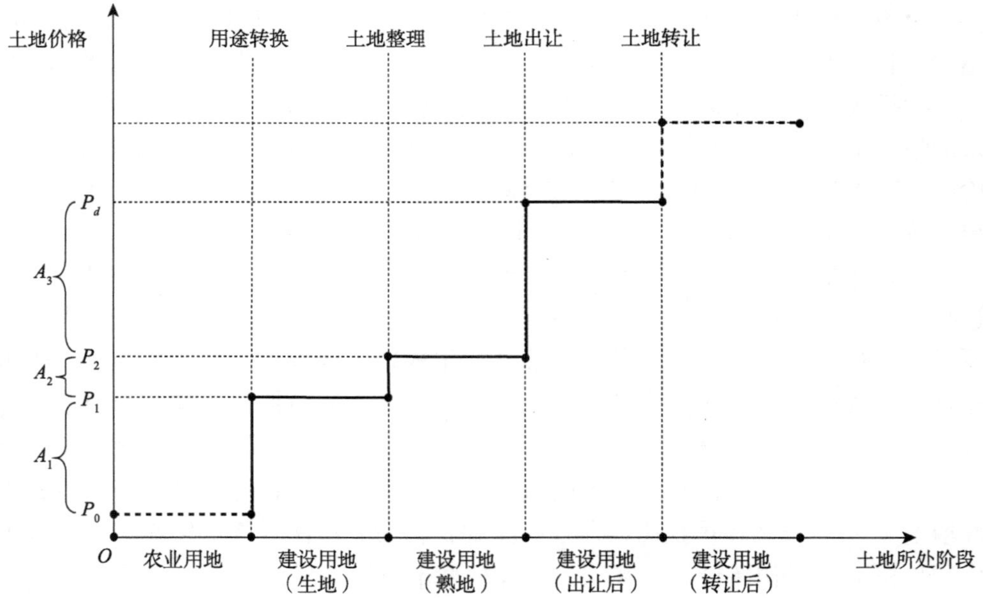

图 10-1　土地增值示意图

土地征收或入市中，部分土地不会经历农业用地或使用权转让后阶段，故这两部分土地价格变化用虚线表示；各阶段土地增值幅度仅为示意，不表示实际数量关系

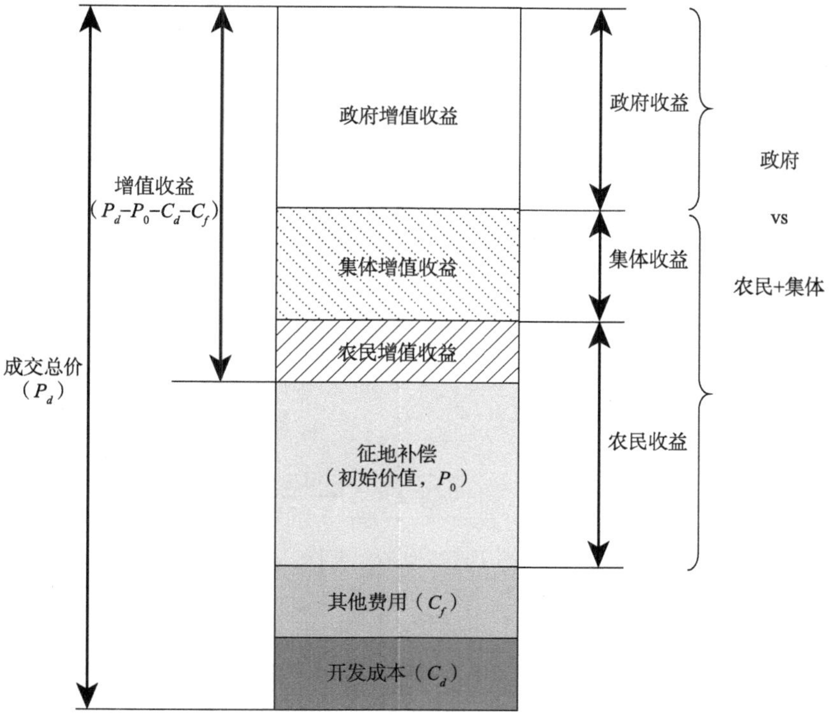

图 10-2　成本费用及收益的关系

综上所述，出让总价（P_d）扣除征地补偿（初始价值，P_0）后可得到土地增值（$A_1+A_2+A_3$），进一步扣除成本费用（C_d+C_f）后可得到可分配的土地增值收益。集体与政府从可分配的增值收益中获得各自的部分（即他们的总收益），而农民分配的总收益为属于他们的增值收益加上征地补偿。由于征地补偿是农民与集体获得的最重要收益之一，若按土地增值收益进行测算和分配，会对农民与集体收益产生低估，并影响后续研究的合理性和准确性。又由于农民与集体间存在部分共享收益，且集体所获收益往往需要在农民与集体内部再分配，故将农民与集体视作一方，地方政府视作另一方，从增值收益和总收益分配两个角度进行测算和研究。

（二）模型构建

1. 土地征收收益分配

我国土地征收过程中各参与方及成本收益关系如图 10-3 所示。地方政府通过征收获得土地所有权和使用权，并将其出让给土地受让方。土地增值收益为土地成交

价格 P_d^z 扣除征地补偿（即初始价值）S_{vc}^z 与成本 $C_d^z+C_f^z$ 后的剩余价值，并在农民与集体、地方政府间分配。农民与集体总收益 I_{vc}^z 包含两部分：一是征地补偿（初始价值）S_{vc}^z；二是养老保险、就业培训、留地、留物业等增值收益 A_{vc}^z。地方政府所获总收益 I_g^z 为成交价格扣除征地补偿、成本、农民与集体的增值收益后的剩余价值。

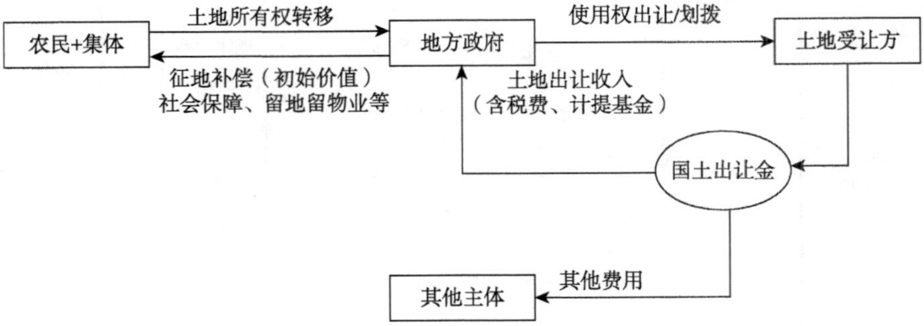

图 10-3 征收示意图

$$I_{vc}^z = S_{vc}^z + A_{vc}^z \tag{10-1}$$

$$I_g^z = P_d^z - C_d^z - C_f^z - I_{vc}^z \tag{10-2}$$

2. 集体经营性建设用地入市收益分配

与征收不同的是，入市的土地流转主体由地方政府变为集体或集体经济组织（图 10-4）。地方政府的收益 I_g^r 为入市成交总价 P_d^r 乘以调节金率 F^r 及可能存在的税费的税率 T^r 之和。农民与集体收益 I_{vc}^r 为成交总价 P_d^r 扣除成本 $C_d^r+C_f^r$ 及地方政府收益 I_g^r 后的剩余价值，如式（10-4）所示。

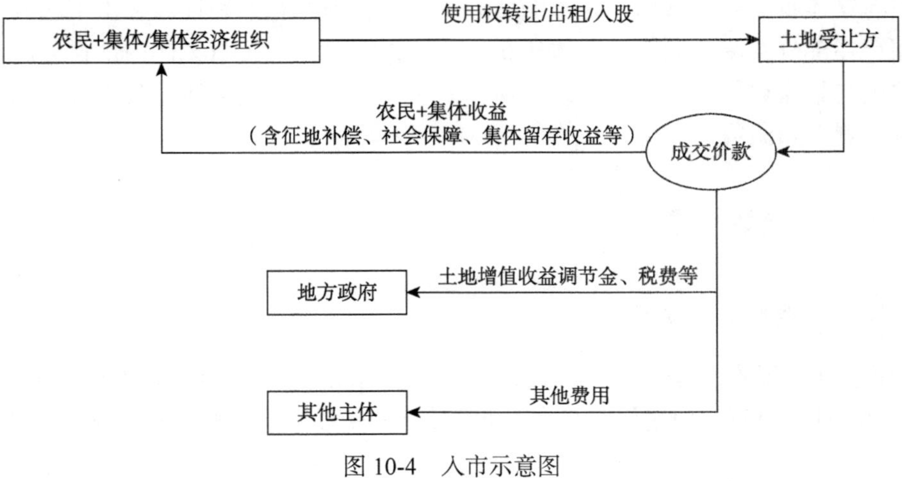

图 10-4 入市示意图

$$I_g^r = \left(F^r + T^r\right) \times P_d^r \quad (10\text{-}3)$$

$$I_{vc}^r = P_d^r - C_d^r - C_f^r - I_g^r \quad (10\text{-}4)$$

三、宜城市土地收益分配核算

（一）宜城市入市改革概况

1. 拟入市集体经营性建设用地存量

宜城市在开展农村宅基地制度改革试点后，于2016年正式承担土地征收与集体经营性建设用地入市两项改革及“三块地”统筹任务。宜城市组织工作对全市集体经营性建设用地进行排查、摸清底数。经过实地调查，宜城市存在大量闲置的村小学、村委会、集体福利院等用地，符合土地利用总体规划，因搬迁或改制等造成用地闲置，且大多已进行流转，且宜城市这一类用地需求较多，可将闲置的公共管理与公共服务用地转变为经营性用途纳入入市范围。以宜城市2016年土地利用现状变更数据库为工作基础数据，经过 2 轮排查和 1 轮实地调查，对 667 块存量集体经营性建设用地是否符合土地利用规划、规划用途、宗地面积、现状利用、处置意向等进行了核查，筛选出 85 宗具备入市条件的地块，面积为 372 258.8 平方米。其中公共管理与公共服务用地（闲置）39 宗，面积 167 290.9 平方米；工矿仓储用地 41 宗，面积 187 722.2 平方米，商服用地 5 宗，面积 17 245.7 平方米。全市的工矿仓储用地和公共管理与公共服务用地（闲置）宗地数约占可入市土地宗地数的94%，面积占比约为95.37%，工矿仓储用地和公共管理与公共服务用地（闲置）是未来宜城市集体经营性建设用地入市的主要用途（表 10-2）。在摸清当地入市土地存量的基础上，宜城市对全市存量集体经营性建设用地入市潜力、途径及交易流程进行了分析论证，筛选确定了重点入市地块和入市方向，为推进入市改革工作打下了坚实基础。

表 10-2　宜城市拟入市集体建设用地存量及分布

镇（办）	商服用地		工矿仓储用地		公共管理与公共服务用地（闲置）		合计	
	宗地数/宗	面积/平方米	宗地数/宗	面积/平方米	宗地数/宗	面积/平方米	宗地数/宗	面积/平方米
A	1	686.6	10	36 094.2	5	17 691.7	16	54 472.5
B	0	0	1	3 183.7	4	15 217.0	5	18 400.7
C	0	0	0	0	3	16 564.9	3	16 564.9

续表

镇（办）	商服用地		工矿仓储用地		公共管理与公共服务用地（闲置）		合计	
	宗地数/宗	面积/平方米	宗地数/宗	面积/平方米	宗地数/宗	面积/平方米	宗地数/宗	面积/平方米
D	0	0	2	6 443.4	5	24 691.5	7	31 134.9
E	2	4 252.5	3	43 415.5	3	14 499.5	8	62 167.5
F	1	1 918.3	2	12 263.0	1	7 126.3	4	21 307.6
G	0	0	4	20 283.6	5	29 547.4	9	49 831.0
H	0	0	1	3 329.1	0	0	1	3 329.1
I	1	10 388.3	15	28 274.9	11	33 698.5	27	72 361.7
J	0	0	3	34 434.8	2	8 254.1	5	42 688.9
合计	5	17 245.7	41	187 722.2	39	167 290.9	85	372 258.8

2. 入市改革相关政策

宜城市在入市改革及“三块地”统筹的实践中，编制了《宜城市农村集体经营性建设用地入市方案》《宜城市统筹协调推进农村土地制度改革三项试点实施方案》等相关政策规定，并主要从以下几个方面开展了入市改革。

一是探索完善农村集体经营性建设用地产权管理制度。在摸清底数的基础上，明确农村集体经营性建设用地入市权利，对符合规划、依法取得的用地所有人赋予占有、使用、收益的权利，并允许集体经营性建设用地使用权出让、租赁、作价出资（入股），依法保护农村集体经营性建设用地使用权。同时，探索村（居）民委员会、镇政府或镇集体经济组织、其他专营公司等多种入市主体及组织形式。

二是明确农村集体经营性建设用地入市范围和条件。在入市范围方面，符合土地利用总体规划、城乡规划的，确定为工矿仓储、商服等经营性用途的集体建设用地可以入市；宅基地通过转变用途、调整区位转为经营用地的，可以采用入市方式实行有偿使用；同时允许农村公益设施用地通过转变用途，实施经营性建设用地入市。在入市条件方面，对拟入市地块在入市主体、权属、规划、用途等入市条件方面做出了详细规定。

三是规范了集体经营性建设用地入市各项制度。在入市中农民集体内部管理方面，落实农民对土地入市的民主管理权利，建立农村集体经营性建设用地入市公示制度，规范入市内部收益分配和使用管理制度。在入市实施管理方面，严格市场准入管理，规范入市方式和价格管理，严格合同管理，规范现有集体建设用地入市管理，加强集体建设用地使用权登记。在监管服务制度方面，建立城乡统一的建设用地规划管理制度、建设用地使用权金融管理制度、建设用地税收制度等，加强和改善市场服务工作。

3. 对土地收益分配的要求

在中央政府立场 V1、目的 G1 和 G2 的基础之下，宜城市提出了相应的对土地收益分配的要求，同样秉承了中央政府的精神，大多采用了土地增值收益的提法。以下以策略、措施、结果的形式对相关规定和要求进行梳理。

策略（S）：建立土地增值收益合理分配机制。

措施 1（M1）：探索土地增值收益核算办法。

根据宜城市近几年土地征收和土地供应情况，研究制定土地征收转用和集体经营性建设用地入市的土地增值收益核算办法。进一步完善宅基地增值收益核算办法。

措施 2（M2）：合理确定国家与集体的收益分配比例。

依据财政部、国土资源部制定的《农村集体经营性建设用地土地增值收益调节金征收使用管理暂行办法》，综合考虑土地用途、区位条件、土地等级、交易方式等因素，制定差异化的集体经营性建设用地入市土地增值收益调节金收取比例。征收转用农民集体土地的增值收益可参照相应比例执行。实行集体与国有建设用地统一的税收制度，探索集体土地所有权主体以多种方式承担纳税义务的途径。

措施 3（M3）：明确农村集体经济组织内部收益分配。

农村集体经济组织以现金形式取得的土地增值收益，按规定比例留归集体后，在农村集体经济组织成员之间公平分配。农村集体经济组织取得的收益应纳入农村集体资产统一管理，可作为宅基地有偿退出回购资金，其管理和使用接受审计监督和政府监管，实行村账镇管的监督制约机制。宅基地有偿使用或退出后的土地增值收益，由集体成员共同分享。

措施 4（M4）：建立跨集体经济组织的经济补偿机制。

对于通过整理零星、分散集体经营性用地入市的，建立完善集体经济组织间的经济补偿协调机制，以保障各方利益。

结果 1（R1）：确定了分段累进的调节金收取标准

以历史数据科学测算分析成本和收益分配，确定按成交亩均单价分段累进缴纳调节金，细分了不同用途、不同区位、不同类型、不同成交价位的地块调节金标准，体现价高多调、价低少调。

结果 2（R2）：确定了农村集体经济组织内部收益分配标准及管理制度

明确集体经济组织分配比例原则上不少于入市净收益的 40%，优先用于发展村集体经济、村基础设施建设、村公益事业建设、村社会保障、宅基地回购等方面，留存村集体后剩余的收益在农村集体经济组织之间公平分配；集体经济组织取得的收益纳入农村集体资产统一管理，制定经成员认可的土地增值收益分配办法，分配情况纳入村务公开内容，接受审计监督和政府监管。宜城市在构建兼顾国家、集体和个人的收益分配机制过程中，明确收益属性、收益主体、收益用途、收益标准，显化农村土地价值，抓好利益分配的平衡点，实现了一举多得、多方共赢的目标。

（二）宜城市征收收益分配核算

为了比较征收与入市收益及分配的差异，需要对宜城市农村土地征收改革开始（2016 年 9 月）之前的征收案例进行核算。由于宜城市离试点时间最近一次的土地征收补偿标准于 2014 年进行调整更新，2015 年征地管理费用取消，故本书仅选取了 2015~2016 年两年的全市农地转用的面积、用地类型、成交价格等统计数据进行分析。按照土地利用类型进行分类统计，得到各类土地征收转用面积、征地补偿[①]及出让价格总体情况，如表 10-3 所示。由于不同时期、地区及用地类型的土地供应价格、征地补偿标准、征地相关税费种类及比例等均有所不同，以下区分土地供应用途分年度核算收益情况，如表 10-4 所示。

表 10-3　2015~2016 年宜城市土地征收总体情况

用地类型	面积		出让金额		征地补偿	
	面积/亩	占比	总价/万元	单价/（万元/亩）	总价/万元	单价/（万元/亩）
工业	1 644.0	78.3%	16 728.4	10.2	5 988.9	3.6
住宅	234.8	11.2%	19 268.4	82.1	1 009.3	4.3
商服	191.2	9.1%	20 284.4	106.1	821.0	4.3
其他	29.6	1.4%	790.0	26.7	127.4	4.3
合计/平均值	2 099.6	100.0%	57 071.2	27.2	7 946.6	3.8

表 10-4　2015~2016 年宜城市土地征收出让价款与各项费用　单位：万元

用地类型	出让价款（P_d^z）	征地补偿（S_{vc}^z）	养老保险补贴（A_{vc}^z）	开发成本（C_d^z）	其他费用（C_f^z）
工业	16 728.4	5 988.9	1 561.8	8 772.1	239.6
住宅	19 268.4	1 009.3	223.1	1 252.9	40.4
商服	20 284.4	821.0	181.6	1 020.1	32.8
其他	790.0	127.4	28.2	158.2	5.1
合计	57 071.2	7 946.6	1 994.7	11 203.3	317.9

利用表 10-4 数据，基于式（10-1）~式（10-4），可以测算出农民和集体、政

① 宜城市征地补偿标准见附表 10-1 及附表 10-2。

府两方的增值收益与总收益，以及农民和集体收益与政府收益两方分配的比值，详见表 10-5。综合来看，在增值收益分配中，地方政府几乎获取了全部的增值收益，而农民与集体仅通过社会保障、留地、留物业等途径获取少量增值收益。从数值上看，地方政府占据了 94.7%的增值收益，农民与集体仅占 5.3%，除工业用地外，其他类型土地征收中政府获取增值收益占比更高。在总收益分配中，农民与集体总收益囊括了较高额的征地补偿，其收益分配占比有所提高，但仍处于劣势。从数值上看，农民和集体约获得总收益的 21.8%，地方政府约获得总收益的 78.2%，两者比例接近 2∶8。从用地类型来看，工业用地征收中，农民与集体获得了几乎全部的收益。这是因为宜城市经济活跃程度不高且工业基础薄弱，工业用地的意向受让方数量少，因此其出让总价很低，在征地补偿标准、成本费用基本不变的前提下，地方政府仅能获得很少的收益。在住宅、商服用地的征收中，地方政府则占据了 90%以上的总收益，在其他用地的征收中，地方政府也获得了 75%以上的总收益。

表 10-5　2015~2016 年宜城市土地征收增值收益与总收益分配

用地类型	增值收益				总收益			
	农民+集体增值收益/万元	政府增值收益/万元	农民＋集体占比	政府占比	农民+集体收益/万元	政府收益/万元	农民＋集体占比	政府占比
工业	1 561.8	166.0	90.4%	9.6%	7 550.7	166.0	97.8%	2.2%
住宅	223.1	16 742.7	1.3%	98.7%	1 232.4	16 742.7	6.9%	93.1%
商服	181.6	18 228.9	1.0%	99.0%	1 002.6	18 228.9	5.2%	94.8%
其他	28.2	471.1	5.6%	94.4%	155.6	471.1	24.8%	75.2%
合计/占比	1 994.7	35 608.7	5.3%	94.7%	9 941.3	35 608.7	21.8%	78.2%

由于土地出让金在政府财政收入中占比较高，征地补偿标准较低，农民和集体在征收过程中所获收益较少，宜城市在中央农村土地制度改革的指导精神下开展了征收改革，主要内容与中央要求相同：一是缩小征地范围，包括合理界定公共利益用地范围，探索制定土地征收目录，探索建立公共利益认定争议解决机制等。二是规范土地征收程序，包括建立土地征收社会稳定风险评估制度，建立被征地农民养老保险补贴资金预缴存制度，以及探索征地过程的民主协商与争议解决机制。三是完善被征地农民的多元化保障机制，当地在住房安置、留地、留物业、发展农村合作组织、扶持就业创业等方面都进行了探索。宜城市严格限制了土地征收目录，缩小征地范围 25%，2017 年全年较前三年（2014~2016 年）平均征地面积减少了 63.93%，耕地占用面积减少了 71.68%①。

① 数据来源于调研资料。

（三）宜城市入市收益分配核算

截至 2018 年 8 月，宜城市有 7 宗土地入市，入市总面积 32.98 亩，出让总价 456.76 万元。这 7 宗土地分布在 6 个镇区，包括商服、科教、仓储、工业等类型，2 宗为就地入市，其余 5 宗为调整入市。7 宗入市土地的详细出让总价、征地补偿、耕地占用税、开发成本、其他费用、调节金①等数据见表 10-6。

表 10-6 宜城市已入市 7 块集体土地各项数据

镇区	途径	用途	面积/亩	出让总价（P_d^r）/万元	征地补偿（S_{vc}^r）/万元	耕地占用税（$T^r \times P_d^r$）/万元	开发成本（C_d^r）/万元	其他费用（C_f^r）/万元	调节金（$F^r \times P_d^r$）/万元
G	就地	商服	1.1	45.2	0.0	2.2	0.0	0.0	8.9
I	调整	商服	3.6	72.4	11.7	7.2	0.0	11.3	10.1
I	调整	商服	3.0	60.0	9.7	6.0	0.0	9.3	8.4
H	就地	科教	5.0	50.0	0.0	0.0	0.0	0.5	6.0
J	调整	工业、仓储	7.0	77.8	22.6	14.0	0.0	21.9	9.3
F	调整	工业、仓储	10.8	114.2	39.0	21.5	0.0	33.5	13.7
D	调整	其他	2.5	37.2	9.9	5.0	0.0	8.1	4.5
合计			33.0	456.8	92.9	55.9	0.0	84.6	60.9

利用表 10-6 数据，基于式（10-1）~式（10-4），可对宜城市已入市 7 块集体土地的收益分配进行核算，结果如表 10-7 所示。不同地块收益总量与分配情况差异较大，主要由地块用途、所在区位等因素决定。综合来看，在增值收益分配中，农民和集体、地方政府所获增值收益占比分别为 58.2%、41.8%，农民与集体占比较土地征收而言大幅度提高。在总收益分配中，农民和集体所获收益占总收益的 68.6%，该占比有了进一步提高，相应地，地方政府收益占比为 31.4%，两者比例为 0.69∶0.31。从宗地来看，两宗就地入市的土地虽然不发生征地补偿，但是耕地占用税和土地增值收益调节金相对较低，故在这两宗土地的入市中，农民与集体收益占比高于调整入市中的占比。从用地类型的角度分析，商服与科教用地入市中农民与集体收益占比相对较高，工业、仓储用地的这一比例较低，原因是其耕地占用税和土地增值收益调节金较高。

① 宜城市土地增值收益调节金收取标准见附表 10-3。

表 10-7　宜城市已入市 7 块集体土地收益分配

镇区	增值收益				总收益			
	农民+集体增值收益/万元	政府增值收益/万元	农民＋集体占比	政府占比	农民+集体收益/万元	政府收益/万元	农民＋集体占比	政府占比
G	34.1	11.1	75.4%	24.6%	34.1	11.1	75.4%	24.6%
I	32.0	17.4	64.8%	35.2%	43.7	17.4	71.5%	28.5%
I	26.6	14.4	64.9%	35.1%	36.3	14.4	71.6%	28.4%
H	43.5	6.0	87.9%	12.1%	43.5	6.0	87.9%	12.1%
J	10.0	23.3	30.0%	70.0%	32.6	23.3	58.3%	41.7%
F	6.4	35.2	15.4%	84.6%	45.4	35.2	56.3%	43.7%
D	9.8	9.4	51.0%	49.0%	19.7	9.4	67.6%	32.4%
合计/占比	162.4	116.8	58.2%	41.8%	255.3	116.8	68.6%	31.4%

四、总结与讨论

（一）宜城市土地收益分配情况总结

宜城市自 2015 年起承担宅基地制度改革，2016 年起承担集体经营性建设用地入市与土地征收制度改革，在三项改革任务及“三块地”统筹工作上已经取得了诸多成果，在一定程度上解决了当地城乡建设用地利用问题，并为中央政府提供了相应的改革经验。从土地征收到集体经营性建设用地入市，土地入市模式的改变对各参与方的收益关系产生了深刻影响，宜城市农民与集体所获收益与占比均有了明显提高，地方政府所获收益与占比则相应下降。从立场-目的-策略-措施-结果的 S-CAD 政策评估结构的角度看，宜城市地方政府的策略及各项措施较好地反映并实现了中央政府的目的 1（V1），但对于目的 2（V2）的反映和实现则相对不足，不论是增值收益还是总收益的分配，难以实现征收和入市的大体平衡。可以说，宜城市地方政府根据自身实际情况开展的各项改革实践，达到了中央政府对土地收益分配的部分预期，但由于改革过程中的诸多限制因素，现阶段仍较难实现收益大体平衡等政策预期。

（二）值得借鉴的经验

一是以补偿合理、安置多元、保障长远为目标，创新了补偿安置办法。宜城市改进了土地征收补偿按年产值倍数计算的方法，制定了土地征收区片综合地价，安置方式由“单选”变“多选”，征收农用地初步构建了货币补偿、社会保险、留地安置、扶持就业等多重保障。在货币补偿方面，综合考虑地类、产值、区位、经济发展水平、人均耕地数量等情况制定征地综合区片价，将补偿标准提高了 25.00%~29.31%，保证被征地农民合法权益不受损。在养老保险方面，坚持城乡居民养老保险和城镇职工养老保险“两扇门”全部打开，实行征地多的先补，年龄大的多补，人均可补贴 33 749 元。在医疗保险方面，被征地农民每年补贴 100 元，以购买“新农合”（新型农村合作医疗）。在扶持就业方面，为被征地农民免费提供就业咨询、就业指导、就业培训、职业介绍、创业辅导等服务。通过补偿方式多元化，被征地农民生活水平有所提高、长远生计有所保障。

二是创新了调节金征缴办法，较好地兼顾了各方利益。宜城市以财政部和国土资源部确定的调节金基本比例为依据，选取了当地 2010~2016 年交易的 138 块经营性用地，测算分析成本和收益分配情况，确定按成交亩均单价分段累进缴纳调节金（成交亩均单价 15 万元以内的部分，按 12%计算；15 万~30 万元部分，按 20%计算；30 万~50 万元部分，按 30%计算；超出 50 万元以上部分，按 40%计算），体现了价高多调、价低少调，细分了不同用途、不同区位、不同类型、不同成交价位的地块调节金标准，建立公平共享的国家、集体、个人收益分配机制。

三是落实了土地收益集体内部分配的相关规定。对于土地收益在集体内部的分配，有些地区规定了分配比例，有些地区则没有明确的规定。宜城市则规定以现金形式取得的收益按规定比例留归集体后，在农村集体经济组织成员之间公平分配。同时为避免集体侵占、挪用农民收益，以及管理混乱、监管不力等情况，宜城市规定农村集体经济组织取得的收益应纳入农村集体资产统一管理，并对其使用和监管做出了规定，保障了农民与集体双方的合法权益。

（三）深化改革建议

虽然宜城市在土地收益分配方面取得了一定成果，并因地制宜地探索出了改革经验和模式，但仍存在一定不足，在此提出土地收益分配方面的几点深化改革建议。

一是确立统一的收益测算方式，因地制宜地进行收益分配。虽然中央政府在诸多文件中提出了对增值收益的相关要求，但仍未对增值收益、收益等相关概念进行明确辨析。当前不同地方政府改革实践中的收益测算方式也存在差异，包括初始价值、成本、调节金基数等在内的许多内容没有得到明确，不利于后续工作的开展以及经验的提炼与借鉴。因此建议中央政府结合地方实际经验，充分听取专家学者意见，出台相关政策将征收与入市中的收益测算方式规范化。需要注意的是，测算规范化的同时，具体的收益分配模式不应统一化，而应结合地方实际因地制宜地进行处理，这样才能使得收益分配更合理，改革更具效率。

二是适当调整增值收益调节金比例。中央政府要求的土地增值收益调节金为20%~50%，宜城市根据成交单价的不同将这一比例规定在 12%~40%。然而，由于宜城市经济基础相对较弱，工商业经济及土地市场活跃度不高，加之受入市地块区位条件、宗地面积等因素的影响，入市成交价格普遍较低，实际征收调节金平均比例约为 13%。从上文测算中可以看出，从土地征收到集体经营性建设用地入市，农民与集体收益大幅度提高，地方政府收益相应大幅降低，虽然在一定程度上缓解了地方政府对土地财政的依赖，但距离中央政府征收与入市收益分配大体平衡的要求仍较远。因此，试点地区可适当上调调节金的比例，对地方政府的收益进行适当兼顾。

三是深入落实社会保障、留地、留物业政策，或将留地比例折算成现金、股份由农民集体共享。切实保障农民合法权益，提高其所获收益并完善多元保障机制是“三块地”改革的核心目标之一。在本书的研究框架中，给予被征地农民的征地补偿属于征收或入市过程中的初始价值，农民所获增值收益仅包括社会保障、留地、留物业及其他措施带来的收益。当前宜城市在养老、医疗、就业等社会保障措施上有了较为成熟的探索，但留地、留物业等保障手段仍未完全落实。对于宜城市及其他试点地区而言，应当在提高货币补贴的基础上，从社会保障、留地、留物业等方面入手，进一步地创新其他保障机制，以实现对被征地农民长远生计的多元化保障。

本 章 附 录

（一）宜城市征地补偿标准

附表 10-1　宜城市土地征收各项成本费用标准

费用项目	名称	费用标准	备注
土地取得成本	征地补偿	平均 3.55 万元/亩	包括土地补偿、安置补助、青苗及地上附着物
	养老保险补贴		参见《宜城市被征地农民参加基本养老保险实施细则》
	其他安置		留地、留物业、就业培训等
征地服务费	征地及出让服务费（测绘、评估、交易费）		拨给征地相关二级单位、负责交易单位（看具体情况）
征地相关税费	新增建设用地有偿使用费	1.6 万元/亩	新增建设用地土地有偿使用费按规定上缴中央财政 30%，地方政府留用的 70%，分别按省 20%、当地 50%分成

续表

费用项目	名称	费用标准	备注
征地相关税费	耕地开垦费	平均 1.4 万元/亩	土地补偿费标准的 1 倍（根据 2014 年统一年产值标准：一级 1.8 万元/亩、二级 1.56 万元/亩、三级 1.45 万元/亩、四级 1.35 万元/亩）。耕地开垦费实行省、市（州）、县（市）土地管理部门三级分成使用，按省 30%、市（州）20%、县（市）50%的比例分成
	耕地占用税	2 万元/亩	
	征地管理费	征地补偿费的 2.6%	自 2015 年 1 月 1 日起征地管理费已取消
	新菜地开发基金	0	
土地出让收益计提资金	农业土地开发基金	3 500 元/亩	根据财建〔2004〕174 号文件，“土地出让金划缴的农业土地开发资金= 土地出让面积×土地出让平均纯收益标准（对应所在城镇等别）×各地规定的土地出让金用于农业土地开发的比例（不低于 15%）”。宜城市土地出让平均纯收益征收标准为 35 元/米 ^{2}，按 15%计提
	土地收益基金	成交价款 4%	襄政办发〔2014〕83 号
	三项计提基金	成交价款的 7.5%	农田水利建设资金（财综〔2011〕48 号、襄政办发〔2014〕83 号），教育资金（财综〔2011〕62 号、襄政办发〔2014〕83 号），保障性安居工程建设资金（襄政办发〔2014〕83 号），均按出让总额的 2.5%计提，3 项均是 2.5%
土地开发费	五通一平		缺统计数据

附表 10-2 宜城市土地征收征地补偿标准

区域编号	统一年产值标准单位：元/亩	补偿倍数	征地补偿标准单位：元/亩	土地补偿费		安置补助费		青苗补偿费		征地补偿标准修正系数					
				倍数	标准单位：元/亩	倍数	标准单位：元/亩	一般耕地单位：元/亩	菜地单位：元/亩	菜地	果园	茶园	精养鱼塘	林地	未利用地
Ⅰ	1 800	25	45 000	10	18 000	15	27 000	1 800	1 980	1.1	1.1	1.1	1.1	0.7	0.5
Ⅱ	1 560	24	37 440	10	15 600	14	21 840	1 560	1 716						
Ⅲ	1 450	24	34 800	10	14 500	14	20 300	1 450	1 595						
Ⅳ	1 350	23	31 050	9	12 150	14	18 900	1 350	1 485						

（二）宜城市土地增值收益调节金收取标准

附表 10-3 宜城市土地增值收益调节金收取标准

成交单价/（万元/亩）	土地增值收益调节金收取比例
15 及以下	12%
16~30	20%
31~50	30%
51 及以上	40%

第十一章　统筹推进农村土地制度改革三项试点专题研究

一、统筹推进三项试点历程

推进农村土地制度改革是党的十八届三中全会部署的重大改革事项。2014 年 12 月 2 日召开的中央全面深化改革领导小组第七次会议审议通过了《关于农村土地征收、集体经营性建设用地入市、宅基地制度改革试点工作的意见》，农村土地制度改革三项试点正式拉开帷幕。

试点初期，33 个试点县（市、区）被赋予不同的改革任务，各地区瞄准农村土地制度改革三项试点中的一项“单兵突进”。由于单项改革难以形成合力，无法整体性破除制度障碍壁垒，随着试点工作的不断深入，统筹协调不够的问题日益凸显，为了让农村土地制度改革三项试点协同推进，形成改革的共振效应，经中央全面深化改革委员会办公室批复，国土资源部于 2016 年 9 月召开统筹协调推进农村土地制度改革三项试点部署动员会议，将农村集体经营性建设用地入市和农村土地征收制度改革推广到全部 33 个试点。宅基地制度改革仍维持在原 15 个试点地区。

2017 年 11 月 4 日，十二届全国人大常委会第三十次会议决定将农村土地制度改革三项试点延期至 2018 年底，并将宅基地制度改革拓展至 33 个试点，农村土地制度改革三项试点进入全面覆盖、深度融合阶段。2018 年 12 月 29 日，十三届全国人大常委会第七次会议再次将授权延长至 2019 年底。农村土地制度改革三项试点历时五年，33 个试点地区按照党中央、国务院的部署安排，从单项突破到三项统筹，改革释放出巨大的综合效应。

根据上述改革历程和相关政策要求，在三项试点统筹问题上，可以提炼出如下以中央政府为主导方的政策立场与目的。

立场 1（V1）：统筹推进三项试点改革，深化我国农村土地制度改革。

目的 1（G1）：破除制度障碍，解决统筹协调不足问题。

目的 2（G2）：形成共振效应，释放改革综合影响。

在中央政府政策精神指导下，各试点地区采取不同手段开展三项试点改革的统筹推进工作。在丰富的数据资料及实地调研的基础上，分析各地区三项试点融合的主要做法，并将其总结为以试点地区为主导的策略和措施。

二、三项试点融合主要做法

（一）完善制度机制，落实改革举措（S1）

1. 国家指导，地方落实（M1）

党中央、国务院高度重视农村土地制度改革，出台了《关于农村土地征收、集体经营性建设用地入市、宅基地制度改革试点工作的意见》等改革顶层设计，为农村土地制度改革指明了方向。自然资源部根据中央部署，出台政策文件，系统谋划和深入推进三项试点；通过召开部署会议、交流会议等方式，统筹推进农村土地制度改革三项试点的全面覆盖和深度融合；建立改革试点部门联络员机制和月报制度，及时掌握试点动态，沟通工作进展。试点地区结合实际，设计了征地制度与入市改革相统筹、入市与宅基地制度改革相统筹、宅基地与征地制度改革相统筹的政策，强化统筹推进三项试点深度融合政策供给，增强了三项试点的整体性、耦合性、协同性。

2. 加强领导，完善机制（M2）

自然资源部党组多次召开专题会议研究试点问题。各试点地区落实省委直接抓、试点地方党委负责的总要求，把党委政府主要领导亲抓农村土地制度改革三项试点作为落实中央要求、抓好统筹协调的重要举措。各省（区、市）全部成立由常委以上领导同志担任组长的领导小组，各试点地区全部成立由主要负责同志任组长的领导小组，把试点工作作为“一把手工程”来抓，全力以赴、真抓实干。浙江省义乌市从省委书记到市委书记、从各镇街党（工）委书记到各村支部书记，实行“党委负总责、书记抓书记”的工作机制，统筹协调关键领域和重点环节改革工作。山东省禹城市主要领导始终亲自担任领导小组组长，建立市委、市人大、市政府、市政协共同参与的联席会议制度，将农村土地制度改革与禹城市城乡发展需要破解的制度障碍相衔接。

3. 部门协同，联合支持（M3）

国家层面，自然资源部会同财政部、中国人民银行、银保监会等有关部门先后出台了《农村集体经营性建设用地入市土地增值收益调节金征收使用管理暂行办法》《农村集体经营性建设用地使用权抵押贷款管理暂行办法》《农民住房财产权抵押贷款试点暂行办法》等，不断完善配套政策，指导支持地方试点。地方层面，各试点地区均成立了以自然资源部门牵头，相关职能部门配合的试点工作机制，统筹协调多门资源和力量，在政策制度设计上协同配合，合力推进改革实践落地，形成了齐抓共管的工作局面。山西省泽州县实行省、市、县三级联动，省里赋予泽州县国土管理扩权权限，晋城市下放城中村规划审批权限、协调金融机构。湖北省协调省自然资源厅、交通厅、法制办、财政厅、发改委等各方力量，形成改革合力，宜城市建立健全包括目标导向、协调联动、督办考核、风险防控等多个行之有效的工作机制。河南省长垣市建立统筹协调机制，定期研判改革统筹形势，集中协调解决重大统筹问题。

4. 政治保障，防范风险（M4）

试点地区普遍将政治保障作为支持统筹改革的标尺，要求改革部门树立担当意识，坚持让担当者改革、为改革者担当。辽宁省海城市制定出台了《改革容错制度办法》，让干部放下包袱，全身心地投入改革创新。在集体经营性建设用地入市涉及的规划、建设手续办理等历史遗留问题上，在不降低标准的前提下，只要是符合规划、建筑质量安全、消防合格的，都及时给予办证。湖北省宜城市建立风险防控机制，对涉及的重大改革事项事先进行风险评估，编制应急预案；建立容错纠错机制，下发《关于在农村集体经营性建设用地入市改革中容错情形的解读》，营造激励改革创新的良好环境，进一步激发和保护干事创业的积极性。

（二）夯实改革基础，筑牢统筹根基（S2）

1. 加快确权颁证，做到应发尽发（M5）

确权颁证是统筹推进改革的前提。各地探索创新历史遗留问题解决办法，依据土地变更调查成果、土地利用现状变更数据库等，在完成基础调查和测量工作的基础上，加快推进确权颁证工作。四川省泸县整合城乡地籍信息整合调查，逐户核实产权并上图入库，颁发率实现 100%，实现应发尽发。宁夏回族自治区平罗县全面完成全县农村“房地一体”不动产权证书发放工作，发证率 100%。湖北省宜城市全面完成全市宅基地、集体建设用地的权属调查与地籍测量工作，差异化妥善处理 5 500 多个历史遗留问题，发放宅基地“房地一体”不动产权证 79 241 本，集体建设用地“房地一体”不动产权证书 111 本。西藏自治区曲水县全面完成全县农村宅基地及地上房屋确权登记颁证工作，受到农牧民的一致好评。宅基地和集体经营性建设用地确权登记发证，为推进宅基地制度改革，实行集体经营性建设用地与国有土地同等入市、同权同价，建立城乡统一的建设用地市场等奠定了产权基础。

2. 加强规划编制，强化用途管控（M6）

土地及相关规划是农村土地资源开发利用的主要依据，试点地区统筹考虑村庄建设、产业发展、基础设施建设、生态保护等相关规划，合理安排农村各项用地，加强对农村建设用地规模、布局和时序的管控。广东省佛山市南海区利用“多规合一”试点机遇，统筹土地利用、城乡建设、产业发展等规划在空间上的融合协调。江苏省常州市武进区、天津市蓟州区、山东省禹城市、云南省大理市实现了乡村规划“多规合一”全覆盖。湖南省浏阳市按照“多规合一”要求将村土地利用规划与产业发展规划、生态保护规划等紧密衔接，全面完成村土地利用规划编制，不断健全完善完整统一、协调一致的村级规划体系。贵州省湄潭县、湖北省宜城市分别以“一图一表一说明”“一图一表两池一说明”①的方式编制村庄规划。河南省长垣市构建了“县级总规划师、乡镇责任规划师、村庄规划明白人”三级规划实施把控机制。云南省大理市建立了村庄土地利用规划建设专管员制度。试点地区重视规划的编制调整为改革的顺利推进奠定了基础，农村土地管理基础普遍上了新的台阶。

3. 建立地价体系，促进城乡统筹（M7）

地价是土地市场的核心。建立城乡统一建设用地基准地价体系，可为规范土地市场交易，加强地价管理和合理分配土地增值收益提供重要依据。按照中央和自然资源部要求，多数试点地区均建立了城乡统一的基准地价体系。江苏省常州市武进区在“多规融合”基础上，编制完成了城乡一体化全覆盖的基准地价体系，现已广泛应用于农村集体经营性建设用地入市、宅基地有偿使用与退出和集体土地征迁安置补偿价格评估等工作。浙江省义乌市通过专项研究，建立了农村集体建设用地基准地价体系、宅基地基准地价体系，为农村土地交易与管理提供了价格参考。湖北省宜城市收集房地出租、买卖、转让等资料，采用多因素综合评价法，建立了农村集体经营性建设用地定级与基准地价评估体系，为宅基地有

① “一图一表两池一说明”：村庄规划图、项目建设表、资金池、资产池、标准说明书。

偿使用、有偿退出和集体经营性建设用地入市提供了价格参考。河南省长垣市制定农村集体经营性建设用地基准地价体系，并结合长垣市实际，制定了农村集体经营性建设用地固定年租金水平、浮动年租金水平。该地价体系分别明确了集体商服、工矿仓储、住宅、公共管理与公共服务用地（旅游和娱乐用地）、公共管理与公共服务用地（不含旅游和娱乐用地）的基准地价。基准地价体系的建立，为宅基地的有偿使用、有偿退出和集体经营性建设用地入市提供了价格参考。在级别划定和估价结果上，与国有建设用地基准地价体系相互衔接，为建立城乡统一的建设用地市场提供了依据。

4. 开展专题研究，破解改革难题（M8）

各试点地区邀请专家团队开展重点课题研究，破解改革难题，为深入统筹探索和总结经验提供了理论支撑。浙江省德清县积极开展统筹征地与入市的可行性研究、集体与国有建设用地同权同价的实现途径研究。浙江省义乌市联结智库力量对难点问题问诊把脉，率先开展农村宅基地所有权、资格权、使用权“三权分置”法理研究，农村宅基地及集体经营性建设用地基准地价理论研究。甘肃省陇西县就如何统筹推进入市和征收试点、如何实现收益分配的大体平衡等问题进行了深入探索。湖北省宜城市科学测定农村宅基地面积标准，广泛开展宅基地“三权分置”、征地区片综合地价、土地增值收益核算与分配等理论研究。各地通过专题理论研究深入探索，形成以理论支撑制度，以制度指导实践，以实践验证成效的闭环模式。

（三）统筹三项试点内部改革，增强协调性整体性（S3）

1. 探索了不同内涵条件下统筹缩小征地范围与农村集体经营性建设用地入市的方式（M9）

大部分试点地区将城镇规划区范围外的非公益性项目用地，通过集体经营性建设用地入市的方式予以保障。部分试点地区努力探索保障缩小征地范围与入市之间在总量、结构、布局、时序上的平衡，赋予缩小征地范围不同的内涵。天津市蓟州区探索在土地利用总体规划确定的城镇建设用地范围内，公益性项目统一征收，非商品住宅的经营性用地和工业用地等可征收、也可入市的方式。广西壮族自治区北流市探索“可入市、尽入市”“能不征、就不征”的方式，将具有公共利益属性的镇卫生院、长途车客运中转站等纳入入市范围。四川省泸县城市规划区外的非公益性用地及城市规划区内的工业用地，都划入入市土地进行保障。湖南省浏阳市突出规划引领，明确城镇开发边界内的项目用地及边界外纳入征地目录范围的项目用地才能动用土地征收权，通过严格征地范围合理划分入市与征收界限，同时，在规模空间总量上向入市倾斜，进一步达到缩小征地范围、缩减征地规模的目标。河北省定州市、宁夏回族自治区平罗县根据经济社会发展和新型城镇化要求，对非公益性用地提出近期退出、远期退出征地范围的方案。各试点地区缩小征地范围的多样化探索值得肯定，对深化征地制度改革，特别是统筹农村土地制度改革具有重要价值。

2. 积极探索统筹农村集体经营性建设用地入市与盘活闲置农房和宅基地的多种形式（M10）

不少试点地区规范闲置宅基地退出和用途转变，积极探索将废弃闲置农房和宅基地盘活为集体经营性建设用地的多种形式，扩大增加农民财产权的渠道。山东省禹城市结合“两区同建”，对退出的农村宅基地按照“宜耕则耕、宜林则林、宜建则建”的原则进行综合整治，补充集体经营性建设用地入市需求。四川省成都市郫都区采取“就地入市+乡村旅游”“整理入市+田园综合体”“调整入市+生态保护”“配套入市+特色农业”“宅改入市+都市农业”等形式盘活沉睡资源。福建省晋江市允许农村集体经济组织将退出的宅基地用于除商品住宅开发之外的农民住宅小区、公共基础配套设施等建设或通过入股、联营等方式筹集资金发展壮大集体经济。重庆市大足区将偏远、闲置废弃、零星分布的存量农村集体经营性建设用地指标置换到产业集中区，大力开展异地调整入市，提升了土地利用效率。广西壮族自治区北流市将宅基地腾退、整治复垦所得建设用地指标统筹安排到工业集中区和建新区使用，为城区周边、工业集中区通过农地入市解决项目用地提供指标。宁夏回族自治区平罗县支持农民在保障基本居住权益的基础上，将宅基地转变为经营性用途入市（出租或流转），为农村第一、第二、第三产业发展提供用地保障；湖北省宜城市、甘肃省陇西县在保障宅基地居住功能的前提下，鼓励有条件的农民宅基地由单纯自住向自住与经营功能兼备转变，由村集体主导组织入市，或者将宅基地入股家庭农场、农业合作社、农业产业化龙头企业等新型经营主体。这些试点地区通过宅基地制度改革和入市改革的统筹协调，保障了乡村新产业新业态用地，激发了群众自愿退出废旧宅基地和复垦复绿的积极性，既兴旺了乡村产业，促进了生态文明建设，也增加了农民收益。

3. 多种渠道探索平衡好国家、集体、个人的利益，确保农民公平分享土地增值收益（M11）

多数试点地区以坚持农民在征收和入市中获得收入大体相当作为探索目标，不断提高征地补偿标准、建立补偿安置多元保障机制，对应调整土地增值收益调节金的比例。辽宁省海城市、吉林省长春省九台区、黑龙江省安达市、重庆市大足区、甘肃省陇西县等试点地区以土地增值收益为基数计征土地增值收益调节金。山西省泽州县、河南省长垣市出让环节以成交价款为征收基数，转让环节以增值收益为征收基数。浙江省德清县采用入市"盯住"征地的办法，合理测算二者间的平衡点，平衡点内按固定比例征收，平衡点外按四级超率累进比例征收。浙江省义乌市以宅基地退出收益标准来平衡入市固定收益，超出部分按三级累进计征增值收益调节金。湖北省宜城市按成交亩均单价分段累进缴纳调节金，细分了不同用途、不同区位、不同类型、不同成交价位的地块调节金标准。广东省佛山市南海区在明确集体经营性建设用地税费征收指引的基础上，按土地用途和入市方式，分类确定土地增值收益调节金收取比例。

（四）统筹相关领域改革，释放改革叠加效应（S4）

试点期间，33 个试点地区全部纳入了新型城镇化改革试点，有 14 个试点地区纳入了国家农村综合改革试验区，有 22 个试点地区同步开展农村集体产权制度改革试点，有 21 个试点地区列入农房财产抵押试点范围。许多试点地区还同步承担了其他改革任务。例如，浙江省德清县联动推进了农村产权制度改革、户籍制度改革、"多规合一"试点改革、社会保障体制改革、金融体制改革等 21 项国家级改革试点和 44 项省级改革试点。许多试点地区多项改革联动协同，互促共进，叠加效应明显。

1. 统筹推进新型城镇化综合试点（M12）

浙江省义乌市农村土地制度改革直接推动以人为核心的城镇化，大量农民伴随着城乡新社区集聚建设和异地奔小康工程就地转化为市民，享受与城市居民均等化的公共服务，"异地奔小康"工程也让贫困山区的农户在脱贫的同时实现了城镇化。山东省禹城市依托农村土地制度改革试点政策，围绕以人为核心的新型城镇化，推动"两区同建"，鼓励进城安居并同步延伸公共服务体系；借助宅改推进新农村社区建设，有效改善了人居环境，实现了土地节约集约利用。云南省大理市协同相关改革，建立城镇基本公共服务支出分担机制，保障覆盖面扩大到所有完全失地农民。

2. 统筹推进筹集体产权制度改革（M13）

北京市大兴区通过"以地入股、以人入股"等方式组建镇级联营公司 16 家，涉及 11 镇，共涉及 318 个村、22 万名集体经济组织成员加入，基本实现区域全覆盖。上海市松江区2018年全区14家镇级资产变更为14个联合社、98个村级合作社，较好地解决了改革中农民个人与农民集体产权关系问题，具有独特的改革优势。湖北省宜城市构建了镇、村两级集体经济组织，各镇（办）成立了代表镇集体的投资经营公司，各村成立了代表村集体的股份经济合作社，为集体经营性建设用地入市创设了新的主体；同时开展股权量化，清晰界定了土地增值收益中集体和个人的分配比例。贵州省湄潭县全面成立村股份经济合作社，明确集体资产由股份经济合作社经营管理，界定集体经济组织成员、核发股权证书，制定统一的农村集体收益管理制度。云南省大理市同步推进农村集体资产股份权能改革试点，初步建立了“归属清晰、权责明确、利益共享、监管有力”的新型农村集体经济产权制度。

3. 统筹推进农民住房财产权抵押贷款（M14）

云南省大理市建立健全农民住房财产权抵押贷款风险补偿和缓释机制，动员各金融机构在内部统筹协调，在绩效评价、资源配置、信贷授权等方面加大支持，拓展试点贷款业务，有力化解“三农”融资难题。湖北省宜城市设立了农民住房财产权抵押贷款奖励基金。四川省泸县建立农房抵押融资机制，市、县财政设立风险补偿基金，协调农行、农商行、商业银行等金融机构创新宅基地及农房抵押贷款业务。北京市大兴区引导区内20多家驻区金融机构创新信贷信托产品，各镇联营公司土地整理项目的总授信额度达到900多亿元，土地抵押、项目建设贷款过百亿元，集体经营性建设用地资产属性和市场价值得以体现。西藏自治区曲水县财政出资设立农民住房财产权抵押贷款增信基金，为抵押贷款提供信用和风险保障。

4. 统筹推进新型社会保障制度改革（M15）

上海市松江区基本完成了农村社会保障全覆盖，2018年农民参保比例达到99%以上。浙江省德清县、重庆市大足区、四川省成都市郫都区和四川省泸县将被征地农民全部纳入城镇职工养老保险。浙江省义乌市加大改革试点与社会保障制度改革的统筹，被征地农民社会保障与城镇居民社会保障统筹，被征地农民与城镇职工医疗保险统筹，将农地承包经营权流转的农民纳入养老保险制度保障范围。山东省禹城市将被征地农民纳入城镇居民或企业职工养老保险范围，由被征地农民自行选择保障机构、保障产品，通过被征地村集体经济组织将社保补贴资金落实到人头。云南省大理市将因参保门槛、政策时点而完全失地但未纳入社保的4.28万人全部纳入基本养老保险保障范围。湖北省宜城市统筹因征收与入市而失地农民的社会保障，将因公共利益需要土地被依法征收失去承包责任田的农户，以及农村集体经营性建设用地入市而失去承包责任田的农户统一纳入保障体系，对失地农民就业进行多元化安置。

（五）统筹经济社会大局，服务城乡融合发展（S5）

1. 统筹推进城乡融合发展（M16）

各试点地区通过建立城乡统一的建设用地市场、打通了城乡二元土地结构壁垒，促进了城乡土地、人才、资本、技术等要素的平等交换和有序流动，激活了城乡融合发展的内生动力。湖北省宜城市通过政策引导城市要素与农村资源有效对接，激发返乡创新创业热情，吸引人才返乡创业就业，兴办企业。福建省晋江市探索了组团片区改造、旧村整体改造、生态景观提升、空心村盘活、产业带动和借地退出 6 种宅基地综合利用模式，实现了乡村振兴的多种形态。

2. 统筹推进国家重大战略（M17）

在试点期间，试点地区不断将统筹推进三项试点工作与落实国家重大战略相结合，内蒙古自治区和林格尔县在符合条件的贫困地区先行先试土地制度改革新举措，让贫困地区的土地资产要素活起来、流起来、用起来，带动贫困人口增收。安徽省金寨县通过叠加农村土地制度改革各项政策，有效解决了政府推动脱贫攻坚缺项目、产业发展缺平台、易地搬迁缺资金等问题，最大程度让贫困群众受益，有力助推了精准脱贫。新疆维吾尔自治区伊宁市把宅基地制度改革与脱贫攻坚结合起来，通过宅基地自愿有偿退出，整合土地资源，发展劳动密集型产业，解决农村低学历贫困人口就地就近就业难题，增加农民收入。青海省湟源县做好“土地制度改革+扶贫攻坚+乡村振兴”等若干项支持农业农村发展等优惠政策叠加，打好组合拳，以实实在在的改革成效增强农民获得感。

3. 统筹推进生态文明建设（M18）

福建省晋江市通过实施村庄规划、旧村改造及土地整治，推动美丽乡村建设，促进农村生产、生活、生态同步改善。重庆市大足区建立首问负责制和集中会审制，注重项目环保准入要求，对项目是否对生态环境、公众利益及劳动者健康造成损害，是否有效利用资源等进行审查。江西省鹰潭市余江区、湖北省宜城市通过“一改促六化”“小规模组团式微田园生态化”模式，把宅基地制度改革与村庄环境整治相结合，实施绿化、美化、亮化工程，建设了一批美丽乡村。云南省大理市将三项试点与洱海保护治理、全域旅游示范区创建等相结合，围绕人居环境提升目标，持续开展城乡“四治二改一拆一增”、农村“七改三清”、智慧城市、污水处理、垃圾处理、旅游厕所等项目建设。

4. 统筹推进乡村治理机制建设（M19）

在推进改革过程中，各地畅通渠道、集中民智，最大限度发挥村党支部的主导作用和协调功能，怎么改、怎么干，农民说了算，增强群众的改革话语权；村民事务理事会将宅基地分配、土地增值收益分配等与农民切身利益息息相关的事项纳入工作范畴。通过改革调动广大群众参与村务管理的积极性和创造性，基层党组织战斗堡垒作用不断增强，多层次基层协商格局逐步形成，乡村治理机制不断完善。江西省鹰潭市余江区以党建引领，建强村民事务理事会，坚持运用共治、共建、共享工作法议定试点地区改革重大事项。云南省大理市建立农村土地民主管理工作机制，设立自然村土地规划建设专管员，构建动态巡查和报批服务工作机制，全面加强网格化管理。

三、三项试点融合主要成效

试点地区按照统筹协调推进三项试点的要求，坚持全域推进、全面覆盖，注重挖掘三项试点内在联系，与相关改革协调共振，最大范围、最大限度地释放了农村土地制度改革红利，试点改革深度融合的叠加效应明显。

（一）坚持服务大局，全面增强了土地资源、资产、资本功能（R1）

土地是农业农村发展的基本物质依托，土地制度是农村社会基础性制度。统筹推进三项试点工作，推动土地由单一资源功能向资源、资产、资本综合功能转变，为农业农村发展构筑了坚实平台、提供了强大动力。在确保农民住有所居的前提下，通过推进宅基地自愿有偿退出，为农村产业发展提供了较大的用地空间；将农村集体经营性建设用地通过调整方式入市，与农村产业发展紧密融合，满足了小微企业的用地需求，为乡村产业集聚、转型发展提供保障。农村集体经营性建设用地入市，大大节省了土地利用管理流程，提高了供地效率。集体经营性建设用地入市和农村宅基地“三权分置”，相应赋予了集体土地出让、转让、出租、抵押、入股等权能，推动土地资源变资产、资产变资本，为乡村旅游、新产业新业态发展、下乡返乡创新创业提供了空间支持和要素保障，从而构筑起乡村振兴战略实施的最大平台。

（二）坚持打破壁垒，加快健全城乡要素公平交换和有序流动机制（R2）

我国农村土地制度改革始终坚持社会主义市场经济改革方向，着力建立城乡统一的建设用地市场，叠加改革试点政策措施，推动了城乡土地资源优化配置，也为劳动力、资本、技术等要素在城乡之间公平交换和有序流动创造了必要条件，从而有力推动了城乡融合发展。通过集体与国有土地同等入市、同权同价解决了城市要素向农村集聚的关键障碍，推动了就地城镇化。通过鼓励“三乡”①主体与村集体、农民以入股、合作、租赁等形式使用农村集体土地发展农业农村产业，激发了下乡、返乡创新、创业的热情，促进了城市资金、技术、人才、信息等要素与农村资源的有效对接。通过统筹农村土地制度改革与新型城镇化改革形成合力，提高了人口新型城镇化质量。通过统筹推进农村产权制度改革释放了农村资源空间和资产价值，促进了农村第一、第二、第三产业融合发展。通过集体经营性建设用地入市、适度放活宅基地使用权与乡村振兴等政策的叠加，盘活了大量农村建设用地，催生了乡村旅游等新产业、新业态，打造了一批休闲农业和乡村旅游精品工程，促进了农村第一、第二、第三产业融合发展。

（三）坚持保护优先，有力推动了节约用地和保护耕地（R3）

我国农村土地制度改革始终坚持节约用地和保护耕地的基本国策，通过多方面探索，有效盘活了长期沉睡的农村存量建设用地，减轻了耕地压力。通过加强规划管控，引导农民居住建房逐步向居民点有序集中，促进了节约、集约用地。通过有偿使用与自愿有偿退出机制，引导农民自愿腾退宅基地，通过土地整治复垦增加了耕地数量，实现了腾退增地。通过严格界定公共利益用地范围，缩减征地范围，减少了耕地占用。同时，通过宅基地复垦和集体经营性建设用地入市弥补市场需求。试点工作守住了耕地保护红线，盘活了存量土地，推动了土地节约、集约利用，为充分满足乡村振兴战略用地需求、实现经济社会快速发展换来了较大空间，为经济社会可持续发展奠定了物质基础。

（四）坚持以民为本，保护和发展了农民土地权益（R4）

我国农村土地制度改革始终围绕处理好农民和土地关系这一新形势下深化农

① 三乡：市民下乡，能人回乡，企业兴乡。

村改革的主线，坚持以人为本，尊重人民主体地位，发挥群众首创精神，紧紧依靠人民推动改革，以土地制度改革为牵引推进新一轮农村改革，力争在提高土地流动性和增加农民财产性收入的基础上，将改革成果更多更公平地为人民所共享。改革方案充分征求群众意见，关键环节充分发挥民主决策机制作用，夯实了土地所有权人权利，实现农民个体对集体土地财产的支配权、决策权，农民主体地位得到显著提高，充分凸显了人民群众的主体地位。通过农村集体经营性建设用地入市改革，实现了集体土地与国有土地同权同价，促进集体土地的市场化流动，使得“死资源”变成“活资产”，村集体和农民收益显著增加。征地制度改革不但提高了土地征收补偿标准，而且将被征地农民纳入了社会保障体系，建立了多元保障机制，形成了农民合理分享土地增值收益机制，提升了被征地农民生活水平。通过多种形式保障户有所居，既确保了农民居住权，又提升了生活品质；通过扩展权能，放活了闲置宅基地和农房使用权，促进了乡村旅游等农村新产业新业态发展，实现了家门口就业，建立了“生活富裕”多元实现途径。通过开展农房抵押贷款，拓宽了农民融资渠道，助力农民扩大生产、发家致富，提升了广大农民的获得感和幸福感，有利于维护和巩固农村社会和谐稳定大局。

（五）坚持自治为基，增强了乡村治理能力（R5）

我国农村土地制度改革与农村集体经济组织、村民自治组织、乡村治理机制建设相互促进、相得益彰，增强了基层组织凝聚力和组织力，调动了农民参与集体资产管理和乡村公共事务管理的积极性，同时也锻炼了一批基层干部人才。改革使得集体经济组织有资金、有条件加强公共服务保障，进一步彰显了基层党组织的号召力、凝聚力，进一步强化了基层党组织的战斗堡垒作用，提高了基层党组织管理能力。组建了集体经济组织，形成了民主议事、民主办事、民事民管制度体系，推动了集体资产管理的制度化、规范化建设，提高了村级组织管理能力，有利于调动群众自主管理的主动性、积极性和责任心。33 个试点地区有一大批优秀基层干部参与改革，在改革过程中，一批改革实绩突出干部得到提拔重用，既为土地制度改革试点工作提供了有力的人才支撑，也为持续深化农村土地制度改革、不断完善社会治理机制奠定了组织基础。

总体来说，土地征收与入市改革统筹效果最明显，33 个试点地区均通过入市缩小了征地范围，这对于丰富供地主体，构建城乡统一的建设用地市场具有重大意义；入市与宅基地制度改革统筹效果最实，有效提升了农村建设用地利用率，促进了农民宅基地权益的实现，壮大了集体经济实力，为乡村振兴注入了新动能，因此群众的获得感、认同感和社会接受度最高；通过与户籍、财税、金融、社保等相关领域改革协同配套，改革创新能力显著增强，改革成效在政策叠加中逐步放大。改革实践证明，农村土地制度改革是一项系统工程，必须坚持统筹协调推进，增强改革系统性、整体性、协同性，才能最大范围、最大限度地凝聚改革合力、释放改革红利。

四、实践中存在的问题及建议

（一）存在问题

1. 由于试点不平衡、不充分，改革整体效能显现受影响

农村土地制度改革试点需相当长的时间和一定量的样本。全国33个试点地区受限于启动改革的时点不同，特别是最后15个宅基地改革试点地区的启动时间较晚，存在部分改革任务试不透、试不全，样本差异大等问题，导致统筹改革试点效果差别大。因此，进度不一、样本数量差异等导致了各项改革试点效果的差别，影响了三项试点的统筹推进与整体效能显现。

2. 统筹推进改革的一些关键性问题需要进一步探索

在统筹推进改革过程中，一些综合性的问题探索不够深入，如一些地方基础性工作还存在一定短板，集体经营性建设用地入市对宅基地有偿退出、缩小征地范围的促进作用发挥不够，三项试点中平衡国家、集体、个人三者之间收益的有效办法还不够，三项试点实践的广度和深度存在一定差距；三项试点样本分布不够均衡，土地征收制度改革试点相对不足，整治入市样本不够丰富；三项试点与经济社会发展大局的统筹融合还不够充分。

3. 改革与外部的系统性、协调性、融合性仍有待提升

存在虽然试点期间部分法律已暂停实施，但地方性法规、部门规章等未同步暂停的情况，影响了改革试点推进；部分试点地区因无农房抵押，试点授权探索受限；各试点地区不同程度存在配套改革不协调、部门间联动差、协同配合不力、缺少政策支持等问题，一定程度上影响了改革进程。

（二）政策建议

1. 明确过渡期保护和支持政策

对各地已经出台的统筹推进改革的政策要分类处置，对符合新《土地管理法》规定的要进行修改完善并形成制度规范，对与新《土地管理法》不一致的，且实践证明不可行的试点政策，停止实施并给予合理过渡期，保证农村土地制度改革的平稳性、延续性，避免政策性风险。同时农村土地制度改革试点已经进入深水区，涉及的利益关系更加复杂、目标更加多元、影响因素更加多样、任务也更加艰巨，应当加大部门、中央与地方对改革统筹协调的支持力度，最大限度地释放改革的综合效应。

2. 继续探索和研究重大改革问题

对于统筹推进农村土地制度改革中一些有待破解的深层次重点难点问题，要在保持一定政策延续性的基础上加大探索力度，特别是基于完善城乡融合体制机制、构建统一建设用地市场和改革要求，深化征地与入市的统筹、同地同权同价、改革中收益分配关系等重大问题的探索和研究，既确保试点地区政策稳定有序实施，保障试点成果和农民利益，又力争有所突破，为进一步统筹农村土地制度改革提供理论指导。

3. 加强试点改革的外部统筹

按照中央新的改革部署，结合实施乡村振兴战略，进一步做好农村土地制度改革与乡村治理、产业发展、农村户籍、财税、社保、金融等相关领域改革，进一步增强农村土地制度改革的系统性、整体性、协同性，努力实现农村土地制度改革效益的最大化。

第十二章　我国农村宅基地退出与使用权流转意愿研究——以天津市蓟州区为例

一、研 究 背 景

宅基地是指农村居民以其集体经济组织成员资格为前提，为了维护农户居住和农业生产，由集体经济组织无偿分配并长期使用，可用来建造农房及其附属设施的农村集体建设用地（刘守英和熊雪锋，2018）。我国宅基地制度是我国农村集体经济制度的产物，以农民与土地的依附关系为基本特征，同时具有维护农民居住权益的保障性及带来农民经济收入的财产性，是我国一项特殊的土地管理制度。改革开放以来，为促进经济发展和工业化，以城市为中心的发展战略导致了农村发展滞后，农村人口大量外流，乡村衰落、村庄空心化、宅基地闲置等问题逐步显现并趋于严重。然而，农民进城只是发生了职业的转变，并未真正完成市民化过程。在医疗、教育、住房、养老等方面，进城农民并未和城镇居民享有同等福利。进城农民城市权利的缺失，以及农民“离乡不离土”的恋土情节，使得进城农民仍然占有着几乎长期闲置的住房和宅基地，导致大量的农村宅基地使用效率极低。如何提高宅基地的使用效率，避免宅基地闲置浪费成为土地资源管理中的一大难题，而促进农村宅基地退出和使用权流转则是重要的解决途径（胡银根等，2013）。

由于农村宅基地制度的特殊性，其以严守耕地和稳住农民为目的，宅基地在农村集体的分配和管理下保障农民的居住权利和实现财产权利（刘守英，2015）。首先，在当前的宅基地制度下，农村集体拥有宅基地的所有权，该权利包括对所在区域的宅基地的控制权、分配权、收益权和管理权。其次，农户对于宅基地只有使用权，没有财产权，可以在该宅基地上建设住宅及附属设施，但禁止其对该宅基地进行私下转让、出租和买卖。最后，宅基地上的房屋属于农户的私有财产，农户可以自由买卖，但是房地分离的制度影响了其所有权能的实现。基于这一复杂独特的权利结构，宅基地配置以严格的农村集体成员身份资格为前提，只能在农民集体内部流转，使用权流转市场是封闭的，没有有效的有偿退出机制。此外，中国农民与土地之间的脐带关系和恋乡情结也限制了宅基地退出和使用权流转（刘守英，2015）。

总体来看，现有研究主要从是否允许宅基地退出和使用权流转，宅基地退出和使用权流转的利弊，如何建立宅基地退出和使用权流转的制度及构建相关配套措施等方面进行了大量的探讨（毛维国，2012；许恒周等，2013；周小平和高远瞩，2018；张勇，2018），但是较少有研究从农民对宅基地的退出意愿、对使用权流转政策的认知、流转意愿的角度出发，研究宅基地退出和使用权流转影响因素（陈霄，2012；宁涛等，2012）。因此，本章拟从农民对农村宅基地退出与使用权流转意愿这一视角，以天津市蓟州区宅基地改革试点为案例，研究我国农村宅基地制度改革的问题和方向，从而弥补现有研究的不足。本章第二部分将简要综述并评述我国农村宅基地退出与使用权流转的主要文献；第三部分将介绍蓟州区农村宅基地制度改革的基本情况，并分析其制度改革的政策逻辑结构框架；第四部分将基于摸底调查，分析蓟州区农民对宅基地有偿退出与有偿使用的意愿；第五部分则进一步基于问卷调查数据，分析蓟州区农民对宅基地使用权流转的意愿；第六部分为结论和相关建议。

二、我国农村宅基地退出与使用权流转的研究综述

（一）我国农村宅基地制度研究

很多学者对我国现行的农村宅基地制度进行了深入的研究分析，考察政策的实施现状和出现的问题，并提出了建设性建议。陈国进（2013）指出，当前我国农村宅基地制度存在三个重要的缺陷：现有法律法规既不完善又相互矛盾；宅基地使用受限、使用权流转受限；使用权流转机制不完善，隐性市场和灰色交易大量存在。丁关良（2008）提出宅基地使用权的流转应以效率的价值取向为主，并认为应遵循的路径如下：以实现社会公平为价值目标，在坚持农户宅基地使用权原始取得的基础上，重视宅基地使用权和房屋所有权的财产属性，将宅基地使用权依法流转向着以价值为取向转变。瞿理铜和朱道林（2015）从功能变迁的

视角切入，提出可根据资源配置理论，对具有资产增值功能的宅基地实行市场配置（有偿使用和自由流转），对不具备资产增值功能的宅基地继续实行计划配置。

除了对现行宅基地制度入手外，也有学者以更为宏观的视角，跨时间、跨阶段地对我国农村宅基制度进行比较分析，探究农村宅基地制度的演化动力、制度变迁内在规律等。通过探究制度变迁的动力机制，可以提供一个前瞻性的视野，有助于探索我国农村宅基地制度演化的取向。冯应斌和杨庆媛（2015）认为我国农村宅基地的功能经历了“简单生活功能—生产生活功能兼具—生产与生活区域分化”的演化，并且指出其具有文化景观的特征，由此探究农村宅基地演化动力，为分类指导农户宅基地用地标准提供了行之有效的政策依据。张振勇（2014）则从改革利益主体的博弈进行分析，他认为，中央政府因具有重要的影响力，其意愿及政策偏好显得尤其重要。该研究认为，我国农村宅基地制度演化是理性设计与自发演化的有机统一，指出我国农村宅基地改革的各个利益主体在经过博弈后，会妥协至一个共同的效益平衡点，从而建立新的制度安排。

（二）我国农村宅基地退出机制研究

对我国农村宅基地退出问题的研究虽然从理论到视角普遍呈现出多样化的特点，但多为探索性、基础性的研究，即可对后续学者继续研究提供指导性意见的研究内容。欧阳安蛟等（2009）探讨了农村宅基地退出机制建立的前提与立足点，他们认为，农村宅基地退出机制建立应以保障农户对宅基地的合法住房保障体系、不增加合法占用宅基地农户的经济负担为基本前提，重点是建立农村宅基地收回补偿制度，建立多元化的农村住房保障体系，实施农村宅基地有偿使用制度和健全农村宅基地整理、置换、复垦机制。杨玉珍（2015）实证调研后取得的一手资料表明，农村居民退出的意愿受到从众心理、关注负面事件的锚定心理、利他效应和互惠行为等的影响。同时提出，在研究宅基地退出问题时，应注意宅基地退出与土地承包经营权流转、土地整理、农民安置、就业、子女教育、社保及落户政策的衔接，注意解决宅基地退出后的连带问题。

也有部分研究通过构建模型与体系提出了较为具体的解决方案和建议。一是研究视角上的扩展，如程春丽（2014）从补偿机制和利益机制的视角出发，认为应以补偿为引力，以整理规划为推力，加快引导农村宅基地退出的自主性，探索建立合理的补偿和收益分配方式和机制。二是对具体案例的研究，如戴燕燕（2012）以上海的农村宅基地退出为案例，对农民、集体经济组织、当地政府进行了深入走访调查，展示了上海宅基地退出基本思路示意图与上海市增减挂钩模式示意图，通过对财务实力与指标体系的梳理，建立健全了上海市的农村宅基地退出机制。

（三）我国农村宅基地使用权流转机制研究

我国农村宅基地的自由流转在很长一段时间内都受到法律法规的限制，在此背景下，李文谦和董祚继（2009）提出，限制农村宅基地流转将引发问题，其正当性存疑，认为国家与社会应当积极支持和引导农村宅基地流转，农村宅基地的流转不仅是现实的迫切需要，也符合法律、社会的公平正义理念。刘卫柏和贺海波（2012）通过横向比较分析与实证调研分析后总结出我国农村宅基地流转模式主要有村集体经济组织内部转让、外部转让、农户自由转让、地方政府主导转让等几种类型，在此基础上提出推动农村宅基地流转的对策建议。

与此同时，也有人反对宅基地自由流转，这部分人认为，应该在现有的产权制度下加强政府管理，强调计划经济和政府调控的配置作用，若允许宅基地自由流转，无异于拆掉了农民最后的保障。孟勤国（2005）首先提出，一旦农民出卖了自己的宅基地，将失去继续生存的最后屏障，有可能变成生活无着落的流民。李翔和徐茂波（2006）认为宅基地具有社会福利性和社会保障功能，在我国目前农村社会保障体系尚不健全、宅基地制度尚不健全的情况下，农村宅基地的社会福利性和社会保障功能对农村社会的稳定具有极其重要的作用。王旭东（2010）认为，农村宅基地制度承担着农民外出务工时，作为保障农村居民基本居住权利的重要保险功能。

（四）研究评述

现有研究对我国农村宅基地制度演化进行了分析，达成了一定程度上的共识，并且在阶段划分、宅基地制度存在问题和改革必要性等方面也形成了一定共识。我国农村宅基地退出和使用权流转则是目前我国农村宅基地研究中最为热点也最为棘手的问题之一，直接影响未来我国农村宅基地改革的方向。在我国农村宅基地退出机制方面的研究中，探索性、基础性的研究比较多，深入地域的细化研究还不够充分。关于退出机制的研究还存在一个问题，虽然研究的视角、方向从退出动力、补偿机制、价格形成机制到行为经济学、效率公平框架等不一而足，逻辑起点广泛而多样，但缺乏具有共识的研究主线，导致这些研究较难有机结合。服务于建立合理的农村宅基地退出机制这一主题，全面分析退出机制的研究也比较缺乏，精准深入调研实地、可操作性经过考证且研究完整退出机制的文献较少。在宅基地使用权流转方面，研究者主要划分为两种意见：一种是认为应加快我国农村宅基地的自由流转，跟进我国农村城镇化的进程；第二种是反对我国农村宅基地自由流转，认为这将使得将宅基地作为其生活保险的农民失去保障。结合我国发展现状来看，农村宅基地使用权流转受限延缓了我国农村城镇化工业化的进程，而且引发了“空心村”“摊大饼”式无规划扩建占地的现状。因此，深入研究宅基地退出机制和使用权流转机制，可以在一定程度上弥补现有研究的不足。此外，在研究视角上，基于农民意愿的视角也是现有文献较少涉及的，因此以这一视角研究也可以弥补现有文献的缺失。

三、天津市蓟州区农村宅基地制度改革试点案例

蓟州区地处天津市最北端，是津、京、唐、承地区的交通要道，被称为天津市的后花园。2015 年 3 月，蓟州区被列入全国 33 个农村土地制度改革试点之一，承担农村宅基地制度改革试点任务。试点确定后，蓟州区开展了大量的试点改革措施，出台了《蓟州区农村土地制度改革试点工作实施方案》《蓟州区宅基地管理暂行办法》等具体宅改政策，形成了一定的经验和实践，可以为相关研究提供较好的案例。

（一）天津市蓟州区农村宅基地制度改革的现状背景

1. 天津市蓟州区农村宅基地使用的主要特征[①]

宅基地改革之初，蓟州区普遍存在着农村宅基地历史积弊、闲置浪费、管理失范等问题，同时面临宅基地无地可分、农民改善居住条件诉求强烈、乡村旅游用地紧缺等现象，其主要特征主要表现为以下四点。

一是宅基地供需矛盾突出。城镇化进程加快推进及工业园区建设，一定程度上挤占了农村发展空间。同时，全区基本农田保护率为 87.7%，尤其平原、洼区的耕地和基本农田保护任务重；山区、库区 90%以上区域位于生态红黄线范围内，生态环境保护压力大，村庄发展建设新增空间十分有限。2009 年以来全区新增农村人口 5 300 人，但连续 10 年以上未审批宅基地，形成“一宅多户”1.4 万

① 本小节数据来源于 2018 年 12 月中共蓟州区区委、蓟州区人民政府编制的《天津市蓟州区宅基地制度改革总结报告》。

宗，居住条件未得到保障；“十三五”期间另有 4 350 户需新批宅基地，宅基地需求缺口大，传统“一户一宅”制度难以为继。

二是存在宅基地闲置浪费现象。随着农业规模化、产业化经营的推进，大部分农用地已流转向种植大户或农业产业公司，致使农村的剩余劳动力不断增加，农民代际分化明显，年轻人大多选择进城务工，导致宅基地“季节性”闲置。

三是宅基地使用功能发生变化。长期以来，政府对农村地区投入较少，农村公共服务设施、基础设施配套较为落后，吸引力越来越低，农民上楼和集中居住的需求旺盛，改善居住、医疗和教育配套条件的意愿强烈，特别是青年人多进城打工，置办楼房成为择偶必备条件。同时，随着乡村旅游发展，北部山区农民利用宅基地进行自营或出租，用于农家乐、民宿等经营活动。

四是宅基地管理有待规范。一直以来农村地区规划缺位、不到位，缺乏科学合理的统一规划和有效引导，部分农民强占、抢占、违法占用农用地建房，村庄布局散乱、街道狭窄。仅 2015 年改革试点之初，全区违法宅基地占全区违法用地总量的 48%。

2. 农村宅基地退出与使用权流转的现状需求

一是提升宅基地使用效率是农村宅基地退出与使用权流转的内在需求。由于历史土地取得制度的弊端及一直以来的农村集体土地管理缺位，农民为获得更多利益，乱搭乱建房屋占用多余土地，造成了宅基地面积普遍超标。2016 年，蓟州区宅基地总数为 200 268 宗，总面积为 118 703.58 亩，总户数为 181 021 户，远超过《天津市土地管理条例》规定的户均宅基地面积不得超过 200 平方米的规定。

二是农村代际革命是农村宅基地退出与使用权流转的内在推动力。随着农村代与代之间的理念和生活方式的转变，农村居民纷纷进城，由于谋生的手段与农村脱离，他们普遍在城镇居住。大量的农村居民长期定居在城镇，农民原本拥有的或继承的宅基地就闲置下来。可是由于宅基地取得的无偿性，大量农民抱着“不占白不占”的心理和早期宅基地管理不规范，大量多占、乱占、违法占用的土地依然在农民手中，大量宅基地闲置。2016 年，蓟州区共有闲置宅基地 1 180 宗，共 580.50 亩；其中闲置 3 年以上的 725 宗，共 503.85 亩。

三是体制机制不完善是农村宅基地退出与使用权流转的主要障碍。由于宅基地房地分离的特征，各类市场主体对农村集体土地的认可度不如国有土地高，宅基地使用权流转得不到正规金融机构的支持。宅基地产权的不完整性损害了村民的资产权益，阻碍了宅基地使用权流转的制度建设。目前法律上禁止农民将自留地、自留山、宅基地进行抵押贷款，金融机构不接受没有土地作为抵押物的贷款。宅基地改革过程中的配套法律制度建设滞后于制度改革，不能满足现实需求。

（二）天津市蓟州区农村宅基地制度改革的主要政策措施

中央政府关于农村宅基地改革的要求集中于宅基地取得和权益保障、有偿使用、有偿退出等方面。本章研究聚焦于宅基地退出与使用权流转，故在中央政府的层面，主要分析其在这两方面的政策精神。结合中央政策文本及我国宅基地利用尤其是退出和使用权流转的现状与问题，依托S-CAD政策分析方法的框架，将中央政府立场与目的提取如下。

立场1（V1）：建立兼顾国家、集体和个人的宅基地退出和使用权流转制度。

目的1（G1）：完善宅基地改革制度，保障农民基本权利。

目的2（G2）：充分发挥宅基地用益物权和财产属性，提高土地市场化程度。

目的3（G3）：提高农村土地利用效率，推动乡村经济和城乡一体化发展。

蓟州区本着把握中央规定的正确方向，坚守改革底线等原则，尊重农民意愿，维护农民权益，坚持循序渐进，注意统筹兼顾，探讨出了适合蓟州区基本地理、区位情况的改革措施。主要政策措施如下。

1. 摸底调查

蓟州区全面开展了农村宅基地调查摸底工作，明确了内容与方式，比较系统地掌握了情况，为推进改革试点工作奠定了基础，并建立了以“四表三册一清单”[①]为主要内容的调查摸底制度，以信息化网络管理系统辅助摸底情况的整理。

2. 规划编制

规划编制的目的在于更好地规范引导村民住宅、村庄产业、基础设施、公共服务设施、生态环境等方面的发展方向和建设要求。村级土地利用规划、村庄规划在县人民政府的统一指挥下，由乡镇人民政府负责，组织村委会进行规划编制、评审，并在验收合格后，上报县人民政府批准。在市、县级土地利用总体规划的指导下，按照因地制宜、合理布局、节约集约的原则，与新型城镇、新农村建设有效衔接，细化编制村级土地利用规划及村庄规划。坚守改革底线，不突破

---

① “四表”是指农村宅基地现状登记表、使用宅基地申请表、农村自愿有偿退出宅基地登记表、农村宅基地使用情况汇总表，“三册”是指农村宅基地现状花名册、农村申请宅基地花名册、农村自愿有偿退出宅基地花名册，“一清单”是指以村为单位的问题清单。

上级规划土地约束性指标，坚持因地制宜，有效整治零星分散、低效利用等空闲地和自然灾害损毁严重的土地。村庄规划要规范引导村民住宅、村庄产业、基础设施、公共服务设施、生态环境和村务管理等方面的发展方向和建设要求，有序安排建设用地空间和开发建设时序，实现安居乐业、村容整洁、产业发展等目标。乡村建筑设计则要明确分区引导、建筑引导、整治引导和环境引导要求，指导乡村住宅建设，规范农民自发建设行为。

3. 农民权益保障和取得方式

在蓟州区宅改政策中，对符合申请宅基地标准和条件的村民，给予申请宅基地的权利。此外，对于对宅基地退出者权益保障和取得方式有如下几种：①在人均耕地面积为 667 平方米以上的地区，逐渐完善“一户一宅”等一系列相关的宅基地分配制度。②人均耕地面积不足 667 平方米的地区，在农民自愿的基础上，探索实行在乡镇或村内相对集中统建、多户联建等方式落实“一户一宅”。③对城镇、工业园区周边建设用地空间紧缺的村庄，探索利用经济适用房、棚户区改革等政策，城市里可以集中建设一些农民住宅小区、农民公寓等集群居所，满足农民居住条件。通过集中建设农民公寓、农民住宅小区等形式解决农民住房的，应保障符合宅基地申请条件农民的权益，可参考宅基地有偿机制的价格标准，给予补偿。集中建设农民公寓、农民住宅小区的，应尊重村民意愿，不得强制农民搬迁和上楼居住。④对于本村身边无子女人员、空巢老人、五保户或愿意集中养老的人员，探索以镇（乡）为单位统一建设养老机构。本村身边无子女人员、空巢老人、五保户或愿意集中养老的人员到老年照料机构统一居住养老后，其原有的宅基地流转集体经济组织作为资产。本村符合宅基地申请条件的成员也可由县土地整理中心收购，并按统一的价格标准给予补偿。

4. 有偿使用

鼓励各村庄根据自身的地域特点和经济发展情况，加强宅基地布局规划，引导农民改变传统的居住方式，进行新型立体化的住宅建设，在节约、集约利用土地的同时保障农民住房建设需要。鼓励各村庄探索实行宅基地择位竞价方式，如实施宅基地分配制度的村庄，可按照宅基地的区位、管理成本、自愿有偿退出等的补偿标准，按照民主决策程序确定取得宅基地的价格标准。另外，应该严格执行蓟州区宅基地面积控制的标准，标准具体如下：对于初次分配给农户的宅基地，在规定的面积标准内可以无偿取得，超出标准占用的宅基地，超出的部分面积如果不足一宗宅基地面积（167 平方米或者 200 平方米），再次申请使用宅基地时，原宅基地超出部分一次性缴纳有偿使用费用后，再批准新的宅基地。有偿使用费用标准参照回购价格确定。若是超出标准的面积已经超出了一宗宅基地面积，村民若是再次提交使用宅基地的申请，一律不准予批准。

5. 有偿退出与使用权流转

在中央政府政策立场和目的的基础上，蓟州区在宅基地改革中相应地提出了要求。下文结合具体改革实践，对蓟州区宅基地退出和使用权流转政策的策略、措施、结果进行提炼。

策略（S）：因地制宜、稳妥有序地推进宅基地有偿退出和使用权流转。

措施 1（M1）：确立宅基地自愿有偿退出标准。

村集体经济组织负责对自愿有偿退出的宅基地复垦为农用地，区政府按照每亩不低于 17.6 万元的标准给予集体经济组织经济补偿，用于土地整治、村内基础设施和公益事业等。

措施 2（M2）：建立宅基地自愿有偿退出和使用权流转机制。

宅基地使用权人可以向村民委员会申请自愿退出宅基地，由本村回购。宅基地的流转，应当在村民委员会主导下，以转让、出租等方式流转给本村内符合宅基地申请和批准条件的村民。流转价格由双方协商确定。退出和流转宅基地的原有房屋及其他地上物由自愿有偿退出的农户自行处理，退出宅基地的使用权人可以自主选择资金或事物的补偿方式，以乡镇政府为主导，因地制宜建设养老机构，用以引导身边无子女老人、空巢老人等退出宅基地进入养老机构。自愿有偿退出宅基地的使用权人，若是再次提出宅基地申请，一律不予批准。

措施 3（M3）：完善宅基地退出后管理。

农村宅基地自愿有偿退出后的土地，首先预留一定面积用于宅基地再分配使用，按照土地利用规划，坚持布局优化、用地节约集约的原则，合理安排新建宅基地用地需求。可预留一定面积用于村内公共基础设施、村内公益事业等使用。富余部分进行土地整治后，由县人民政府统筹安排使用。且为确保退出工作顺利进行，实施收取拆旧保证金的政策。对自愿退出老宅基地，到新区集中统建、多户联建的村民，在建设新区之前与村委会签订拆旧协议书并交付拆旧保证金。新区建成后，在协议规定时间内完成旧区的拆除工作，经验收合格后，方可退还保证金并对新住宅登记颁证。

措施 4（M4）：改善居住环境和条件，制定差别化措施保障户有所居。

蓟州区建立了房地联动的农民住宅小区、多户联建小区、平面宅基地三种“户有所居”保障形式。通过农民住宅小区的良好生活环境和便利的就业条件，激励更多的空闲、闲置宅基地依照申请、自愿、有序原则退出。在养老机构、社会慈善机构参与养老服务的同时满足自愿有偿退出宅基地的老年人居住需要。对低保户、五保户等农户提供针对性的保障措施，确保户有所居、老有所养、困有所帮。

四、基于摸底调查的蓟州区农村宅基地有偿退出与有偿使用意愿研究[①]

该摸底调查为蓟州区农村宅基地制度改革试点工作领导小组，为查清全区宅基地制度改革试点村庄情况，为宅基地制度改革试点工作稳妥、审慎开展和政策的制定提供翔实、准确的数据而开展。调查时间为 2016 年 7 月 1 日至 9 月 30 日，摸底调查对象为全区 781 个改革试点村庄，调查内容主要围绕“四表三册一清单”展开。填写表格 54 万张，发放调查问卷 18 万张，涉及调查要素 4 000 多万条。

采取区、镇（乡）、村各级领导干部和专业数据处理工作人员两支队伍结合的方法进行调查。调查摸底过程中逐户走访，讲解“四表三册一清单”的内容及填写方法，对填写后的成果通过村级初审、镇级审核确认、专业数据处理公司按照统一的入库标准进行最后验收的程序，严格质量检查。最终对调查结果进行入库、统计、围绕改革内容进行全面的对比分析。

（一）摸底调查基本情况

1. 人口情况

全区 781 个改革试点村庄，总户数 18.10 万户，总人数 61.59 万人，其中农业人口 57.55 万人，占总人口的 93.4%；非农业人口 4.04 万人，占总人口的 6.6%。户均人口约 3.4 人。平原地区的人口比较集中，占总人数的 59.62%；其次为半山区，占人口总数的 33.50%。从居住情况看，常年居住占 94.07%，偶尔居住占 1.31%，常年在外为 4.62%（表 12-1）。从此信息看，蓟州区宅基地使用仍以常年居住为主。

① 摸底调查的主要数据来源于 2016 年 11 月蓟州区农村宅基地制度改革试点工作领导小组办公室编制的《蓟州区农村宅基地制度改革试点调查摸底情况分析报告》。

表 12-1　调查样本人口情况统计表

地形	总户数/万户	总人口		人口占比	居住情况		
		农业人口/万人	非农业人口/万人		常年居住	偶尔居住	常年在外
平原	10.49	34.36	2.36	59.62%	94.07%	1.31%	4.62%
半山区	6.32	19.20	1.43	33.50%	92.98%	1.37%	5.65%
山区	1.20	3.73	0.23	6.43%	93.19%	0.97%	5.84%
库区	0.09	0.26	0.02	0.45%	99.58%	0.42%	0
合计/占比	18.10	57.55	4.04	100%	94.07%	1.31%	4.62%

2. 宅基地现状

全区 781 个改革试点村庄，宅基地总宗数为 200 268 宗，总面积为 118 703.58 亩，宗均宅基地面积为 0.58 亩。平原地区宅基地宗数占总数的 60.8%，宗均宅基地面积为 0.63 亩；半山区宅基地宗数占总数的 32.7%，宗均宅基地面积为 0.54 亩；山区宅基地宗数占总数的 6.0%，宗均宅基地面积为 0.50 亩；库区宅基地宗数占总数的 0.5%，宗均宅基地面积为 0.50 亩（表 12-2）。从取得方式的合法性角度看，合法取得的宗数和面积均超过 99%。

表 12-2　宅基地利用情况统计表

地形	宅基地总宗数/宗	宅基地面积/亩	户均宅基地面积/亩	宗均宅基地面积/亩	合法取得的宗数/宗	合法取得的面积/亩	违法占用的宗数/宗	违法占用的面积/亩
平原	121 804	77 171.93	0.70	0.63	121 496	76 987.84	308	184.51
半山区	65 450	35 246.5	0.55	0.54	65 106	35 045.46	344	201.22
山区	12 091	5 826.11	0.52	0.50	12 091	5 826.11	0	0
库区	923	459.04	0.55	0.50	923	459.04	0	0
合计/平均值	200 268	118 703.58	0.62	0.58	199 616	118 318.45	652	385.73

从宅基地是否发证看，已发证约 40%，未发证约 60%，可以看出宅基地发证在蓟州区管理中仍存在滞后性。从取得方式看，依法批准、继承、分家析产分别占 76.25%、15.46%、4.32%，占据主要的取得方式；通过购买和违法占用的占 2.67%（表 12-3）。

表 12-3　宅基地发证与取得方式情况统计表

地形	宅基地发证情况		取得方式					
	已发证	未发证	依法批准	继承	分家析产	购买	违法占用	其他
平原	29.85%	70.15%	72.84%	17.89%	4.88%	2.88%	0.25%	1.26%
半山区	61.50%	38.50%	83.14%	10.29%	3.35%	1.15%	0.53%	1.54%
山区	8.45%	91.55%	71.49%	20.17%	4.32%	3.57%	0	0.45%
库区	89.77%	10.23%	100.00%	0	0	0	0	0
总占比	39.38%	60.62%	76.25%	15.46%	4.32%	2.34%	0.33%	1.30%

从宅基地使用面积看，200 平方米以下占 26.05%；200~400 平方米占 44.74%；400~667 平方米占 24.12%；667 平方米以上占 5.09%。从建筑层数看，主要为一层，占 96.73%（表 12-4）。

表 12-4 宅基地使用面积与建筑层数情况统计表

地形	宅基地使用面积				建筑层数		
	200 平方米以下	200~400 平方米	400~667 平方米	667 平方米以上	一层	两层	两层以上
平原	20.09%	39.89%	32.77%	7.25%	97.58%	2.19%	0.22%
半山区	33.62%	53.53%	11.06%	1.79%	95.34%	4.26%	0.40%
山区	39.60%	48.47%	10.17%	1.76%	95.45%	3.47%	1.09%
库区	99.76%	0	0.24%	0	99.15%	0.85%	0
总占比	26.05%	44.74%	24.12%	5.09%	96.73%	2.94%	0.33%

3. 宅基地需求情况预测

“十三五”期间宅基地需求 4 350 户。其中，选择进入农民住宅小区的有 1 638 户，占宅基地需求总数的 37.7%；选择多户联建的有 478 户，占宅基地需求总数的 11.0%；选择一户一宅的有 2 234 户，占宅基地需求总数的 51.4%。可以看出，未来农村宅基地需求意愿仍主要是传统的“一户一宅”形式。选择进入农民住宅小区的也超过三分之一。

4. 宅基地自愿有偿退出及安置意愿情况

经入户调查摸底，拟同意退出宅基地 764 户，占总户数的 0.42%，面积为 261.80 亩。宅基地退出后选择的补偿安置方式如下：多户联建的 302 户，占总数的 39.53%；农民住宅小区的 175 户，占总数的 22.91%；货币补偿及其他方式的 287 户，占总数的 37.57%（表 12-5）。

表 12-5 宅基地自愿有偿退出及安置意愿情况表

总户数/户	拟同意退出宅基地			退出后选择补偿安置方式的户数					
				多户联建		农民住宅小区		货币补偿及其他方式	
	户数/户	占比	面积/亩	户数/户	占比	户数/户	占比	户数/户	占比
181 021	764	0.42%	261.80	302	39.53%	175	22.91%	287	37.57%

5. 宅基地有偿使用意愿情况

经对全区 18.10 万户的村民进行走访调查，不同意有偿使用的 161 108 户，约占总户数的 89%；同意有偿使用的 19 913 户，约占总户数的 11%（表 12-6）。

表 12-6　宅基地有偿使用意愿情况表

地形	总户数/万户	同意有偿使用		不同意有偿使用	
		户数/户	占比	户数/户	占比
平原地区	10.49	12 226	11.63%	92 682	88.37%
半山区	6.32	6 727	10.6%	56 452	89.4%
山区	1.20	856	6.67%	11 137	93.33%
库区	0.09	104	11.05%	837	88.95%
合计/占比	18.10	19 913	11%	161 108	89%

（二）调查摸底情况分析

1. 宅基地现状分析

根据摸底调查的数据，我们可以总结出蓟州区宅基地使用的现状特征。

一是宅基地面积普遍超标。《天津市土地管理条例》规定村“人均耕地面积不足六百六十七平方米的，每户用地面积不得超过一百六十七平方米；本村人均耕地面积在六百六十七平方米以上的，每户用地面积不得超过二百平方米”。经过调查统计，全区宅基地宗均面积为 0.58 亩。在平原、山区、库区、半山区中平原地区宅基地宗均面积最大为 0.63 亩，山区和库区的宅基地宗均面积最小为 0.50 亩，都在规定用地面积标准的 2 倍以上。经调查分析，形成宅基地面积超标的主要原因如下：历史上对农民建房缺乏村级规划指导，农民在建房时没有统一的标准，随意性较大。另外宅基地面积标准，是由省（区、市）规定的，天津市在 1993 年 1 月 1 日颁布实施《天津市土地管理条例》后，才对每户的宅基地的用地面积标准有了明确的规定。在很长的一段时间内既没有明确的规定，又对超占、抢占土地建房缺乏有效的强制措施和经济制裁手段，造成了宅基地面积普遍超标。

二是宅基地使用以一户一宅为主。经调查统计 781 个改革试点村庄中的 200 268 宗宅基地，一户一宅占总数的 81%；一户多宅占总数的 12%，一宅多户占总数的 7%。形成一户多宅的主要原因是村民通过继承、分家析产、接受赠予、购买、违法占用等方式取得了多宗的宅基地。

三是违法取得宅基地占一定比例。全区改革试点村庄中违法用地 652 宗，385.73 亩，占宅基地总数的 0.33%。但是根据历年卫星遥感监测数据，全区宅基地违法量约为 1 500 宗，占宅基地总数的 0.7%。造成违法用地的主要原因如下：一是村庄无预留发展建设用地，一些村庄多年来未批准宅基地，村民急需建房，强行抢占农用地；二是随着农家旅游业的发展，农民为了获取更多的经济利益，乱搭乱建房屋扩大经营规模。

2. 户有所居的保障意愿分析

根据宅基地制度，户有所居是最重要的保障安排。从农民对其的实现形式意愿来看，主要有以下特征。

第一，对传统宅基地保障方式需求较高。主要原因如下：一是历史形成的居住习惯，村民更容易接受。二是通过问卷调查，发现因安置房的建设刚刚起步，经济适用房和商品房的优惠政策体系也刚刚形成，村民对解决户有所居的保障方式大多持保守、观望的态度。例如，从下营镇团山子村村民对上楼居住的意愿看，随着农民住宅小区的建设启动和相关配套政策的明朗、完善，村民对解决住房的方式也将逐步从传统平面宅基地需求向购买镇乡统建楼房、经济适用房、商品房等方式转换。

第二，对上楼居住有一定的需求。随着经济的发展，新一代的农民将谋生的产业与农村脱离，进入城镇就业，约占总数的 30%，而且农村普遍将拥有楼房作为择偶的一项标准。在“十三五”期间需解决居住需求的 4 350 户家庭中，有 1 638 户同意进入城镇居住。

根据测算农民在村内取得一宗标准用地面积的平面宅基地，建成房屋需要投资 10 万~30 万元，而购买农民住宅小区内楼房的价格约为 40 万元（按每套建筑面积 100 平方米计算），而且可以享受更加完善的基础设施配套和公共服务。随着改革试点工作的深入，待农民住宅小区的选址确定，工程落地后，选择进城上楼居住的人群将会增加。

3. 宅基地自愿有偿退出情况分析

根据摸底调查结果看，宅基地自愿有偿退出比例较低。全区 200 268 宗宅基地中，拟有 764 宗宅基地可退出，占总数的 0.38%，比例较低，主要原因如下：一是宅基地自愿有偿退出是新生事物，村民存有顾虑。尤其是一户一宅的村民即使愿意上楼居住，但是因新址还未选定或房屋未建成等，担心宅基地退出后居住没有保证，不愿轻易退出。二是宅基地自愿有偿退出给予 17.6 万元/亩的货币补偿（2016 年价），不对房屋补偿，村民认为价格较低，不愿意退出。

4. 宅基地有偿使用情况分析

村民对宅基地有偿使用接受程度较低，只有 11%的村民同意宅基地有偿使用，也主要针对宅基地超标、多占用宅基地的其他用户，不同意自己的宅基地实行有偿使用。中央下发的试点工作意见规定“对因历史原因形成超标准占用宅基地和一户多宅的，以及非本集体经济组织成员通过继承房屋等占有的宅基地，由农村集体经济组织主导，探索有偿使用”[①]。改革试点村庄 89%的村民不同意。主要原因如下：一是蓟州区大部分农户宅基地超标，并且超标面积较大；二是村民宅基地多为 1982 年以前取得的老宅基地，当时国家对宅基地面积并没有明确的规定。近 30 多年，农村宅基地一直实行无偿使用。

（三）蓟州区摸底调查研究小结

通过对户有所居的保障方式、宅基地自愿有偿退出、宅基地有偿使用等情况的调查摸底分析，我们得出以下结论。

作为华北地区的一个案例代表，蓟州区农村宅基地具有一些共性特征：一是宅基地面积普遍超标；二是宅基地使用以一户一宅为主；三是从保障方式看，传统宅基地保障方式需求较高；四是农民宅基地自愿有偿退出比例较低；五是村民对宅基地有偿使用接受程度较低。从这些特征可以看出，农村农民对宅基地的使用和保障具有一定的历史惯性，相关的改革措施需要与农民的意愿统一起来，在充分协调的基础上才能予以制定实施。

对于“户有所居”的保障方式，建议可实施国有土地上的农民住宅小区、集体土地上建设的多户联建和传统的平面宅基地三种住房保障方式，以满足村民对宅基地及住房的不同需求。三种住房保障方式各有利弊，国有土地上的农民住宅小区，前期因涉及土地的征收转用，手续办理比较烦琐，费用较高，但是能取得完全的产权；集体土地上建设的多户联建或传统的平面宅基地，手续相对简单，价格较低，但是是不完全产权，限制流转。村民可根据自己的实际情况进行选择，认可度比较高。

五、基于问卷调查的蓟州区农村宅基地使用权流转意愿研究

（一）问卷调查设计

上文摸底调查重点对农民宅基地有偿退出、有偿使用意愿和宅基地保障方式进行了分析，并没有对农民宅基地使用权流转意愿进行针对性的调查和问卷。因此，本部分专门设计了针对宅基地使用权流转意愿的问卷，主要从农户的个体特征、家庭特征、宅基地使用权流转的产权认知、政策认知等几个较为具体的方面来研究宅基地使

---

① 资料来源：《国务院关于农村土地征收、集体经营性建设用地入市、宅基地改革试点情况的总结报告》。

用权流转的影响因素，并以此次问卷的调查结果作为样本数据进行实证分析。问卷具体内容见表 12-7。本次问卷通过网络的方式针对一个典型的村庄进行发放和收集，鉴于网络推荐的可得性，本次共收回问卷 65 份，约占该村总户数的一半。虽然本次调查问卷的回收量不大，但是基本可以反映出农民对宅基地使用权流转的主要看法，因此亦具有一定的参考意义。经整理，共形成有效问卷 65 份，问卷有效率为 100%。

表 12-7　蓟州区宅基地使用权流转意愿调查问卷

变量名称	变量代码	测量及赋值
流转意愿	y	不愿意=0；愿意=1
		若愿意，意向流转方式： 1=出售；2=出租；3=抵押贷款；4=交换；5=作价入股
		若不愿意，不愿意原因： 1=户籍制度；2=流转政策不明确；3=社会保障不完善；4=乡土观念；5=生活习惯；6=留着以后备用
年龄	X_1	1=18~30 岁；2=30~40 岁；3=40~50 岁；4=50 岁以上
受教育程度	X_2	1=小学；2=初中；3=高中或中专；4=大专或本科及以上
职业	X_3	1=在家务农；2=本地就业；3=外地就业
家庭主要收入来源	X_4	1=务农收入；2=非农收入
家庭人均年收入	X_5	1=1 万元以下；2=1 万~3 万元；3=3 万~5 万元；4=5 万元以上
家庭宅基地数量	X_6	1=1 块；2=2 块及以上
闲置或非自用宅基地数量	X_7	1=0 块；2=1 块及以上
对现住房的满意程度	X_8	1=满意；2=基本满意；3=不满意
宅基地所有权归谁所有	X_9	1=自己；2=村或镇集体；3=国家；4=不清楚
对宅基地使用权流转政策了解程度	X_{10}	1=完全不知道；2=听说过，但具体过程不了解；3=大体知道；4=完全了解
是否了解宅基地使用权流转平台	X_{11}	1=了解；2=知道但不清楚；3=不了解
宅基地使用权流转是否会出现社会保障缺失	X_{12}	1=是；2=否；3=不清楚
宅基地使用权流转是否存在利益分配不合理	X_{13}	1=是；2=否；3=不清楚
是否担心宅基地使用权流转后出现产权纠纷	X_{14}	1=是；2=否；3=不清楚

问卷调查的变量包括宅基地使用权流转意愿，以及对宅基地使用权流转意愿可能产生影响的一些因素，其主要分为四个方面的因素，即个体、政策、经济和文化四个方面，其具体细分又可分为个体特征因素、家庭特征因素、制度因素、农户对宅基地产权认知情况、农户心理因素。因此问卷设计主要包括个体特征、家庭特征、对宅基地产权和政策认知三个部分。个体特征因素包括个体的年龄、受教育程度、就业情况；家庭特征因素包括家庭主要收入来源、家庭人均年收入、对现住房的满意程度；对宅基地产权认知和政策认知因素包括宅基地所有权归属、宅基地使用权流转平台、宅基地使用权流转政策、宅基地使用权流转后的利益分配、社会保障、产权归属的认识。

（二）问卷调查基本信息情况

1. 被调查农户年龄

在样本农户中 18~30 岁占 14 人，占总样本的 21.54%；30~40 岁的农户有 39 人，占总样本的 60.00%；40~50 岁的有 9 人，占总样本的 13.85%；50 岁以上有 3 人，占总样本的 4.62%，具体见图 12-1。

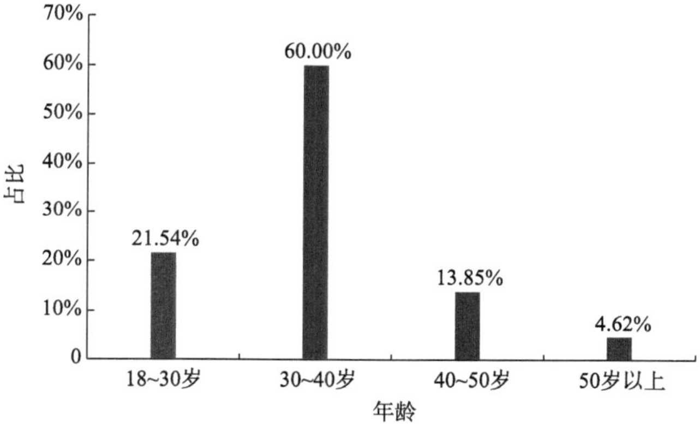

图 12-1　被调查者年龄比例分布

2. 被调查农户文化程度

在调查样本中，小学及以下有 1 人，占总样本的 1.54%；初中有 13 人，占总样本的 20.00%；高中或中专有 16 人，占总样本的 24.62%；大专或本科及以上有 35 人，占总样本的 53.85%，具体见图 12-2。

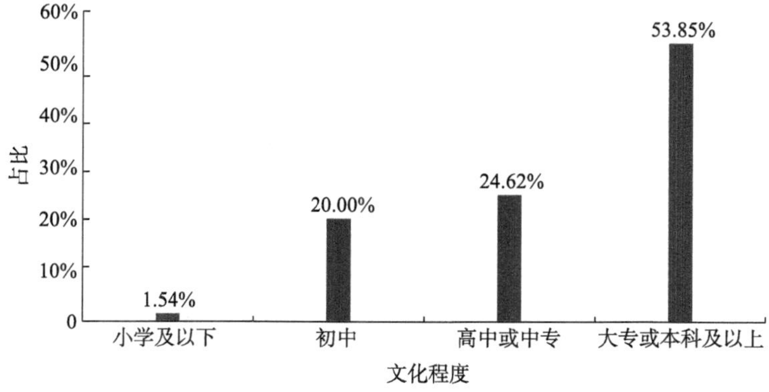

图 12-2　被调查者文化程度比例分布

3. 被调查者职业

在调查样本中，在家务农有 12 人，占总样本的 18.46%；本地就业有 45 人，占总样本的 69.23%；外地就业有 8 人，占总样本的 12.31%，具体见图 12-3。

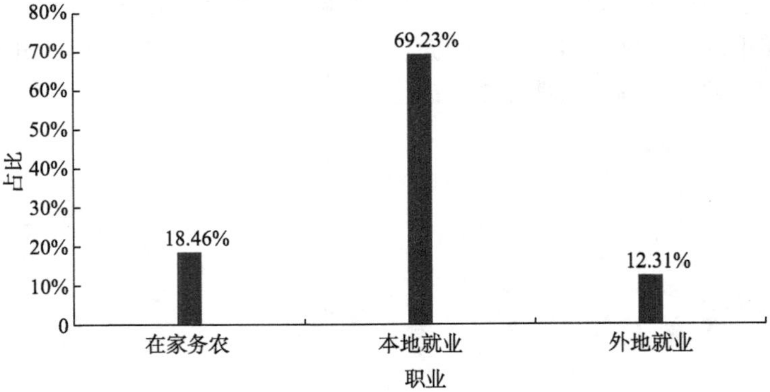

图 12-3 被调查者职业比例分布

4. 被调查者家庭主要收入来源

在调查样本中，家庭主要收入来源为务农收入的有 13 人，占总样本的 20.00%；家庭主要收入来源为非农收入的有 52 人，占总样本的 80.00%，具体见图 12-4。

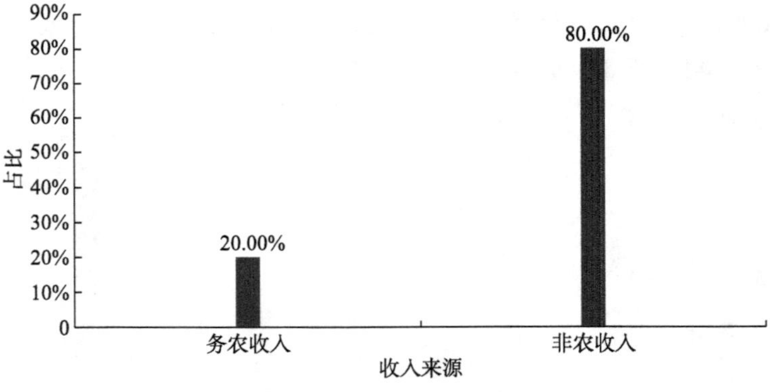

图 12-4 被调查者家庭主要收入来源比例分布

5. 被调查者家庭人均年收入

在调查样本中，家庭人均年收入为 1 万元以下的有 12 人，占总样本的

18.46%；1 万~3 万元有 12 人，占总样本的 18.46%；3 万~5 万元的有 13 人，占总样本的 20.00%；5 万元及以上的有 28 人，占总样本的 43.08%，具体见图 12-5。

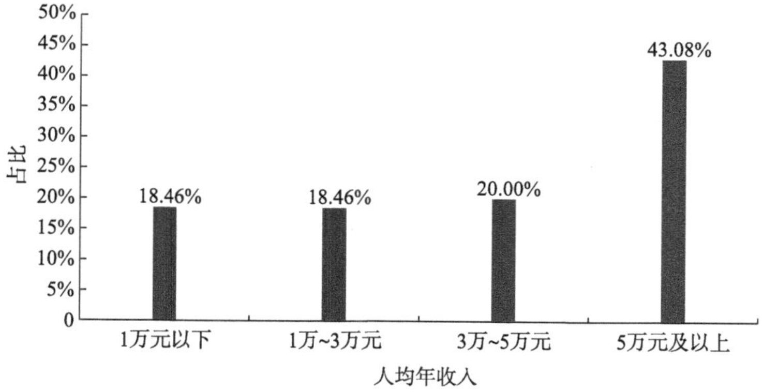

图 12-5　被调查者家庭人均年收入比例分布

由上可知，被调查者年龄主要集中在 30~40 岁，占比约为 60.00%；一半以上的人的文化程度是大专或本科及以上；在本地工作的人接近 90%（包括在家务农和本地就业，见图 12-3）；只有 20.00%的农户是以务农为主要收入来源；与此相关，在样本农户中大部分是以非农活动为家庭的主要收入来源；家庭人均年收入较多分布在 5 万元以上，剩下的则是较为均衡地分布在 5 万元以下的各个层级。样本农户符合天津市农村农户年龄中年为主、本地就业居多、文化程度较高的现实。在宅基地数量方面，与总体情况一致，宅基地使用以“一户一宅”为主，在样本数据中，“一户一宅”使用约占总数的 85%。由此可知，本次样本农户与实际情况基本相符，样本具有一定的代表性。

（三）问卷结果分析

1. 农户个体特征对宅基地使用权流转意愿的影响

农户个体特征包括农户的年龄、文化程度、职业三个因素。人对事物的认知总是随着年龄变化而不断变化，同理，年龄的差异也会反映在宅基地使用权流转的态度上。在样本农户中年龄对宅基地使用权流转意愿具有正向的影响，年龄越大的农户对宅基地使用权流转的意愿越高。从表 12-8 可以看出，40 岁以上的农户全部选择同意宅基地使用权流转；30~40 岁的农户有 54.05%选择愿意流转，45.95%选择不愿意流转；18~30 岁的农户有 64.29%选择愿意流转，35.71%选择不愿意流转。文化程度不同的农户对宅基地使用权流转意愿有所不同：初中及以下文化程度的农户选择愿意流转的比例为 78.57%，选择不愿意流转的比例为 21.43%；高中或中专文化程度的农户选择愿意流转的比例为 56.25%，选择不愿意流转的比例为 43.75%；大专或本科及以上文化程度的农户选择愿意流转的比例为 63.64%，选择不愿意流转的比例为 36.36%。可以看出，高中或中专文化程度的农户流转意愿是最低的。通过进一步的访谈发现，不同文化程度的农户在宅基地使用权流转时考虑的因素具有差异，文化程度高的农户更多考虑到宅基地使用权流转时户籍制度、流转政策、社会保障等方面的因素而不愿意进行宅基地使用权流转，其大多数处于观望阶段，在政策和社会保障不完善不明晰的情况下不愿表态，准备等到政策明晰，宅基地使用权流转的具体操作步骤、社会保障等清楚明确后再决定是否进行宅基地使用权流转。同意进行宅基地使用权流转的农户大多数选择出租或出售的方式进行宅基地使用权流转，只有很小一部分的农户选择以交换、抵押贷款、作价入股的方式进行流转。

表 12-8 文化程度及年龄对宅基地使用权流转意愿的影响

类别	范围	愿意参与流转的人数及占比	不愿意参与流转的人数及占比	小计/人
文化程度	初中及以下	11 人（78.57%）	3 人（21.43%）	14
	高中或中专	9 人（56.25%）	7 人（43.75%）	16
	大专或本科及以上	22 人（63.64%）	13 人（36.36%）	35

类别	范围	愿意参与流转的人数及占比	不愿意参与流转的人数及占比	小计/人
年龄	18~30 岁	9 人（64.29%）	5 人（35.71%）	14
	30~40 岁	21 人（54.05%）	18 人（45.95%）	39
	40~50 岁	9 人（100%）	0	9
	50 岁以上	3 人（100%）	0	3

可见，随着文化程度的提高，农户在进行宅基地使用权流转的选择时，会考虑更多的信息，不会盲目跟风，会在对政策进行全面评估后再进行选择，其在宅基地使用权流转的选择上具有更高的理性。

2. *农户家庭特征对宅基地使用权流转意愿的影响*

农户家庭特征包括家庭收入来源、家庭人均年收入、宅基地数量、家庭闲置或非自用宅基地数量及对现住房的满意度。

依据本次样本的资料，发现家庭收入来源会对宅基地使用权流转意愿产生显著的正向影响关系，家庭收入来源中非农收入所占比例越高，被调查者宅基地使用权流转意愿越高，具体见图 12-6。通过对其进行回归分析发现，家庭主要收入来源的回归系数值为 5.087，并且呈现出 0.01 水平的显著性（$z=2.594$，$p=0.009<0.01$）。

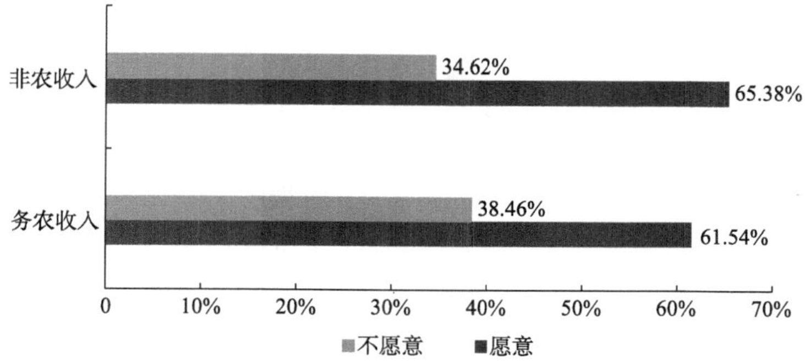

图 12-6　家庭收入来源对宅基地使用权流转意愿影响

家庭闲置或非自用宅基地的数量越多，其流转意愿越强烈。家庭闲置或非自用宅基地数量则对宅基地使用权流转意愿具有显著的正向影响。对其进行回归分析，得到闲置或非自用宅基地数量的回归系数值为 5.695，并且呈现出 0.05 水平的显著性（z=2.029，p=0.042<0.05），意味着闲置或非自用宅基地数量会对宅基地使用权流转意愿产生显著的正向影响。家庭闲置或非自用宅基地的数量越多，其流转意愿越强烈。其具体关系见图 12-7。

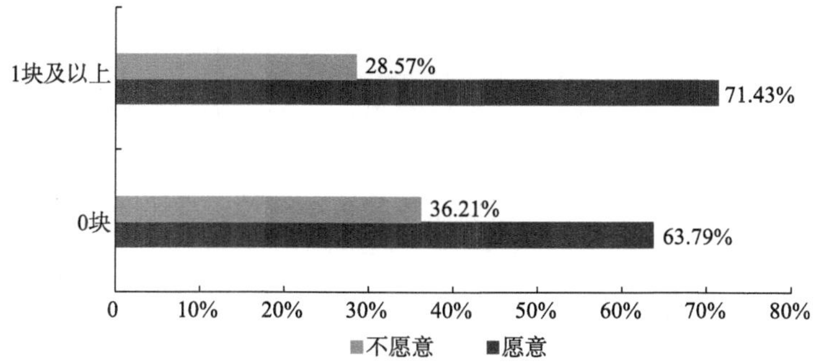

图 12-7　闲置宅基地数量与流转意愿关系

农户对现住房的满意度则对其宅基地使用权流转意愿具有一定的负向作用，其对现住房的满意度越高，流转意愿就越低。通过对农户的家庭人均年收入和其对现住房的满意度进行分析发现，家庭人均年收入越高，其对住房满意度就越高，这也同时说明了家庭人均年收入与农户宅基地使用权流转意愿之间的关系，说明收入越高的农户其宅基地使用权流转意愿越低。可见，农户更在意的是其经济收入，其收入情况在很大程度上决定了其宅基地的利用方式。家庭人均年收入较高的农户对宅基地依赖较低，故宅基地使用权流转对其带来的财产性收入吸引力并不大，所以其宅基地使用权流转意愿并不高。

3. 产权认知及政策明晰度对宅基地使用权流转意愿的影响

产权认知及政策明晰度包括对宅基地所有权归属的了解程度，对宅基地政策的了解程度，对宅基地使用权流转平台的了解程度，对宅基地使用权流转之后宅基地的利益分配、产权纠纷、社会保障等的了解程度。

分析发现，大部分农户对宅基地所有权归属的认识存在偏差，95%的农户认为宅基地所有权归个人，5%的农户认为宅基地所有权归集体。农户对宅基地所有权归属的认识对宅基地使用权流转意愿具有显著影响，越是认为宅基地所有权归个人所有，其流转意愿越强。这可以认为是农户比较朴素的产权观的一种体现。对于宅基地的流转平台和政策的了解程度则对农户流转意愿具有反向作用，农户对于宅基地使用权流转政策和流转平台的了解程度越高，其流转意愿反而越低。尤其是对宅基地使用权流转平台的了解程度对于农户宅基地使用权流转意愿具有显著的负向影响。这可能在一定程度上说明了农户对于政策的满意度较低，对于当前的政策和流转方式方法不满意。

农户对于宅基地使用权流转后的利益分配、产权纠纷和社会保障等方面的认识存在一定的差异（图 12-8）。大部分的农户认为宅基地使用权流转后可能出现产权纠纷；绝大部分农户认为宅基地使用权流转可能带来利益分配不合理或至少不明朗；大部分农户不清楚宅基地流转是否会带来社会保障缺失，但有一部分农户认为可能会带来社会保障缺失。可以看出，在宅基地使用权流转过程中，农户非常在意自身的利益能否获得保障，能否得到切实的补偿。但是，从目前的情况看，农户要么是对现有宅基地使用权流转政策不清楚，要么是对现有宅基地使用权流转的方式方法不满意，这是导致宅基地使用权流转难以推进的重要原因。

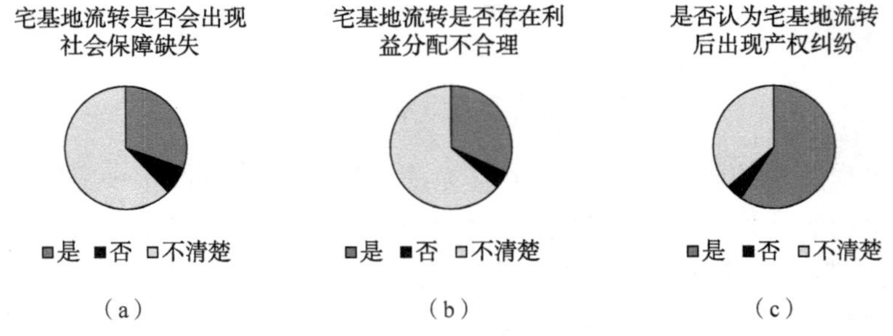

图 12-8　农户对宅基地政策认知情况

在实际调查访谈中，我们也发现大多数的村民对宅基地制度改革持观望态度，在政策不明朗的状态下不愿意表态。当前我国宅基地改革还处于初级阶段，还未形成一套成熟的改革机制。全国各地的宅基地改革试点有进展顺利卓有成效的，也有进展不大的。本章研究表明，从农民的意愿出发，农民不愿盲目地跟随宅基地流转制度改革，总体认为一旦流转出去后，如果经营不善或宅基地不能赎回就失去了安家的保障，担心最后落个房财两空。同时，农户对宅基地改革和流转相关的操作方式和平台也不够了解或者满意度不高，信任度较低，宅基地价值评定也没有一个完善的评价体系，因此持续观望是农户采取的普遍态度。

六、结论与政策建议

本章研究以蓟州区为例，对当地宅基地制度改革，尤其是宅基地退出和使用权流转进行了政策分析。经政策文本分析和实地调研发现，蓟州区通过宅基地有偿退出和使用权流转，有效盘活了农村闲置宅基地，为农村产业发展提供了用地保障；实现了宅基地用益物权和财产属性的充分发挥，促进了农村产业的发展；还通过多种形式保障了户有所居，当地农民获得感幸福感得到提升。

此外，本章研究基于摸底调查和问卷调查，分析了蓟州区宅基地使用现状及其特征，以及农户对宅基地退出和使用权流转意愿。摸底调查表明，蓟州区存在一定量的闲置宅基地，具有宅基地使用权流转的空间。对于超占多占的宅基地来说，由于历史形成的生活习惯和文化因素，加上宅基地有偿退出是一个新生事物，政策体系也刚刚形成，政策配套和补偿标准并不完善、透明，村民对于宅基地有偿退出接受度还不大。村民对于现有的闲置宅基地使用权流转意愿则相对较大，大多数愿意以出租、出售等方式进行流转，认为这一方式在保障居住的同时可以凸显宅基地的财产性，增加经济收入。也有一部分村民不愿意进行宅基地使用权流转，因为利益分配和社会保障标准不确定，对宅基地使用权流转政策和流转平台了解不深入，流转程序复杂，担心宅基地使用权流转后失去最基本的居住保障。另外，不愿意流转的农户还认为宅基地有升值的空间，越往后，越值钱，有保值升值的空间。在调查中，我们还发现，村内没有明确的宅基地管理办法，村集体经济组织对宅基地所有权流转的具体操作和方式也没有做出明确规定和说明，宅基地使用权流转配套政策规划和落实不到位等，都在一定程度上影响了宅基地使用权流转的实施。

在中央政府政策立场和目的之下，蓟州区政府因地制宜地确立了具体的改革策略与措施，并取得了较好的改革成果，在此将政策分析的结果要素提取如下。

结果 1（R1）：多种形式保障了户有所居，农民获得感切实提高。

结果 2（R2）：农民对宅基地流转意愿相对较强，对有偿退出接受度有限。

以蓟州区宅基地改革试点为例，对我国宅基地退出与使用权流转提出以下建议。

（一）多种途径激励宅基地资源有偿使用和退出

在宅基地使用权流转过程中，国家应逐步下发明确的政策文件，要细致耐心地讲解宣传，逐步打破宅基地的传统思想对村民的禁锢，同时对宅基地有偿使用和有偿退出制定一个合理的标准，对补偿方式和补偿金额建立一套合理且政府财力能承担的体系，对宅基地使用权流转后的利益分配、产权归属、社会保障制定一套合理可行的方案，并将此方案和具体操作向农户讲解宣传。此外，还可针对居民对集中居住、上楼居住、改善居住条件的需求，通过集中统建的方式激励村民离开老宅，对宅基地实行统筹规划。

（二）完善宅基地使用权流转制度

严格土地整理利用过程中的土地确权登记，严格对宅基地隐性市场进行管理。强化各部门之间的统筹配合，提升基层组织凝聚力，规范对宅基地有偿使用费、增值收益等资金的使用和监管，提升农村集体的村务公开、监督意识。村集体在实施宅基地改革的过程中，应加快提升村集体经济组织自主经营产业和物业能力。在实践操作中应不断提升各方面能力，提升宅基地制度改革成效。

（三）加快宅基地使用权流转政策配套建设

建设城乡统一平衡的土地管理、供应、动态收益体系，为全面形成城乡统一的建设用地市场打开局面。宅基地使用权流转制度与农民住房财产权抵押贷款试点、农村集体产权制度改革等多项改革试点相互衔接、协同推进，增强各项改革的系统性、整体性和协同性，形成改革聚力，放大叠加效应，以土地权能适度放活，撬动农村活力，助力乡村振兴，促进城乡共融发展。同时，加大宣传与公众参与政策建设，提升农户对宅基地使用流转政策的认识程度，有序引导宅基地使用权流转。

参 考 文 献

陈国进. 2013. 宅基地使用权制度：现状、缺陷与改革. 人民司法，（19）：75-80.

陈霄. 2012. 农民宅基地退出意愿的影响因素——基于重庆市“两翼”地区 1012 户农户的实证分析. 中国农村观察，（3）：26-36，96.

陈小君. 2014. 我国农村土地法律制度变革的思路与框架——十八届三中全会《决定》相关内容解读. 法学研究，（4）：4-25.

陈盈蒙. 2018. 农村集体经营性建设用地入市增值收益机理研究. 农村经济与科技，29（19）：35-36.

程春丽. 2014. 农村宅基地退出补偿与利益机制构建探析. 农村经济，（1）：13-17.

戴燕燕. 2012. 上海农村宅基地退出机制研究. 上海国土资源，（1）：28-34.

戴永吉，王志锋. 2019. 半城市化对中国农村土地利用效率的影响——基于 CHIP 数据的实证分析. 中国土地科学，33（10）：66-73.

邓恩 W N. 2002. 公共政策分析导论. 谢明，杜子芳，伏燕，等译. 北京：中国人民大学出版社.

邓梅娥，张安录，陈红兵. 2018. 集体经营性建设用地使用权流转规则下供需双方交易成本分析. 河南农业大学学报，52（2）：294-299.

丁关良. 2008. 1949 年以来中国农村宅基地制度的演变. 湖南农业大学学报（社会科学版），9（4）：9-21.

冯涛. 2018. 国务院关于农村土地征收、集体经营性建设用地入市、宅基地制度改革试点情况的总结报告. http://www.npc.gov.cn/npc/c12491/201812/3821c5a89c4a4a9d8cd10e8e2653bdde.shtml.

冯应斌，杨庆媛. 2015. 农户宅基地演变过程及其调控研究进展. 资源科学，37（3）：442-448.

胡万钟. 2019. 略谈新中国成立以来中国农村土地制度变革的历程及启迪. 社会纵横，34（10）：56-60.

胡银根，张曼，魏西云，等. 2013. 农村宅基地退出的补偿测算——以商丘市农村地区为例. 中国土地科学，27（3）：29-35.

黄晓芳. 2019. “三块地”改革试点为何再延期. http://www.gov.cn/zhengce/2019-01/14/content_

5357601.htm.
蒋永穆，安雅娜. 2003. 我国农村土地制度变迁的路径依赖及其创新. 经济学家，（3）：54-59.
蒋远胜. 2018. 改革开放四十年中国农地制度变迁的成就、逻辑与方向. 农村经济，（12）：8-11.
金丽馥. 2001. 中国农村土地制度：历史与现状、问题与出路. 经济体制改革，（2）：65-68.
李春华，王业强. 2018. 中国房地产发展报告 No. 15（2018）. 北京：社会科学文献出版社.
李顺强. 2018. 集体经营性建设用地土地增值收益调节金研究. 发展改革理论与实践，（7）：37-43，11.
李文谦，董祚继. 2009. 质疑限制农村宅基地流转的正当性——兼论宅基地流转试验的初步构想. 中国土地科学，23（3）：55-59.
李翔，徐茂波. 2006. 《物权法》不应限制宅基地流转. 中国土地，（2）：42.
梁鹤年. 2009. 政策规划与评估方法. 丁进锋译. 北京：中国人民大学出版社.
梁鹤年. 2018. S-CAD 公共政策评估法运作手册. 北京：中央财经大学政策效应研究所，加拿大女王大学.
林水波，张世贤. 2001. 公共政策. 台北：台湾五南图书出版公司.
刘世锦，刘守英，许伟，等. 2014. 推进集体建设用地入市为经济增长释放发展空间. 发展研究，（4）：4-7.
刘守英. 2014. 中国城乡二元土地制度的特征、问题与改革. 国际经济评论，（3）：9-25.
刘守英. 2015. 农村宅基地制度的特殊性与出路. 国家行政学院学报，（3）：18-24，43.
刘守英. 2018. 土地制度与中国发展. 北京：中国人民大学出版社.
刘守英. 2021-09-10. 我们党领导土地制度变革的重大意义. 人民日报（09）.
刘守英，熊雪锋. 2018. 经济结构变革、村庄转型与宅基地制度变迁——四川省泸县宅基地制度改革案例研究. 中国农村经济，（6）：2-20.
刘卫柏，贺海波. 2012. 农村宅基地流转的模式与路径研究. 经济地理，32（2）：127-132.
毛维国. 2012. 农村住房及宅基地流转制度研究. 法学论坛，27（4）：102-108.
孟勤国. 2005. 物权法开禁农村宅基地交易之辩. 法学评论，23（4）：25-30.
宁涛，杨庆媛，苏康传，等. 2012. 农村宅基地流转影响因素实证分析——基于重庆市 300 户农户调查. 西南师范大学学报（自然科学版），37（2）：119-125.
欧阳安蛟，蔡锋铭，陈立定. 2009. 农村宅基地退出机制建立探讨. 中国土地科学，23（10）：26-30.
瞿理铜，朱道林. 2015. 基于功能变迁视角的宅基地管理制度研究. 国家行政学院学报，（5）：99-103.
盛旭. 2019. 广发宏观盛旭：什么是农村“三块地”改革？https://finance.jrj.com.cn/2019/01/07113126865484.shtml.
时旭辉. 1997. 农村土地制度问题的调查与思考. 中国农村经济，（2）：58-60.

宋志红. 2015a. 集体经营性建设用地入市改革的三个难点. 行政管理改革，（5）：38-43.
宋志红. 2015b. 农村土地“三权分置”改革：风险防范与法治保障. 经济研究参考，（24）：5-10.
宋志红. 2017. 农村土地制度改革研究——思路、难点与制度建设. 北京：中国人民大学出版社.
王立彬. 2015. 守住底线 试点先行 平稳推进——国土资源部部长姜大明谈农村土地制度改革试点. 华北国土资源，（1）：10-11.
王利明，周友军. 2012. 论我国农村土地权利制度的完善. 中国法学，（1）：45-54.
王湃，刘梦兰，黄朝明. 2018. 集体经营性建设用地入市收益分配重构研究——兼与农村土地征收制度改革的对比. 海南大学学报（人文社会科学版），（5）：77-85.
王旭东. 2010. 农村宅基地产权边界外的公共领域. 城乡建设，（5）：63-64.
王延勇，杨遂全，邹联克. 2018. 中国土地制度“试点试验”研究. 北京：科学出版社.
王志锋，徐晓明，谢天成，等. 2017. 基于 S-CAD 方法的农村土地制度改革试点政策评估：以义乌为例. 公共管理评论，（3）：66-91.
谢保鹏，朱道林，陈英，等. 2018. 土地增值收益分配对比研究：征收与集体经营性建设用地入市. 北京师范大学学报（自然科学版），54（3）：334-339.
谢媛. 2001. 政策评估模式及其应用. 厦门大学硕士学位论文.
徐博，岳永兵，黄洁. 2015. “三块地”改革先理顺利益关系——对部分地区农村土地制度改革实践的调研与分析. 中国土地，（2）：28-29.
许恒周，殷红春，石淑芹. 2013. 代际差异视角下农民工乡城迁移与宅基地退出影响因素分析——基于推拉理论的实证研究. 中国人口·资源与环境，23（8）：75-80.
杨璐璐，吴群，周应恒，等. 2017. 农村土地“三权分置”催生的农民获得感. 改革，（1）：32-48.
杨玉珍. 2015. 农户闲置宅基地退出的影响因素及政策衔接——行为经济学视角. 经济地理，（7）：140-147.
张德霖. 2017. 在统筹推进农村土地制度改革三项试点工作现场交流会上的讲话. 国土资源通讯，（9）：11-15.
张国庆. 2004. 公共政策分析. 上海：复旦大学出版社.
张勇. 2018. 农村宅基地制度改革的内在逻辑、现实困境与路径选择——基于农民市民化与乡村振兴协同视角. 南京农业大学学报（社会科学版），18（6）：118-127，161.
张郁达. 2015. 中国城镇化进程中的农村土地制度改革. 北京：知识产权出版社.
张振勇. 2014. 利益博弈、同意一致性与农村宅基地制度演化. 西北农林科技大学学报（社会科学版），14（2）：18-24，31.
中国发展研究基金会. 2018. 农村土地制度改革与基层治理. 北京：社会科学文献出版社.
周小平，高远瞩. 2018. 改革开放 40 年中国农村宅基地管理政策演进与前瞻——基于宅基地相关政策的文本分析. 河海大学学报（哲学社会科学版），（5）：1-7.